U0123894

掌尚文化

Culture is Future

尚文化·掌天下

OPTIMIZE THE STRUCTURE
OF THE FINANCIAL SYSTEM TO SERVE
HIGH-QUALITY ECONOMIC DEVELOPMENT

中国人民银行营业管理部联合研究成果集

优化金融体系结构
服务经济高质量发展

杨伟中　主编

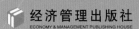

经济管理出版社
ECONOMY & MANAGEMENT PUBLISHING HOUSE

图书在版编目（CIP）数据

优化金融体系结构　服务经济高质量发展/杨伟中主编．—北京：经济管理出版社，2022.6

ISBN 978-7-5096-8501-3

Ⅰ.①优…　Ⅱ.①杨…　Ⅲ.①金融体系—研究—中国　Ⅳ.①F832.1

中国版本图书馆 CIP 数据核字（2022）第 099590 号

组稿编辑：宋　娜
责任编辑：宋　娜
责任印制：黄章平
责任校对：陈　颖

出版发行：经济管理出版社
　　　　　（北京市海淀区北蜂窝 8 号中雅大厦 A 座 11 层　100038）
网　　址：www.E-mp.com.cn
电　　话：（010）51915602
印　　刷：唐山昊达印刷有限公司
经　　销：新华书店
开　　本：720mm×1000mm/16
印　　张：16.75
字　　数：255 千字
版　　次：2022 年 8 月第 1 版　　2022 年 8 月第 1 次印刷
书　　号：ISBN 978-7-5096-8501-3
定　　价：128.00 元

编委会名单

主　编：

杨伟中

副主编：

贺同宝　马玉兰　刘玉苓　曾志诚
姚　力　洪　波　王　晋　梅国辉
李玉秀

编　审：

林晓东　余　剑　高　菲

目 录 | Contents

中国国际收支结构变化：

成因及对宏观经济金融脆弱性的影响

刘玉苓　等①

摘　要：本文在分析我国国际收支结构变化的基础上，利用 1982—2018 年的数据，通过 VAR 模型探索国际收支结构变化的成因，并从宏观经济、金融市场和外部风险这三个维度，采用主成分分析法构建宏观经济金融脆弱性指标，深入研究国际收支结构对宏观经济金融脆弱性的影响。研究表明：我国国际收支结构已进入"经常账户更趋平衡、资本和金融账户顺逆交替"新阶段，货物贸易依然主导经常账户差额走势；直接投资顺差将收窄直至转为逆差，证券投资和其他投资将在更大程度上决定资本和金融账户差额走势；国际收支结构变化会对宏观经济金融脆弱性产生显著影响，资本和金融账户对宏观经济金融脆弱性的影响将更加明显。针对研究结论，本文提出相关建议。

一、引言

国际收支结构变化既是宏观经济金融变量综合运行的结果，也会影响宏观经济金融运行。2012 年以来，我国国际收支长期"双顺差"格局改变，呈现"经常账户顺差显著收窄，金融账户不稳定性增加"的新特征。2018 年第一季度，经常账

---

①　刘玉苓，中国人民银行营业管理部副主任。参与执笔人：项银涛、许海滨、卜国军、陈玉玲、陈阳、孙玉实、于莹、张玥、赵理想。其中，项银涛、许海滨、卜国军、陈玉玲、陈阳、孙玉实、于莹供职于中国人民银行营业管理部国际收支处，张玥、赵理想供职于中国人民银行营业管理部经常项目管理处。
　　注：本文仅为课题组学术思考，与供职单位无关。

户甚至出现较大规模逆差。这些情况说明，未来我国国际收支结构可能会迎来趋势性变化，将对宏观经济金融稳定产生重要影响。当前，我国经济正处于由高速增长转向高质量发展的关键时期，宏观经济金融稳定直接关系到我国经济发展中长期目标能否顺利实现。因此，分析国际收支结构变化的成因及其对宏观经济金融稳定的影响，具有较为重要的理论价值和现实意义。

二、我国国际收支结构变化的成因及趋势

（一）我国国际收支结构变化的特点

一是长期"双顺差"格局改变，非储备性质的金融账户出现逆差。1999—2011年，我国经常账户差额和非储备性质的金融账户差额出现连续13年的双顺差。2012年，非储备性质的金融账户差额出现逆差，2013年以来，非储备性质的金融账户差额在顺逆之间转换，不稳定性加大（见图1）。

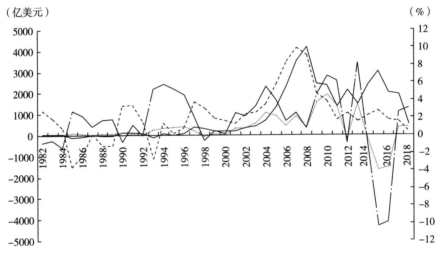

图1 1982—2018年中国国际收支结构变化

资料来源：国家外汇管理局。

二是经常账户顺差显著收窄，货物贸易主导经常账户差额走势。2008 年，经常账户顺差达到 4206 亿美元的峰值，2018 年降至 491 亿美元，较 2008 年下降 88.3%。从经常账户差额与 GDP 之比来看，2007 年高达 9.9%，2018 年降至 0.4%。影响经常账户差额走势的主要原因是货物贸易账户和近几年服务贸易逆差的扩大，这也是国内经济发展和经济结构变化的反映。

三是随着投资更加便利化和金融市场的不断开放，金融账户差额波动较大。2012—2018 年，非储备性质的金融账户呈现顺逆交替的状态，由于直接投资净流入规模有所下降，2016 年对外直接投资增长较多，直接投资账户首次出现逆差。证券投资和其他投资账户差额的波动也加大，在我国金融市场开放政策下，金融项下资金收支趋于活跃。

（二）我国国际收支结构影响因素的实证分析

1. 理论分析

国际收支结构的代表性指标有国际收支差额、经常账户差额、资本和金融账户差额、经常账户差额与 GDP 之比等。经常账户差额是开放经济下国民收入账户的重要组成部分，和其他宏观经济变量如储蓄、投资之间存在着重要的联系，被视为衡量国际收支最好的指标之一。随着我国经济总量增长和金融市场开放，非储备性质的金融账户差额占国际收支差额的比例明显提升，已成为影响宏观经济金融稳定的重要因素。因此，本部分用"经常账户差额与 GDP 之比""非储备性质金融账户差额与 GDP 之比"作为国际收支结构指标。

经常账户差额在开放经济下国民收入账户分析中等于储蓄和投资的差额，影响储蓄率、投资率的因素等都可能会影响经常账户差额。经常账户分为货物贸易、服务贸易、初次收入等，人口抚养比、贸易依存度、汇率、利率等因素可能会通过影响这些子项，进而影响经常账户差额。非储备性质的金融账户包括直接投资、证券投资、其他投资，经济增长、汇率、境内外利差等因素通过影响这些项目，进而影响非储备性质金融账户差额。

2. 模型和指标选取

本文通过构建 VAR 模型来研究经常账户差额、非储备性质金融账户差额的影响因素。实证待选变量包括三类：①国际收支结构变量，用"经常账户差额与GDP 之比""非储备性质金融账户差额与 GDP 之比"表示；②宏观经济变量，包括人均 GDP 增长率、储蓄率、投资率、少年人口抚养比、货物贸易依存度、实际利率；③国际金融周期指标，包括中美利差、美元指数、实际有效汇率。中国样本区间为 1982—2018 年，数据来源为 Wind、CEIC 和世界银行（见表 1）。

表 1　中国国际收支结构成因分析的指标说明

指标	指标名称	计算方法	平稳性	处理
CA	经常账户差额占比	经常账户差额/GDP	一阶单整	差分
FA	非储备性质金融账户占比	非储备性质金融账户差额/GDP	平稳	无
SAVING	储蓄率	储蓄总额/GDP	一阶单整	差分
INVEST	投资率	投资总额/GDP	一阶单整	差分
YOUNG	少年人口抚养比	少年人口/劳动人口	一阶单整	差分
TRADE	货物贸易依存度	进出口总额/GDP	一阶单整	差分
EX_ REAL	实际有效汇率	实际有效汇率	一阶单整	差分
GDPP	人均 GDP 增长率	人均 GDP 增长率	平稳	无
RR	实际利率	实际利率	平稳	无
SPREAD	中美利差	中美实际利率之差	平稳	无
DOLLAR_ REAL	美元指数	实际美元指数	一阶单整	差分

3. 实证分析

（1）经常账户差额影响因素的实证分析结果。

根据滞后阶数检验、平稳性检验和格兰杰因果关系检验结果，选取经常账户差额与 GDP 之比为被解释变量，解释变量为储蓄率、投资率、少年抚养比、实际有效汇率和货物贸易依存度。变量平稳性检验后，对于不平稳的变量进行差分处理，以满足构建 VAR 模型的平稳性要求。对变量进行格兰杰因果检验发现，在 5% 的显著性水平下，解释变量均通过了格兰杰检验，表明其滞后项对被解释变量当期值有解释力。

模型通过平稳性检验，进行脉冲响应分析和方差分解。结果显示，影响经常账户差额与GDP之比的因素有储蓄率、投资率、少年抚养比、实际有效汇率和货物贸易依存度。

储蓄率对经常账户差额与GDP之比呈现负向冲击。储蓄率和投资率对经常账户差额与GDP之比的影响程度较大，两者对经常账户差额与GDP之比的贡献率分别约为36%和9%。实际有效汇率对我国经常账户差额的影响先负后正，从第三期开始累积影响为正，说明人民币合理升值并不一定会降低经常账户余额。2005年以来，人民币实际有效汇率总体处于升值状态，期间经常账户差额与GDP之比既有快速上升，也有相对平衡。实际有效汇率对经常账户差额与GDP之比的贡献率达18%，说明平稳合理的汇率对国际收支平衡有重要意义。少年抚养比是指一国14岁以下少年人口与全体劳动人口的比例。实证表明少年抚养比和经常账户差额与GDP之比正相关，少年抚养比的贡献率为5%。以进出口总额与GDP之比衡量的货物贸易依存度对经常账户差额与GDP之比呈现负向冲击，但贡献率仅为0.9%。

（2）非储备性质金融账户差额影响因素的实证分析结果。

选取非储备性质金融账户差额与GDP之比为被解释变量，解释变量为人均GDP增长率、实际利率、中美利差、实际有效汇率和美元指数。对变量差分处理并构建VAR模型，格兰杰因果检验结果表明，模型通过平稳性检验，进行脉冲响应分析和方差分解。

结果显示，对非储备性质金融账户差额与GDP之比影响最大的变量分别是中美利差和人均GDP增长率，贡献率分别约为40%和22%。中美利差在中期内（约4年）对非储备性质金融账户差额与GDP之比有正向影响，即中美利差加大将吸引更多资本流入。人均GDP增长率越高，经济发展程度、营商环境、金融市场发展和企业盈利能力都会相应提升，对跨境资本的吸引力也会增强。实际有效汇率升值将使非储备性质金融账户差额与 GDP 之比下降，一方面是因为实际汇率升值会促进资产项目资金流出增加，另一方面未来也使人民币面临贬值压力，从而导致资金流出增加。实际利率和美元指数虽然对非储备性质金融账户差额与 GDP 之比的冲击为负，但影响较小。

（三）我国国际收支结构演变趋势

一是我国国际收支结构已进入"经常账户更趋平衡、资本和金融账户顺逆交替"的新阶段。根据前文实证结果，储蓄率、投资率、少年抚养比、实际有效汇率和货物贸易依存度对我国经常账户差额有显著影响。首先，从储蓄率和投资率看，随着我国储蓄投资缺口趋于收窄，我国经常账户顺差有收敛趋势。其次，从少年抚养比看，当前我国人口红利趋于消失、老龄化问题凸显，使经常账户顺差趋于收敛。再次，从实际有效汇率和货物贸易依存度看，随着汇率更加市场化、对外开放程度不断提升，我国经常账户将更趋平衡。在非储备性质金融账户方面，人均 GDP 增长率、实际利率、中美利差、实际有效汇率和美元指数对其有显著影响。随着人民币汇率双向波动、境内外利差波动不断增强，跨境资本流动的波动性也将加大，进而决定着资本和金融账户的顺逆波动。因此，我国国际收支结构很难再长期持续"双顺差"，未来将呈现"经常账户更趋平衡、资本和金融账户顺逆交替"的新特点。

二是一定时期内货物贸易依然主导经常账户差额走势，服务贸易和初次收入逆差趋于收窄。从经常账户结构看，随着我国经济高质量发展水平的提升，货物贸易顺差更多依靠高技术含量产品出口，服务贸易将持续逆差，但逆差规模趋于收窄，初次收入逆差将随着对外净资产规模扩大和结构优化而收窄，经常账户将维持一定顺差规模，但结构更加合理。

三是直接投资顺差收窄或转为逆差，证券投资和其他投资将在更大程度上决定资本和金融账户差额的走势。目前，境内生产要素成本上升将对外商直接投资产生一定的不利影响，人均国民收入不断提升，将推动对外直接投资规模不断扩大，导致直接投资顺差收窄，并趋于转为逆差。随着我国金融市场不断开放，证券投资和其他投资在资本和金融账户中的占比将不断提升，其差额易随境内外利差和本外币汇率的变化而变化，导致资本和金融账户余额的波动性不断增强，这也将在更大程度上决定资本和金融账户差额的走势。

三、我国国际收支结构变化对宏观经济金融脆弱性的影响

（一）国际收支结构变化对经济金融影响的理论分析

1. 国际收支结构变化对经济增长的影响

货物贸易差额和服务贸易差额是国内生产总值的重要组成部分，其变化直接对经济增长速度产生影响。初次收入和二次收入会影响国民收入。资本账户资金流入会扩大投资资金来源，促进经济增长和增加就业，而外债资金的大量增加会对经济增长的稳定性产生影响。

2. 国际收支结构变化对汇率的影响

国际收支理论认为，一国货币的汇率是由该国外汇供求关系决定的。当一国国际收支为顺差，该国货币在外汇市场上供不应求，从而导致本国货币升值；反之，国际收支逆差会导致本国货币贬值。经常账户顺差是形成对外净资产的重要来源，对一国货币汇率具有根本性的支撑作用。非储备性质的金融账户余额的形成，既有直接投资的长期资金，又有证券投资、其他投资等短期资金，其变化会对汇率产生短期或长期影响。

3. 国际收支结构变化对货币政策的影响

国际收支结构变化通过两个渠道对货币政策产生影响：一是国际收支结构变化影响汇率预期，市场主体会调整结汇、购汇的速度和力度，进而影响人民币货币供应量；二是直接通过资本和金融项目的资金流动影响货币供应量，进而对货币政策产生影响。

4. 国际收支结构变化对资产价格的影响

理论上，国际收支结构的变化会通过货币供给渠道和预期渠道影响资产价格。

顺差增发货币增加货币供给，市场主体会以资产形式持有更多财富，推高资产价格，进而影响消费、投资以及实物产品价格。同时，国际收支结构变化会影响投资者预期，增强资本市场的非理性程度，进一步影响资产价格变化。

（二）脆弱性指标构建和测算

1. 指标选取及说明

根据上文分析，宏观经济金融脆弱性指标的构建主要涉及三个领域：宏观经济、金融市场、外部风险。

（1）宏观经济。

宏观经济指标包含经济增长、物价稳定、充分就业，由于充分就业与经济增长高度正相关，且投资和财政平衡对我国经济高质量发展具有重要作用，所以宏观经济指标由 GDP 增长率、通货膨胀率（CPI）、固定投资增长率和财政赤字/GDP 构成。其中，GDP 增长率反映一国经济增长速度，通货膨胀率用居民消费价格指数 CPI 表示，固定投资增长率用固定资本形成的同比增速表示，财政赤字用财政收入减去财政支出的差额表示。

（2）金融市场。

大量研究表明，资产价格的暴涨暴跌以及资本市场市值占比过高导致经济泡沫化，成为金融危机乃至经济危机的重要诱因。我国主要的金融市场包括资本市场、房地产市场，货币供应量与二者走势相辅相成，所以本文选取上证 A 股市盈率和总市值/GDP、国房景气指数变化率绝对值及 M2 增长率等指标。其中，市盈率体现股票市场价格与盈利的相对大小，可以在一定程度上反映股票市场的泡沫化程度，股票市值/GDP 为股票市场总市值与经济总量之比，国房景气指数变化率绝对值反映房地产市场波动情况，M2 增长率反映货币供应量的变化。

（3）外部风险。

外部风险也是宏观经济金融脆弱性的重要组成部分，汇率、外债结构、外汇储备余额等指标恶化往往是金融危机的先导。外部风险指标由人民币实际有效汇率指数、短期外债/外债总额和外汇储备增长率构成。人民币实际有效汇率指数反映人民币相对主要国家货币的币值涨跌，短期外债/外债总额反映一国短期外债积累程度，外汇储备增长率反映一国外汇储备资产的积累水平。

以上指标数据主要来自 CEIC 和 Wind，本文选取 2003 年第一季度到 2019 年第二季度的季度数据。

2. 测算方法

本文使用主成分分析法测算中国宏观经济金融脆弱性指标。各个细分指标分为正向指标和负向指标，正向指标取值越大，金融脆弱性越强，负向指标则相反（见表 2）。主成分分析法首先要将各个细分指标数据标准化，使所有指标的取值均在 0~1。标准化后，对各指标提取主成分，计算各主成分的贡献度。按照研究的需要，通常主成分累计贡献度达到 85% 即可，由此可以确定主成分的个数 P。确定主成分个数后，可通过计算相应的主成分加权算数平均数作为测度宏观经济金融脆弱性的指标，权重系数需要按照主成分贡献度大小来确定。

表 2　中国宏观经济金融脆弱性指标构成

一级指标	二级指标	符号	与脆弱性关系
宏观经济	GDP 增长率	GDP	负相关
	通货膨胀率	CPI	正相关
	固定投资增长率	FCG	负相关
	财政收支差额/GDP	BD	负相关
金融市场	上证 A 股市盈率	PE	正相关
	上证 A 股总市值/GDP	MV	正相关
	国房景气指数变化率绝对值	HG	正相关
	M2 增长率	M2	正相关
外部风险	人民币实际有效汇率指数	FX	负相关
	短期外债/外债总额	FD	正相关
	外汇储备增长率	FER	负相关

从主成分分析测算表可以看出，前 5 个成分的贡献率为 88.83%，根据方差大

于 85%的原则，选取前 5 个成分能够较好地反映 11 个一致指标的总体变动情况。每个主成分变量是其他 11 个变量的线性组合。确定线性表达式后，将各指标与贡献度向量计算乘积得到各主成分得分，最后将各主成分得分按照方差贡献率进行加权得到综合得分，即宏观经济金融脆弱性指数。

如图 2 所示，2003—2006 年中国金融脆弱性指数整体上呈缓慢下降趋势；2007年之后中国金融脆弱性指数骤增，2009 年之后逐渐恢复平稳，较好地反映了 2008年国际金融危机期间金融风险飙升的情况。2017 年以来，中国的宏观经济金融脆弱性指数明显上升，与我国目前部分领域金融风险累积的情况是相吻合的。整体上看，指标较好地反映了中国宏观经济金融脆弱性的情况。

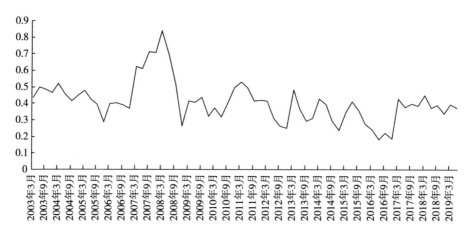

图 2　中国宏观经济金融脆弱性指数变化

（三）国际收支结构变化对宏观经济金融脆弱性冲击的实证分析

为全面深入分析国际收支结构变化对宏观经济金融脆弱性（FF）的影响，本部分从四个层次对解释变量展开讨论：第一层次是国际收支差额（BP）；第二层次是经常账户差额（CA）、非储备性质金融账户差额（FA）；第三层次是货物贸易差额（GOODS）、服务贸易差额（SERVI）、初次收入差额（FIRST）、直接投资差额（FDI）、证券投资差额（SEC）和其他投资差额（OI）；第四层次是直接投资资产差额（FDIA）、直接投资负债差额（FDID）、证券投资资产差额（SA）、证券投资负债差额（SD）、其他投资资产差额（OA）、其他投资负债差额（OD）。

第一，国际收支差额对宏观经济金融脆弱性的冲击分析。对变量进行平稳性检验，结果显示变量平稳；进行格兰杰因果检验，结果表明在 5% 的显著性水平下，国际收支差额变化是宏观经济金融脆弱性的格兰杰原因，其滞后项对宏观经济金融脆弱性的当期值有影响。

VAR 模型的所有单位根都落在单位圆内，表明 VAR 模型是稳定的。因此，通过对脉冲响应和方差分解进行分析。脉冲响应分析反映了模型中一个内生变量冲击对于其他内生变量的影响程度，方差分解评估了每一个结构冲击对内生变量变化的贡献度。

国际收支差额变化是宏观经济金融脆弱性的重要来源。宏观经济金融脆弱性对来自国际收支差额正向冲击呈现显著的先正后负的响应，在第 10 期能解释宏观经济金融脆弱性波动率的 22.96%。说明国际收支顺差在短期内使宏观经济金融脆弱性上升，但长期会降低宏观经济金融脆弱性。国际收支顺差在短期内增加货币供应量，当资产总量给定时，资产价格会上升并产生一定泡沫；长期来看，央行会采取冲销措施，顺差盈余引发的货币供应增长有助于经济增长，降低经济金融脆弱性。

第二，经常账户差额和资本账户差额对宏观经济金融脆弱性的冲击分析。对变量进行平稳性检验发现，经常账户差额平稳，资本账户一阶差分后平稳。格兰杰因果检验结果显示，在 5% 的显著性水平下，经常账户差额和资本账户差额是宏观经济金融脆弱性的格兰杰原因。

脉冲响应结果表明：①国际收支变化对宏观经济金融脆弱性的影响主要来自经常账户。宏观经济金融脆弱性对来自经常账户差额和资本账户差额变化冲击的响应均较为显著，但经常账户的响应更大。经常账户顺差短期内会导致宏观经济金融脆弱性上升，第 5 期后经常账户顺差会降低经济金融脆弱性。从累积效应看，第 9 期后，经常账户余额对宏观经济金融脆弱性的影响基本消失，可能是因为加入 WTO 后经常账户长期高额顺差是货币投放和外汇储备的主要来源，与国际收支整体差额影响脆弱性的机制相对一致。②在政策管理下，非储备性质金融账户对脆弱性的冲击效果有限。从累积效应来看，非储备性质金融账户顺差对脆弱性的影响基本为负。可能的解释是，中国对资本和金融账户实施了较好的宏观审慎管理，保持了宏观经济金融的稳定性。

方差分解结果表明，经常账户差额、非储备性质金融账户差额对宏观经济金融脆弱性都有较大影响，在第10期，分别能够解释宏观经济金融脆弱性的20.53%、9.27%，经常账户差额是影响宏观经济金融脆弱性的主要因素。

第三，经常账户项下货物贸易差额、服务贸易差额、初次收入差额和资本账户项下直接投资差额、证券投资差额、其他投资差额对宏观经济金融脆弱性的冲击分析。

对各个变量的时间序列进行平稳性检验，初次收入、证券投资差额、其他投资差额为平稳序列，货物贸易差额、服务贸易差额、直接投资差额一阶差分后平稳。对变量进行格兰杰因果检验，结果显示，在5%的显著水平下，货物贸易差额、直接投资差额是金融脆弱性的格兰杰原因，服务贸易差额、初次收入差额、其他投资差额、证券投资差额未通过格兰杰检验。

脉冲响应结果表明：①宏观经济金融脆弱性对来自货物贸易余额正向变化的响应正负交替。从累积效应看，货物贸易顺差对宏观经济金融脆弱性的影响有限。②直接投资的顺差显著提升脆弱性。宏观经济金融脆弱性对来自直接投资余额的正向变化的响应持续显著为正，第7期转负，表明直接投资顺差短期会导致宏观经济金融脆弱性上升，且长期顺差会形成风险累积。方差分解结果表明，货物贸易余额和直接投资余额变化对金融脆弱性都有较大影响，在第10期，分别能够解释金融脆弱性的23.88%和11.29%。

第四，直接投资资产差额、直接投资负债差额、证券投资资产差额、证券投资负债差额、其他投资资产差额、其他投资负债差额对宏观经济金融脆弱性冲击分析。

平稳性检验结果表明，直接投资资产、证券投资资产序列为一阶差分后平稳，其他变量为平稳序列。格兰杰因果检验结果表明，在5%的显著水平下，直接投资资产差额、直接投资负债差额、证券投资资产差额、证券投资负债差额、其他投资负债差额是宏观经济金融脆弱性的格兰杰原因，其滞后项对宏观经济金融脆弱性的当期值有影响；其他投资资产差额不是宏观经济金融脆弱性的格兰杰原因。

脉冲响应结果表明：①宏观经济金融脆弱性对来自直接投资资产差额和负债差额正向变化的初始响应分别为负和正，说明对外直接投资净流出在短期内会对宏观经济金融脆弱性产生负向影响，外商直接投资净流入则相反。从累积效应来看，直接投资负债差额比资产差额的冲击更显著、强度更大。直接投资流入整体上增加国内经济金融脆弱性，对外直接投资的影响则不明显。②宏观经济金融脆弱性对来自证券投资资产差额正向变化的初始响应为负，而对来自证券投资负债差额的初始响应相反，说明证券投资资产净流出在短期内会对宏观经济金融脆弱性产生负向影响，证券投资负债净流入则会对其产生正向影响。从累积效应来看，证券投资资产差额对脆弱性的冲击在前5期为负且影响较小，第5期后负向效应变大。证券投资流入规模较小，证券投资负债差额对脆弱性的冲击影响有限，对外证券投资有效分散了国内宏观经济风险。③宏观经济金融脆弱性对来自其他投资负债差额正向变化的初始响应为负，第3期转为正向且持续为正，说明其他投资负债净流入在短期内会对宏观经济金融脆弱性产生负向影响，但后期将持续产生正向影响。从累积效应来看，其他投资负债差额对脆弱性的冲击在第4期后由负转正。

方差分解的结果表明，直接投资负债差额、其他投资负债差额、证券投资资产差额、直接投资资产差额、证券投资负债差额变化对宏观经济金融脆弱性都有较强的影响，在第10期，分别能够解释宏观经济金融脆弱性的29.32%、13.51%、13.46%、8.14%、2.47%。

四、结论与政策建议

本文对我国国际收支结构变化成因及趋势进行分析，分四个层次实证分析国际收支结构变化对宏观经济金融脆弱性的影响，得出如下结论：①我国国际收支结构已进入"经常账户更趋平衡、资本和金融账户顺逆交替"的新阶段；②一定时期内货物贸易依然主导经常账户差额走势，服务贸易和初次收入逆差将收窄；③直接投资顺差将收窄直至转为逆差，证券投资和其他投资将在更大程度上决定资本和金融账户差额走势；④国际收支结构变化会对宏观经济金融脆弱性产生显著影响，资本和金融账户对宏观经济金融脆弱性的影响将更加明显，对资本和金融账户的分类有效管理将更加重要。为此，本文提出以下几点建议：

第一，以内部均衡为主推动经济高质量发展，理性看待和适应国际收支结构新变化。我国应坚持经济高质量发展方向，积极推动创新成为经济发展的第一动力，提升少年人口比重，延缓人口老龄化，进一步推动利率汇率市场化，积极稳妥扩大对外开放，以更高质量的发展形成更合理的国际收支结构，以更高质量的发展提升抵抗外部风险冲击能力。

第二，积极推动制造业转型升级，促进经常账户顺差结构优化。货物贸易顺差是我国经常账户顺差的基础，在要素成本优势逐渐消失的情况下，应严格落实"房住不炒"的政策定位，加快创新驱动，促进产业结构转型升级，确立新的高新技术出口产品比较优势，优化货物贸易顺差的产品结构。挖掘服务贸易潜能，扩大运输、文化教育、旅行、知识产权等服务贸易出口，积极推动境外直接投资，提升对外资产的收益率，进而推动服务贸易和初次收入逆差收窄。

第三，顺应对外直接投资扩大和金融市场开放要求，稳妥推进资本和金融项目可兑换。应积极推动"一带一路"建设、区域和双边投资协议安排等，为对外直接投资拓展市场空间，进一步推动外商直接投资和对外直接投资的便利化。证券投资和其他投资在资本和金融账户中的占比逐渐提升，余额波动性会增强，应以有利于经济高质量发展为指导，积极稳妥推进资本和金融项目可兑换。

第四，完善"宏观审慎+微观监管"的跨境资本流动管理体系，防范资本和金融账户余额波动的冲击。随着金融市场开放力度的不断加大，应不断完善"宏观审慎+微观监管"的跨境资本流动管理体系，区别资产、负债不同方向跨境资本流动的影响并实施有效管理，主动防范并减弱资本和金融账户余额波动对宏观经济金融脆弱性的不利影响。

金融市场基础设施法规制度国际比较与研究

姚 力 等①

一、引言

根据国际清算银行支付结算体系委员会（Committee on Payment and Settlement Systems，CPSS）和国际证监会组织（International Organization of Securities Commissions，IOSCO）联合发布的《金融市场基础设施原则》（Principles for Financial Market Infrastures，PFMI），金融市场基础设施是指为市场参与者或参与者与中央对手方之间的金融交易提供清算、结算和记录的多边系统，主要包括重要支付系统（PS）、中央证券存管系统（CSD）、证券结算系统（SSS）、中央对手方（CCP）和交易数据库（TR）五种类型，如表1所示。本文亦基于这一概念界定开展探讨。

表1　金融市场基础设施的五种类型

类型	含义
重要支付系统（PS）	是两个或多个参与者之间资金转账的一套工具、程序和规则。通常分为零售和大额支付系统
中央证券存管系统（CSD）	提供证券账户、集中保管服务和资产服务（包括公司行为管理和赎回管理等）的系统，在确保证券发行完整性方面发挥着重要作用

---

① 姚力，中国人民银行营业管理部副主任。参与执笔人：夏梓耀、邵旖旎、朱雨萌、徐海勇、盖静。其中，夏梓耀、邵旖旎、朱雨萌供职于中国人民银行营业管理部法律事务处（金融消费权益保护处），徐海勇、盖静供职于中国人民银行营业管理部支付结算处。

注：本文仅为课题学术思考，与供职单位无关。

类型	含义
证券结算系统（SSS）	通过预先设定的多边规则，支持证券通过簿记系统进行转让和结算。在市场实践中，SSS 的职能常由 CSD 履行
中央对手方（CCP）	是通过介入市场已成交合约的双方交易之间，成为所有买方的卖方和所有卖方的买方，并据此确保所有市场已成交合约的履行
交易数据库（TR）	是集中保存交易数据电子记录的单位，主要通过数据的汇聚、存储和传递，提高市场信息透明度

资料来源：《金融市场基础设施原则》。

　　《金融市场基础设施原则》要求金融市场基础设施应当具有稳健、清晰、透明、可执行的法律基础，然而无论是从国际评估，还是从有关金融市场基础设施自评估的情况看，我国金融市场设施法律基础薄弱的问题还比较突出。本文选取美国、欧盟、瑞士、澳大利亚这四个典型国家（地区）的金融市场基础设施法规制度进行比较，分析异同、总结经验，进而对照审视我国相关领域的现存问题，有针对性地提出制度建设建议，以期能为夯实我国金融市场基础设施法律基础、促进金融市场基础设施健康快速发展有所助益。

二、部分国家（地区）金融市场基础设施法规制度比较

（一）法规体系比较

　　金融市场基础设施的法规体系，是指有关金融市场基础设施的现行主要立法所构成的有机整体。美国、欧盟等四个典型国家（地区）金融市场基础设施的法规体系概况如表 2 所示。

表2　部分国家（地区）金融市场基础设施法规体系概况

比较项 国家(地区)	重要支付系统	中央证券存管系统和证券结算系统	中央对手方	交易数据库
美国	《多德—弗兰克法案》《联邦储备法》《HH 条例》	《证券交易法》《联邦储备法》	《商品交易法》《证券交易法》《HH 条例》	《商品交易法》《多德—弗兰克法案》
欧盟	《重要支付系统监管规定》《结算最终性指令》	《中央证券存管规定》	《欧洲市场基础设施条例》	《欧洲市场基础设施条例》（EMIR）
瑞士	《金融市场基础设施法》	《金融市场基础设施法》	《金融市场基础设施法》	《金融市场基础设施法》
澳大利亚	《支付系统（监管）法》《支付系统与净额结算法》	《公司法》	《公司法》	《公司法》

纵览上述情况，有如下特点：

一是范围全覆盖。这些国家（地区）的立法已涵盖重要支付系统、中央证券存管系统、证券结算系统、中央对手方和交易数据库这五类金融市场基础设施，各类设施的运行与管理均有法可依、有章可循。

二是效力等级高。这些国家（地区）以高效力等级的立法形式推进金融市场基础设施法规制度建设，为金融市场基础设施运行奠定坚实的法律基础。

三是模式有差异。这些国家（地区）的金融市场基础设施立法有分散立法和统一立法两种模式。分散立法是指就一类或者几类联系密切的金融市场基础设施分别立法，如欧盟。统一立法是指就各类金融市场基础设施一并立法，如瑞士。

（二）监管体制比较

金融市场基础设施的监管体制，是指金融市场基础设施的监管机构设置及其职责界分，以及相互之间监管协调的机制设计。美国、欧盟等四个典型国家（地区）金融市场基础设施的监管体制概况如表3所示。

表3 部分国家（地区）金融市场基础设施监管体制概况

比较项 国别(地区)	职责分工	监管协调
美国	PS 由美国联邦储备系统（本文中以下简称美联储）监管；CSD 和 SSS 由证监会监管，但联储银行运营的 CSD 和 SSS 由美联储监管；CCP 和 TR 由美国商品期货交易委员会（以下简称期监会）和美国证券交易监督委员会（以下简称美国证监会）监管，但系统重要性 CCP 美联储参与监管	美联储、美国证监会、期监会等监管机构相互通报重大关切问题，共享报告和数据，协调开展检查，在金融稳定委员会的框架下协调解决监管分歧等
欧盟	PS 由欧洲央行体系监管；CSD、SSS、CCP、TR 在欧盟层面由欧洲证券与市场监管局监管，欧洲央行参与；在各成员国层面，有金融监管机构监管、央行监管、金融监管机构与央行共同监管等不同模式	在联盟层面，欧洲证券与市场监管局负责协调各监管机构，确保各机构在执行欧盟有关规定方面协调一致；在成员国层面，各金融市场基础设施的监管机构应当订立书面协议明确权责，多个监管机构中应当有一个主监管机构负责协调监管行动等
瑞士	瑞士央行运行的 PS 由其单独监管，TR 由瑞士联邦金融管理局单独监管；CSD、SSS、CCP 以及非由瑞士央行运营的 PS 由瑞士联邦金融管理局和瑞士央行共同监管	瑞士联邦金融管理局与瑞士央行定期交流信息；协同制定金融市场基础设施危机管理合作规划等
澳大利亚	PS 由澳大利亚央行单独监管，TR 由澳大利亚证券和投资委员会单独监管，CSD、SSS 和 CCP 由澳大利亚证券和投资委员会、澳大利亚央行共同监管	澳大利亚证券和投资委员会与澳大利亚央行订立《谅解备忘录》，协调双方监管行动；在金融监管机构委员会的框架下协调解决分歧等

纵览上述情况，有如下特点：

一是重要支付系统（PS）一般由央行监管。重要支付系统是金融系统运行的"血脉"，与中央银行履职密切相关，因此相关监管工作一般由央行承担。

二是央行普遍参与 CSD、SSS、CCP 等其他类型金融市场基础设施的监管，但参与的程度有所差异。除由央行直接运营的情况外，CSD、SSS、CCP 等其他类型金融市场基础设施一般由金融监管机构主监管，央行参与。央行参与监管的程度在不同的国家有所不同。

三是注重监管协调机制建设。金融市场基础设施的监管，通常会涉及金融监管机构、中央银行等多个监管主体。为避免监管空白、监管重叠等问题，有关立法注重监管协调制度设计，以统一各监管主体的步调，形成监管合力。

（三）金融市场基础设施互联互通法规制度比较

金融市场基础设施的互联互通，是指不同金融市场基础设施开展合作，一金融市场基础设施的参与方可享受另一金融市场基础设施所提供的服务的机制安排。美国、欧盟等四个典型国家（地区）金融市场基础设施互联互通的法规制度概况如表4所示。

表4 部分国家（地区）金融市场基础设施互联互通法规制度概况

国家(地区) ＼ 比较项	境内互联互通	跨境互联互通
美国	《HH条例》等立法规定了金融市场基础设施互联互通的规则，包括金融市场基础设施应当识别、监测、管理互联互通带来的风险等	主要立法中未见明确的跨境互联互通特别规则安排
欧盟	《中央证券存管规定》等立法规定了金融市场基础设施互联互通的规则，包括互联互通的基础设施应当事先向各自的监管机构申请批准；互联互通的金融市场基础设施应当订立协议，明确各自权责及风险防范措施等	境外金融市场基础设施应当提供充分的信息，以使欧盟境内监管机构能够评估跨境互联互通能否达到欧盟法规关于互联互通的各项条件和要求；互联互通的协议应当明确互联互通操作所适用的法律等
瑞士	《金融市场基础设施法》规定了金融市场基础设施互联互通的规则，包括互联互通的金融市场基础设施之间应当订立书面协议，明确各自权责及风险防范措施等	主要立法中未见明确的跨境互联互通特别规则安排
澳大利亚	澳大利亚央行根据《公司法》的有关规定，设置了金融市场基础设施互联互通的规则，包括互联互通的各设施应当采取措施识别、监测、管理互联互通的潜在风险，且符合澳大利亚央行有关金融稳定标准等	主要立法中未见明确的跨境互联互通特别规则安排

纵览上述情况，有如下特点：

一是对金融市场基础设施互联互通持鼓励态度。金融市场基础设施的互联互通可以拓展基础设施的服务范围，降低市场主体交易成本，提高交易效率，因此有关国家（地区）对互联互通均持肯定态度。反映在法规制度层面，就是有关立法均明确了金融市场基础设施互联互通所应遵循的规则，扫清了互联互通面临的规则不确定性障碍。

二是以有效的风险防控作为互联互通的前提。虽然金融市场基础设施的互联互通有种种益处，但客观上也为风险的传导提供了便利。有关国家（地区）的法规制度设计，均要求互联互通的金融市场基础设施能够采取有效措施识别、监测、管理因互联互通所带来的风险，以求"兴互联互通之利，而除互联互通之弊"。

三是欧盟跨境互联互通立法走在各国（地区）前列。当前，经济金融全球化不断深入，凸显了金融市场基础设施跨境互联互通的必要性。但跨境互联互通涉及不同国家（地区）的管辖权等复杂问题，因而多数国家（地区）立法中尚未就跨境互联互通做出明确规则安排。在此方面，欧盟的相关立法具有较为突出的借鉴意义。

（四）金融市场基础设施风险防控法规制度比较

金融市场基础设施的风险防控法规制度，是指防范处理金融市场基础设施运行可能产生的各类风险，以保障金融市场基础设施稳健运行的法制设计。美国、欧盟等四个典型国家（地区）金融市场基础设施风险防控的法规制度概况如表5所示。

表5 部分国家（地区）金融市场基础设施风险防控法规制度概况

比较项 国家（地区）	事前	事后
美国	实行准入管理，如要成为衍生品交易的CCP，必须向商品期货交易委员会（U. S. Commodity Futures Trading Commission, CFTC）提出申请，CFTC审慎进行审查，在180日内做出同意或拒绝的决定	《HH条例》等法规要求金融市场基础设施要有清晰、透明、制度化的内部制度安排，确保各相关方权责清晰；要求建立全面的风险管理框架，并对信用风险、流动性风险等防范提出明确要求等

续表

国家(地区) \ 比较项	事前	事后
欧盟	实行准入管理,如要成为 CSD,要向其所在成员国适合的监管机构提出申请,监管机构在 6 个月内做出是否批准的书面决定;境外 CSD 希望在欧盟提供服务的,应当向欧洲证券与市场监管局申请认可,认可的条件包括该 CSD 受所在国的有效监管,欧洲证券与市场监管局与该 CSD 所在国监管机构已建立合作机制等	《中央证券存管规定》等法规要求金融市场基础设施要有健全的内部治理机制,职责清晰的组织架构以及识别、监测、管理、报告风险的有效程序;CSD 必须建立坚实的风险管理框架等
瑞士	实行准入管理,设立金融市场基础设施须向瑞士金融市场监管管理局(FINMA)提出申请(瑞士央行运营的除外),瑞士金融市场监管管理局根据相关法规的要求决定是否批准;境外金融市场基础设施在瑞士境内提供服务须取得瑞士联邦金融管理局的认可,认可的条件包括该设施受到有效监管,按照瑞士法规要求向瑞士联邦金融管理局报告信息等	《瑞士金融市场基础设施法》等法规要求金融市场基础设施应当组建独立的审计部门和合规部门;对运行风险、流动性风险等风险管理事项提出明确要求等
澳大利亚	实行准入管理,如设立 CCP,需向澳大利亚证券和投资委员会提出申请,该委员会将申请抄送央行,两家机构会商后向财政部部长提出批准与否的建议,该部长综合考虑做出决定;境外 CCP 在澳大利亚境内提供服务,应按前述要求提出申请,批准的前提条件包括所在国监管机构与澳大利亚监管机构局存在充分的监管合作,其所受监管程度与澳大利亚法规所要求程度相当等	《公司法》及澳大利亚央行有关标准要求金融市场基础设施应当具有清晰、透明的内部治理安排,将维护设施安全和金融体系稳定作为工作目标;对信用风险、流动性风险等各项风险防控提出明确要求等

纵览上述情况,有如下特点:

一是普遍实行准入管理,要求金融市场基础设施持牌经营。实行牌照制,由监管部门对金融市场基础设施的数量及其运营者的运营能力事先进行把关,有助于避免金融市场基础设施建设过滥过繁、良莠不齐可能造成的风险。

二是普遍允许境外金融市场基础设施在境内服务，同时注重防范境外主体提供服务所带来的风险。东道国监管部门批准境外金融市场基础设施在境内提供服务的申请，多要求境外主体母国监管机构与其具有充分的监管合作，且该境外主体所受监管程度与东道国监管程度相当，这就能够使境外主体的经营风险处于东道国监管机构的有效监管之下。

三是风险防控的法规制度具有全面性的特征。全面性体现在既有事前的准入制要求，又有事后的内部控制等要求；风险防控的要求全面覆盖《金融市场基础设施原则》所明确的信用风险、流动性风险等。

三、中国金融市场基础设施法规制度的现状与问题

（一）中国金融市场基础设施及相关法律法规

经过主管部门多年推动，中国金融市场基础设施建设取得长足的进步，有效地支撑了中国金融市场的发展壮大。2018 年国际货币基金组织（International Monetary Fund，IMF）评估报告指出，中国的金融市场基础设施体系已成为世界上最大、最复杂的体系之一。然而，与金融市场基础设施迅速发展的形势相比，有关法规制度建设显得相对滞后。目前，中国金融市场基础设施及立法概况如表 6 所示。

表 6　中国金融市场基础设施及立法概况

类型	主要设施名称	主管机关	主要法律法规
重要支付系统（PS）	中国人民银行清算总中心、中国银联股份有限公司、城市商业银行资金清算中心、农信银资金清算中心	中国人民银行（本文中以下简称人民银行）	《中华人民共和国中国人民银行法》（本文中以下简称《中国人民银行法》）

续表

类型	主要设施名称	主管机关	主要法律法规
中央证券存管系统（CSD）和证券结算系统（SSS）	中央国债登记结算有限责任公司	人民银行中国银行保险监督管理委员会（本文中以下简称银保监会）	《中国人民银行法》
	银行间市场清算所股份有限公司	人民银行	
	中国证券登记结算有限责任公司	中国证券监督管理委员会（以下简称证监会）	《中华人民共和国证券法》（本文中以下简称《证券法》）
中央对手方（CCP）	中国证券登记结算有限责任公司、郑州商品交易所、上海期货交易所、大连商品交易所、中国金融期货交易所	证监会	《证券法》《期货交易管理条例》
	银行间市场清算所股份有限公司	人民银行	《中国人民银行法》
类交易数据库（TR）	中国外汇交易中心	人民银行	无

（二）中国金融市场基础设施法规制度现存问题

同美国、欧盟等其他国家（地区）相比，我国金融市场基础设施法规制度零散不成体系，效力等级低，尚不能为金融市场基础设施的运行与管理提供有效法律支撑。我国有关金融市场基础设施的法律规定散见于《中国人民银行法》《证券法》等法律法规中，对金融市场基础设施的法规制度建设缺乏体系化的考量与顶层设计，由此在实践中产生种种问题：

一是未能实现五类金融市场基础设施的全覆盖。目前，我国缺乏有关交易数据库（TR）的法律法规，致使 TR 的认定与管理无章可循，中国外汇交易中心事实上具有交易数据库（TR）职能，而在国际上只被认定为类交易数据库（TR-like）。

另外，效力等级不足以支持金融市场基础设施的稳健运行。例如，关于重要支付系统的管理，《中国人民银行法》仅有中国人民银行维护支付、清算系统正常运行的原则性规定，大量的问题由人民银行制定规章或规范性文件予以规范。在我国的法律体系中，规章和规范性文件的效力等级较低，权威性有所不足，无法有效解决支付系统"结算最终性"可能与《中华人民共和国企业破产法》规定的破产管理人撤销权冲突等问题。

二是"监管割据"的痕迹明显，人民银行的监管范围有待拓展，且监管协调的举措需要制度化。我国对金融市场基础设施的监管与欧美等国家（地区）央行普遍参与 CSD、SSS、CCP 等其他类型金融市场基础设施的监管不同，对证监会为主监管的 CSD、SSS、CCP 等基础设施，人民银行没有实质参与监管。这在一定程度上不利于人民银行履行宏观审慎管理和系统性风险防范职责，同时也不利于证监会主管的基础设施通过享受中央银行服务提升稳健运营水平。

此外，在既往的实践中，人民银行与证监会等其他金融监管部门存在协调金融市场基础设施管理的举措，如协同开展对金融市场基础设施的评估工作。但这些举措还有待进一步规范化、制度化。

三是境内金融市场基础设施互联互通的规则缺位，跨境互联互通的规则有待进一步优化。目前，我国交易所债券市场由中国证券登记结算有限责任公司提供登记结算服务，银行间债券市场按照债券类别分别由中央国债登记结算有限责任公司和上海清算所提供服务。从性质上来看，三家机构均为债券市场提供 CSD、SSS 和 CCP 服务的金融基础设施，但各自的投资者账户类型不同、账户互不通用，交易券种不尽相同、跨市场交易不畅，结算系统分割，致使市场主体成本较高，阻碍了市场要素的自由流动，业界要求三家机构互联互通的呼声此起彼伏。从法规制度层面来看，由于我国相关立法没有像欧美等国家（地区）一样明确互联互通的法律规则，互联互通应当满足何种条件、履行何种程序等事项都不清楚，客观上未能为金融市场基础设施的互联互通提供制度便利。

关于金融市场基础设施跨境互联互通，我国已有内地与香港"债券通""沪港通"等先行范例，人民银行专门为"债券通"制定了部门规章《内地与香港债券市场互联互通合作管理暂行办法》，取得了积极效果。但一方面，目前相关领域的立法还局限在"一事一议"层面，如《内地与香港债券市场互联互通合作管理暂行办法》仅适用于"债券通"的"北向通"，在法规制度层面缺乏金融市场基础设施跨境互联互通普适性的规则设计；另一方面，对诸如互联互通安排下可能产生的纠纷是适用内地法律或者香港法律等问题，还缺乏明确的规则安排。总之，还有进一步优化的空间。

四是金融市场基础设施的准入制度尚未确立，全面的风险防控机制亟待建立。与欧美等国家（地区）在立法层面明确规定金融市场基础设施的准入制度不同，我国没有相应的法规制度安排，难以有效调动内资和外资的市场力量以推动金融市场基础设施的发展。此外，我国金融市场基础设施的风险防控多由各设施自主采取措施实现，在法律法规层面欠缺全面而又明确的规则安排。

四、完善中国金融市场基础设施法规制度的建议

一是由人民银行牵头推动制定行政法规《金融市场基础设施条例》，并在《中国人民银行法》等法律的制定或修改中设置有关金融市场基础设施的原则性条款。考虑到我国立法资源的稀缺性，我国宜借鉴瑞士的做法，就金融市场基础设施统一立法，由国务院制定行政法规《金融市场基础设施条例》，为金融市场基础设施的运行与管理提供系统化的法律规则支持。根据《中华人民共和国立法法》的相关规定，行政法规的效力等级低于全国人民代表大会及其常务委员会制定的法律，为解决"结算最终性"等金融市场基础设施运营规则可能与《中华人民共和国企业破产法》相关规定相冲突的问题，还需要在《中国人民银行法》等法律的制定或修改中进行相应制度设计。

二是为拓展人民银行在金融市场基础设施领域的监管范围提供制度依据，明确人民银行参与监管的方式，确立监管协调机制。在《金融市场基础设施条例》的立法中，应明确人民银行与证监会等其他金融监管部门的职责范围，对于证监会主管的金融市场基础设施，凡涉及人民银行履行宏观审慎管理和系统性风险防范职责

的，人民银行应当参与监管，参与监管的方式包括制定人民银行职责范围内的监管规则、联合开展检查等。此外，应当将监管协调的方式制度化，协调方式可包括共享监管信息、定期举行协调会议、将重大分歧在国务院金融稳定发展委员会的框架下协调解决等。

三是建立金融市场基础设施互联互通的规则安排，扫清互联互通的制度障碍。《金融市场基础设施条例》应当规定金融市场基础设施互联互通所应符合的条件和所应履行的程序，还应当明确要求互联互通以风险隔离为前提。此外，对于跨境互联互通，应当提出一般性的规则要求，包括境外主体要能够按照境内监管部门的要求提供充分有效的信息、明确跨境互联互通的法律适用等。

四是规定金融市场基础设施的准入制度，注重内控机制建设，建立全面的风险防控法规制度。《金融市场基础设施条例》应当规定金融市场基础设施必须持牌经营，同时明确规定申请牌照所应满足的条件和所应履行的申请程序。允许境外主体申请牌照，对境外的牌照申请人，提出所在国监管机构与我国监管部门存在充分的监管合作、其所受监管程度与我国同类机构所受监管程度相当等附加要求。此外，《金融市场基础设施条例》应当对金融市场基础设施的内控机制提出明确要求，通过有效的内控机制识别、监测、控制金融市场基础设施所面临的各类风险，从而构建起以"牌照制"为抓手的事前管理和以"内控机制"为抓手的事后管理相结合、覆盖各类风险的全面的风险管理制度。

商业银行会计政策与监管标准的差异及协调路径

王军只 等[①]

摘要： 本文从我国商业银行监管体系框架入手，梳理了宏观和微观两个层面的监管体系。在此基础上本文分析了商业银行会计政策与监管标准在数据口径、资本确认目标和原则、金融工具分类、公允价值管理和减值准备等方面存在的差异。差异引发一些监管问题，不利于充分运用会计政策和监管标准加强金融监管以及防范金融风险。基于差异及其产生的问题，本文提出建立监管协调机制，发挥会计政策与监管标准双向优势，加强协调，防范化解金融工具创新带来业务风险等方面的建议。

随着国际金融竞争的加剧，为规避风险，金融机构开始对传统金融工具进行创新。金融创新在促进经济发展的同时引发了众多金融危机事件，尤其是 2007 年以来爆发的美国次贷危机，一次又一次地对会计准则和金融监管提出了挑战。会计准则制定者通过不断完善金融工具会计准则来提高信息透明度；金融监管者则通过不断完善金融监管体制和监管方法以提高监管有效性。商业银行会计政策与监管标准各有侧重，存在差异。但随着金融创新的发展，商业银行会计政策与监管标准协调变得更加重要，并已经成为防范金融风险、促进金融稳定必须解决的重要问题。

---

① 王军只，中国人民银行营业管理部会计财务处副处长。参与执笔人：李丽、张雪、张帆、孙伊展、王薇琳。其中：李丽、张雪、张帆供职于中国人民银行营业管理部会计财务处；孙伊展、王薇琳供职于中国人民银行营业管理部金融稳定处。

注：本文仅为课题组学术思考，与供职单位无关。

一、我国商业银行会计政策与监管体系框架

（一）商业银行会计政策制定部门与监管部门职责划分

我国商业银行会计政策制定部门为财政部，负责会计准则等会计监管规范制定，组织实施会计监管，保护证券市场中会计秩序的规范运行；中国人民银行（本文中以下简称人民银行）作为宏观调控部门，依托货币政策和宏观审慎政策双支柱调控框架，守住不发生系统性金融风险的底线；中国银行保险监督管理委员会（本文中以下简称银保监会）负责金融机构的微观审慎监管和行为监管，基于巴塞尔委员会银行业监管准则出台监管规定，构建微观审慎监管框架，旨在增强银行风险防控能力（见表1）。

表1　商业银行会计政策与监管职责划分

机构	商业银行会计政策与监管标准内容
财政部	2006年2月，财政部发布《企业会计准则》，包括基本准则和具体准则，逐步实现与国际财务报告准则的实质性趋同
	制定《企业会计准则——应用指南》，根据执行中出现的问题发布《企业会计准则解释公告》和《企业会计准则实施问题专家工作组意见》，进一步对企业会计准则中不清晰的问题进行解释
人民银行	2016年，人民银行引入宏观审慎评估体系（MPA），由原来的只决定基础货币投放转变成直接控制广义货币供应量，监测银行的广义信贷规模
	2018年以来，人民银行对金融机构进行金融机构评级，结合存款保险制度构建的风险评估框架，对金融机构实行偏微观层面的监管
	2019年，《中国人民银行职能配置、内设机构和人员编制规定》指出，人民银行具有提出制定金融机构会计准则、制度的建议，依法依规对有关单位的会计资料实施监管检查等职责

续表

机构	商业银行会计政策与监管标准内容
银保监会	2007 年 11 月，原中国银行业监督管理委员会（本文中以下简称原银监会）发布了《中国银监会关于银行业金融机构全面执行〈企业会计准则〉的通知》，要求各类银行业金融机构分层次逐步实施新企业会计准则。对商业银行部分业务会计核算提出具体要求
	2011 年以来，原银监会以银行资本监管为核心，陆续出台了一系列监管规定，主要涉及资本充足程度、杠杆率、流动性风险等方面，构建微观审慎监管框架，增强银行风险防控能力

（二）基于金融风险防范的监管指标体系

人民银行建立 MPA 评估体系、央行金融机构评级体系和存款保险风险评价体系，为防范系统性金融风险提供重要基础。银保监会在整合《巴塞尔协议Ⅱ》和《巴塞尔协议Ⅲ》的基础上，引入三大支柱，从最低资本要求、监督检查和市场约束三方面构建对银行全面监管的完整体系，主要通过非现场监管报表信息系统采集银行数据信息（本文中以下简称 1104 报表），运用一系列监管指标对银行实施全面监管（见表 2）。

表 2　人民银行监管评价指标体系

项目	评价指标体系
MPA 评估体系	定量评估，包括资本和杠杆情况、资产负债情况、流动性、定价行为、资产质量、跨境融资风险、信贷政策执行这七类指标
	采取一季度一评的方式，通过持续评估对信贷投放进行事前引导、事中事后监测，必要时进行窗口指导

续表

项目	评价指标体系
央行金融机构评级体系	数理模型和专业评价相结合
	数理模型基于金融机构的各项经营指标数据，数据大多源自银保监会的 1104 报表；专业评价指标主要包括金融机构的公司治理、内部控制、资产管理、资本状况、流动性、市场风险、盈利能力、信息系统、金融生态环境及特定红线指标
	内部控制中涉及多项 MPA 对跨境业务管理的指标，资产管理涉及 MPA 对广义信贷的指标和不良贷款率等指标，资本管理、流动性管理、市场风险和盈利能力均涉及银保监会的监管指标
存款保险风险评价体系	定量和定性分析相结合
	定量指标包括资本充足率、一级资本充足率、杠杆率、逾期 90 天贷款余额/各项贷款余额（或不良率）、贷款减值准备金余额/逾期 90 天以上贷款余额（或拨备覆盖率）、表内外信用风险加权资产拨备率、成本收入比、资产利润率、同业负债/总负债、流动性匹配率、流动性覆盖率（或优质流动性资产充足率，或核心负债比例）
	定量指标大多为监管指标；定性指标中 70% 根据央行金融机构评级结果决定，公司治理和风险管理水平占 30%

二、商业银行会计政策与金融监管标准差异

（一）会计报表与监管报表编制依据不同，数据口径存在差异

　　商业银行会计报表与监管报表基于会计账务信息，分别根据会计政策和监管标准加工而成。一是资产、负债项目计价方式不同。如会计报表对发放贷款形成的金融资产进行分类，按期末账面价值反映；监管报表按其账面余额反映，不包含各项减值准备、利息收入等引起账面价值变动的因素。二是部分业务核算方式不同。如缴存中央银行财政性存款和财政存款，会计报表分别计入现金及存放中央银行款项和吸收存款，但监管报表对两者进行轧差反映，若为资产方余额计入其他资产，负债方余额计入其他负债。三是报表项目不同。监管报表根据监管需要有单独予以反

映的报表项目，如存入保证金、发行同业存单等（见表3）。

表3　会计报表与监管报表主要差异

差异类型	差异项目	会计报表	监管报表
资产负债表项目差异			
资产、负债计价方式	投资、贷款、存款等资产负债项目	按照会计准则反映资产的账面价值	账面原值反映，减值准备、利息等单独反映
业务核算方式	中央银行财政性存款和财政存款	分别计入"现金及存放中央银行款项"和"吸收存款"	轧差后计入"其他资产"或"其他负债"
	向中央银行借款	按照会计准则反映金融机构向中央银行的借款业务	带有卖出回购性质的业务（如MLF），计入"卖出回购"
	理财产品	根据理财产品的发行条件确认一项金融资产或金融负债	理财产品视交易对手分别计入"存放同业款项""同业存放款项"和"结构性存款"
	保证金存款	按照存款进行反映	单位、个人保证金存款单独计入"存入保证金"
	投资	按长期股权投资和金融工具会计准则计量	在"投资"项目下，按照债券、股票、其他划分
	个体工商户存款	按照单位存款反映	按照个人存款反映
资产负债共同类科目	资产负债共同类项目	轧差反映	分别反映
明细分类	存放同业款项、拆放同业、贷款等	不进行细分	按照对手方机构类型进行划分
	存放同业款项、拆放同业、买入返售资产等	不进行细分	不包含境内交易及结算类金融机构、境内金融控股公司、境内特殊目的载体等细分项
项目	单独反映的报表项目		汇出汇款、应解汇款、发行同业存单等

续表

差异类型	差异项目	会计报表	监管报表
利润表项目差异			
明细分类	利息收入、利息支出	未有明确的划分要求	按照存放中央银行利息收入/支出、同业往来利息收入/支出、贷款利息收入/存款利息支出、投资利息收入/债券发行利息支出、其他利息收入/支出进行划分
	投资收益	单独反映对联营企业和合营企业的投资收益	划分为股权投资收益、债权投资收益和其他投资收益
项目	单独反映的报表项目	净敞口套期收益、资产处置收益、其他综合收益的税后净额、综合收益总额、每股收益等	租赁收益，业务管理费中的福利费、住房公积金和住房补贴等

（二）会计资本与监管资本确认目标不同，资本确认原则存在差异

会计资本代表投资人对公司的所有权，监管资本是商业银行为抵御风险必须持有的资本，不要求所有权归属。一是监管资本的范围大于会计资本。如监管核心一级资本、其他一级资本，既包括会计资本中的实收资本、资本公积、一般风险准备、未分配利润、优先股等，还包括负债项目中的永续债、二级资本债，以及资产项中的抵减项（超额贷款损失准备）。二是监管资本的计量口径与会计资本存在一定差异。如少数股东权益分别计入部分监管核心资本、其他一级资本、二级资本。三是监管资本存在扣减项目。计算监管资本时，需扣减相应级别的资本扣除项。

（三）会计政策与监管标准对金融工具的关注重点不同，金融工具分类和公允价值管理存在差异

金融工具差异主要体现在金融工具分类确认差异和金融工具公允价值估值管理差异两个方面。一是会计准则对负债工具和权益工具的确认主要看是否存在无条件

地避免交付现金或其他金融资产的合同义务。监管方面主要依据权益工具、负债工具是否具有吸收风险能力来确定。二是商业银行进行公允价值估值管理的金融工具包括交易账户承担利率风险、市场风险的标准化金融产品和非标准化金融产品。会计准则重点关注市场参与者在有序交易中的脱手价格，监管方面重在评估风险（见表4）。

表4　金融工具公允价值估值管理差异情况表

	会计	监管
估值规定	《企业会计准则第 39 号——公允价值计量》《企业会计准则第 22 号——金融工具确认与计量》	原银监会印发的《商业银行金融工具公允价值估值监管指引》、原银监会 2012 年发布的《商业银行债券公允价值估值操作指南》《商业银行权益工具公允价值估值操作指南》
估值体系	1. 估值技术：包括市场法、收益法和成本法 2. 估值三个层次的输入值：拥有标准条款并在活跃市场交易的金融工具，公允价值参考市场标价的买入、卖出价确定；不在活跃市场交易的金融工具，公允价值根据公认定价模型或采用对类似工具可观察的当前市场标价，根据折现现金流分析确定；如不存在对类似工具可观察的市场交易标价，则使用交易对手询价进行估值，且管理层对此价格进行分析	1. 估值方法：债券（市价法、模型估值法、第三方机构估值法、市场询价法）；权益（市价法、模型估值法） 2. 估值模型：DCF 模型、乘数法、期权 B-S 定价法等 3. 估值层次的输入值：债券（活跃市场交易价格、模型估值或利用第三方机构估值、市场询价）；权益（交易所公布的收盘价、最近交易日收盘价确定的公允价值、二级市场流通交易价格折价、模型估值）

（四）会计政策与监管标准的减值准备框架不同，减值准备与拨备存在差异

基于会计准则的减值准备是为真实、公允地反映资产状况，强调中性预测减值。《以巴塞尔协议Ⅲ》为指引的拨备计提，遵循审慎原则进行"坏情况"下的减值预测。一是会计与监管在减值关键定义和计量方式等方面存在差异。会计准则将金融资产划分为三个阶段，并按照预期信用损失模型计提减值准备。在《巴塞尔协

议Ⅲ》信用风险框架下，拨备计提有标准法（SA）和内部评级法（IRB）两种适用方法。二是会计与监管对金融风险调节作用存在差异。会计方面从资产计量、资产减值会计处理角度定义一般风险准备，从净利润中提取，发挥财务缓冲作用。监管方面根据对经济金融形势预判，进行逆周期调节，以有效抵御金融风险。

三、商业银行会计政策与金融监管标准差异引发监管问题

（一）会计政策与监管标准多头管理导致监管体系重复建设

会计财务信息是监管标准的基础，监管标准受会计政策的影响又相对独立。一是会计政策制定部门与监管部门多头重复建设指标体系。相关部门从各自角度出发建设相应的监管指标体系，报表和指标之间既存在差异，又存在交叉和重叠。如财政部发布《金融企业财务规则（征求意见稿）》，对超过监管要求的 150% 拨备覆盖率基本标准 2 倍以上的应视为存在隐藏利润的倾向，要对超额计提部分还原成未分配利润进行分配，在会计政策之外，对监管指标提出要求，对监管产生较大影响。二是降低了相关数据的可理解性。部分监管规定在会计政策之外对会计账套和会计科目设置提出额外要求，如要求同业业务集中进行会计处理，对小微金融业务和同业存单进行单独会计核算，资管新规对金融资产摊余成本计量规定了额外标准，给信息使用者在理解和使用信息上造成障碍。三是增加商业银行遵循成本。商业银行建设会计信息系统，同时建设相应的监管指标报送体系，增加了商业银行系统的建设和改造成本。

（二）会计政策变动引发金融监管资本调整

监管资本计算在很大程度上依赖于会计资本及其他会计数据，会计政策变化会对监管资本产生影响。一是会计资产计量政策变化影响监管资本相关的风险资产计量。如自 2019 年 1 月 1 日起，商业银行在租赁合同期间以支付租金等方式获取的营业用房、机器设备等租赁资产使用权利，应确认为一项使用权资产。部分银行参照

固定资产方式按 100% 风险权重审慎计量，导致风险资产增加。二是会计负债项目与权益项目划分界限变化影响监管资本确认。如商业银行发行永续债属于混合资本工具，按照会计政策将其确认为一项负债或权益，直接影响到监管资本的确认。三是会计政策对损益项目的计量影响监管资本确认。会计政策中的所有者权益项目是核心一级资本的主要来源，经营利润受会计政策变化，导致监管核心一级资本波动。

（三）原则导向的会计政策为规则导向的监管标准提供了主观操作空间

监管标准以规则为导向，但受原则导向的会计政策影响较大。一是会计准则未制定非活跃市场环境下公允价值的具体操作指南，未明确估值技术与计量层级之间的对应关系，未对不同市场环境下估值技术的使用进行必要说明，商业银行运用公允价值对参数的选取主观性较强。二是商业银行自主选择确定金融工具条款，影响金融工具的资本属性。在实际操作中，债券发行方自主行使赎回权等受管理层的主观影响较大，可能导致部分商业银行为实现权益工具补充资本的目的而设置相应的永续债条款，增加会计处理的随意性和主观性。

（四）会计减值准备与监管拨备计提存在冲突

会计准则按照"三阶段"法对金融资产计提减值准备，而监管根据贷款五级分类计提拨备。一是财政部和银保监会均未对两者之间提出明确的对应要求，商业银行在实际操作层面对两者之间大致的对应转化关系有不同理解，不利于商业银行资产风险管理的统一。例如，根据会计准则，金融工具预期损失模型对部分贷款计算出的减值比率较高，应归为不良贷款，但按照监管标准，该贷款却划分为正常类和关注类。二是会计准则框架下金融工具计提减值准备不区分一般准备和专项准备，商业银行和监管方在实际操作中将预期损失法下的减值准备划分为监管标准下的专项准备和一般准备，并在此基础上确认资本，计算资本充足率存在困难。

四、商业银行会计政策与监管标准协调路径

(一) 建立监管协调机制，为会计政策与监管标准协调提供基础和保障

商业银行会计政策制定、宏观政策调控与微观审慎监管分属不同的监管主体，建立监管协调机制是实现商业银行会计政策与监管标准协调的基础和保障。一是会计政策与监管部门应结合巴塞尔委员会、国际会计准则理事会等国际性机构的最新进展，提出完善商业银行会计政策和监管标准的协调框架。二是会计方法和监管方法之间建立协调机制，降低执行成本。例如，监管部门在监控贷款组合状况时，出于资本充足率目的计算贷款减值准备，会逐步使用相同的会计与监管数据信息。

(二) 强化会计政策的监管职能，加强会计政策运用的监管指导

会计政策是金融监管的重要基础和工具，在公允反映商业银行财务状况和经营成果的同时，强化会计政策的监管职能。一是监管部门应加强对会计政策运用的监管指导，规范金融机构对原则导向会计准则的自由裁量权，防止金融机构运用会计准则操纵监管指标，防范金融风险发生。二是对会计准则的重大变化与监管政策不同步带来的分歧和挑战，监管部门应采取相应的措施，如发布监管指引、调整会计报告以服从监管的目标。

(三) 发挥会计政策与监管标准双向优势，促进商业银行和金融市场稳健发展

商业银行会计政策与监管标准应双向协调统一，共同促进我国金融稳定和提高市场资源配置效率。一是会计准则制定者在技术层面发挥专业优势的同时，充分吸收金融监管方面的意见和建议，在保证金融机构披露高质量财务报告的同时维护金融系统的稳健发展。二是金融监管者应深入参与会计准则制定，发挥其在金融风险监管方面的优势，使会计政策变革逐步与商业银行风险管理框架趋同。

（四）推进会计政策与监管标准动态协调，防范化解金融工具创新风险

针对金融工具创新可以转移分散风险，也能够数倍放大风险的特点，及时改进会计准则和监管标准。一是根据金融工具创新进程，出台具有前瞻性的风险监控措施。对于复杂衍生工具等金融创新产品，会计政策制定部门和金融监管部门应事先建立会计确认计量政策和风险管理措施，对于风险不可控的创新产品不予审批。二是改进风险计量模型，提高对内部评级模型和风险参数的审慎性要求，使数据分析更具前瞻性。发展动态减值准备，熨平金融创新工具经济周期准备金计提和风险变化，实现会计政策与监管标准协调统一。

参考文献

［1］司振强：《会计准则与金融监管协调发展研究》，博士学位论文，东北财经大学，2009 年。

［2］甘文涛：《会计准则与金融监管关系问题探讨》，《河北金融》2012 年第9 期。

［3］成丽莉：《对完善我国金融业永续债会计处理规则的思考》，《金融会计》2019 年第6 期。

［4］刘中华：《以问题为导向提高金融统计数据质量》，《现代商业银行》2019 年第11 期。

［5］亓帅：《论贷款损失准备会计和监管的冲突与协调》，硕士学位论文，中国海洋大学，2015 年。

支付机构举报激增溯源与
监管创新探析

王羽涵　等①

摘要： 近年来，随着我国支付行业的快速发展，涉及支付机构网络支付接口跳转的举报案件呈现"井喷"态势，举报激增一方面源于部分支付机构账户不透明、资金流转信息不公开和金融消费者对"先行赔付"规定的片面解读，另一方面也源于个别司法机关在支付机构与商户间民事纠纷中的司法导向造成的"维权梗阻"，导致维权压力向行政机关集中。

正视支付机构内生发展的不足，从监管侧发力，通过监管部门施加的外生因素，促进支付市场健康发展。经演化博弈模型分析，得出监管部门应制定科学的支付机构评分体系，提高支付机构执行支付结算管理规定的积极性；保持对支付机构违法、违规行为的高压监管，对支付结算违法行为给予从重处罚，以起到警示作用；加强支付文化建设，引导支付机构"开正门，走正路"，降低违法、违规经营的心理满足效用。同时，监管部门充分利用技术手段和非现场监管措施，补强监管人力不足的"短板"，从而降低监管成本；关注并提高对支付机构合规经营所带来的长期社会收益的期望。

在模型分析的基础上，本文从三个层次对支付机构监管提出建议：一是从账户体系着手，加强顶层设计，阻断违法使用支付账户的逻辑。二是从规范单位支付账

---

① 王羽涵，中国人民银行营业管理部法律事务处（金融消费权益保护处）。参与执笔人：刘丽洪、董英超、孙宇、张钟元、邵旖旎、王迪、侯圣博。其中，刘丽洪、张钟元供职于中国人民银行营业管理部反洗钱处；孙宇、董英超、邵旖旎供职于中国人民银行营业管理部法律事务处（金融消费权益保护处）；侯圣博供职于中国人民银行营业管理部支付结算处；王迪供职于中国人民银行营业管理部纪检监察办公室。

注：本文仅为课题组学术思考，与供职单位无关。

户着手，加强单位支付账户开户审核；建立健全代付业务监管规范顶层设计。三是从特约商户管理着手，提高特约商户入网标准，变 ICP 备案为 ICP 许可。

关键词：支付机构；全口径账户体系；单位支付账户；ICP 许可

一、引言

2019 年 2 月，中国人民银行营业管理部党委民主生活会议指出，支付机构监管等问题应是中国人民银行（本文中以下简称人民银行）调查研究的重中之重。近年来，中国人民银行营业管理部等分支机构受理的支付机构举报发案量激增。直面问题，深度剖析举报多发的本质原因并创建性地提出合规监管建议，是贯彻"金融为民"、提升人民群众改革获得感的必要举措。

二、支付机构举报激增原因分析

在典型支付机构举报案中，举报人通常在互联网广告、QQ 群、微信群中被引导投资非法平台上所谓外汇、黄金、石油等或参与赌球、赌博，举报人在非法平台的网站或 APP 页面点击入金后，通过支付机构的网络支付通道，从其银行卡网银转账投资款。当出现平台"跑路"或赌资损失等情况时，举报人因无法查清资金流向，转而要求支付机构先行赔付。支付机构举报触发的逻辑主要如下：

一是通过"举报"查明资金流向。从银行卡网银转账投资款后，举报人的银行转账明细仅显示银行向支付机构备付金转账，而不显示具体的网络支付账户名称，无法查明实际收款人，从而无法通过民事诉讼向实际收款人追索损失。举报人向支付机构要求查明资金流向时，支付机构通常以《非金融机构支付服务管理办法实施细则》相关规定①为由拒绝向举报人透露资金流向。办理支付机构举报案件时，人民银行分支机构会在《举报答复告知书》中对举报人资金在支付机构内的流转予以查明。举报支付机构成为举报人固定证据的途径。

二是理解政策有误。以举报诉求中最多的"先行赔付"为例，支付机构举报与传统的违法违规行为举报不同，通常会包含要求支付机构先行赔付的民事诉求。举报人一般会依据《银行卡收单业务管理办法》和《非银行支付机构网络支付业务管理办法》（本文中以下简称《网络支付管理办法》），以支付机构未按规定履行对特约商户的审核和巡检义务或以其真实意思就是向非法平台转账而非向普通商贸公司为由，要求支付机构对其先行赔付。举报人错误理解政策，期望以举报方式实现"先行赔付"的投诉诉求，也是导致支付机构举报激增的重要原因。

三是司法维权不利迫使举报人转向举报维权。支付机构"维权者"大多通过微信群、QQ 群共享、交换信息，司法判例对"维权者"的维权方式具有极强的导向作用，典型个案判决支付机构不承担赔偿责任，导致"维权者"转而向行政机关举报维权。此外，民事诉讼立案需要原告预交诉讼费，而受理支付机构举报人民银行不收取任何费用，以"举报维权"代替"司法维权"对维权者而言有较好的经济性。北京地区当前司法判决普遍认定支付机构对金融消费者的赔偿应承担"过错责任"，支付机构履行商户巡检义务应限于有限范围和程度。

三、支付机构监管的国际比较与演化博弈分析

（一）支付机构监管的国际比较

美国对支付机构的监管。一是明确了支付机构的法律地位，将支付机构定义为货币服务机构。二是在监管机制上采取国家和州的双重监管机制。在国家层面上，规定了支付机构必须履行相应的信息登记、交易报告提交等义务；在州层面上，各

---

① 《非金融机构支付服务管理办法实施细则》第三十八条第二款规定，支付机构不得以任何形式对外提供客户身份信息和支付业务信息等资料。法律法规另有规定的除外。

州都要求第三方支付机构必须取得所在州监管部门发放的支付业务经营许可证，从而从事相关业务。三是要求支付机构保存交易信息，履行反洗钱义务。《银行保密法》授权美国财政部制定关于特定金融交易的信息记录和交易报告的具体规则并由其下设的美国金融犯罪情报中心负责具体执行。美国金融犯罪执法网络（FinCEN）要求支付机构必须保存每笔交易的交易信息，并定时出具现金交易报告和可疑交易报告；同时，《美国爱国者法案》要求支付机构在展业前必须在美国金融犯罪执法网络（FinCEN）进行注册，并要通过美国金融犯罪执法网络（FinCEN）对自身业务种类、交易量、营业场所的综合考察。

欧盟对支付机构的监管。一是在法律上确定了支付机构为金融类企业的定位。欧盟要求电子支付服务商必须是银行，而非银行机构必须取得与银行机构有关的执照（完全银行业执照、有限银行业执照或电子货币机构执照）才能从事支付业务。二是依托 2005 年颁布的《欧盟反洗钱第三号指令》，要求支付机构建立客户身份识别、交易信息记录、风险监测等管理制度及处理流程，并应与各成员国金融情报局充分合作，配合调查。2009 年修改的欧盟《电子货币指令》另要求支付机构加强对交易的监管，设定电子支付交易限额和交易金额标准。

（二）支付机构监管的演化博弈分析

支付机构监管的博弈主体是监管部门与支付机构。本文的研究对象为监管行为，故监管部门可以选择的策略为严格完善的监管与流于形式的监管。支付机构的对应策略为完全合规经营和放任非合规经营。该博弈过程在不确定性和有限理性的背景下进行，且双方的策略互相影响。监管部门和支付机构会通过本群体相对收益情况与对方群体的选择来调整自身策略。该模型构建的基本假设包括：

H1：在有限理性情况下，支付机构完全合规经营概率为 ϕ（$0 \leq \phi \leq 1$），放任非合规经营的概率为 $1-\phi$；监管部门严格监管概率为 θ（$0 \leq \theta \leq 1$），流于形式的监管概率为 $1-\theta$。ϕ 和 θ 都是时间 t 的函数。

H2：无论监管部门是否严格监管，支付机构都将获得经营收益 a。

H3：监管部门采取严格监管策略，加强对支付机构的现场检查与非现场监管

所付出的成本为 c_1。此时，若支付机构正常执行支付结算管理规定可为监管部门带来长期的社会收益 b_3。

H4：在监管部门严格监管策略中，若支付机构正常执行支付业务管理规定策略，将获得监管部门提供的激励性评分奖励 b_1。而若支付机构执行放任非合规经营策略，会被监管部门予以行政处罚，且对未来支付牌照续展造成不利影响，由此付出成本 b_2。而由于支付机构未能正常执行支付结算管理规定，造成企业自身合规经营能力下降，除被监管部门予以处罚外，对企业可持续发展造成内生性成本 c_2。

H5：当监管部门未做到有效监管，仅采用流于形式的监管策略时，若支付机构正常执行支付业务管理规定策略，则监管部门会意外获得支付机构合规经营带来的正社会收益 b_4（通常推定 $b_3 > b_4$）；而若支付机构执行放任非合规经营策略，其收益不仅为经营收益 a，还额外获得心理满足效用 b_5（假定支付机构是追求经济效益的理性经济人）。以上 a、b_1、b_2、b_3、b_4、b_5、c_1、c_2 数值均为正。基于以上假设，构建的博弈双方支付矩阵如表 1 所示。

表 1　博弈支付矩阵

		监管部门	
		严格监管 φ	流于形式的监管 1-φ
支付机构	合规经营 θ	$a+b_1$, b_3-c_1	a, b_4
	非合规经营 1-θ	$a-b_2$, $-c_1-c_2$	$a+b_5$, $-c_2$

支付机构的期望收益可以分为两种情况：①合规经营时的期望收益为：$f_{11} = (a+b_1)\phi + a(1-\phi)$；②放任非合规经营时的期望收益为 $f_{12} = (a-b_2)\phi + (a+b_5)(1-\phi)$。支付机构的平均收益为 $f_1 = f_{11}\theta + f_{12}(1-\theta)$。

监管部门的期望收益可分为两种情况：①执行严格监管策略的收益是 $f_{21} = (b_3-c_1)\theta + (-c_1-c_2)(1-\theta)$；②执行流于形式的监管策略的收益是 $f_{22} = b_4\theta + (-c2)(1-\theta)$。监管部门的平均收益是 $f_2 = f_{21}\phi + f_{22}(1-\phi)$。

支付机构的复制动态方程为：

$$F(\theta) = \frac{d\theta}{dt} = \theta(f_{11} - f_1) = \theta(1-\theta)(b_1 + b_2 + b_3) \tag{1}$$

若令 $\frac{d\theta}{dt} = 0$，得 $\theta_1 = 0$，$\theta_2 = 1$，$\phi^* = \frac{b_5}{b_1 + b_2 + b_5}$。对支付机构而言，当 $F'(\theta) < 0$ 时，θ 为演化稳定策略。当 $\phi^* = \frac{b_5}{b_1 + b_2 + b_5}$ 时，$F(\theta)$ 始终为 0，即监管部门严格执行监管政策的初始概率达到 ϕ^* 时，支付机构采取合规经营和非合规经营策略的初始概率都是稳定的。当 $\phi < \phi^*$ 时，$F'(0) < 0$，$F'(1) > 0$，则 $\theta_1 = 0$ 是演化稳定策略，即在监管部门对支付机构合规经营的激励不够时，合规经营的支付机构将逐步消失。当 $\phi > \phi^*$ 时，$F'(0) > 0$，$F'(1) < 0$，则 $\theta_2 = 1$ 是演化稳定策略，即支付机构合规经营与监管部门严格监管策略良性互动。

监管部门的复制动态方程为：

$$F(\phi) = \frac{d\phi}{dt} = \phi(f_{21} - f_2) = \phi(1-\phi)[(b_3 - b_4)\theta - c_1]，同理，若令 \frac{d\phi}{dt} = 0，$$

可得到 $\phi_1 = 0$；$\phi_2 = 1$，$\theta^* = \frac{c_1}{b_3 - b_4}$。对监管部门而言，当 $F'(\theta) < 0$ 时，ϕ 为演化稳定策略。当 $\theta^* = \frac{c_1}{b_3 - b_4}$ 时，$F(\phi)$ 始终为 0，即支付机构合规经营的初始概率达到 θ^* 时，监管部门选择两种策略的初始概率稳定。当 $\theta < \theta^*$ 时，$F'(0) < 0$，$F'(1) > 0$，$\phi_1 = 0$ 是演化稳定策略，即当较多支付机构放任非合规经营时，管理者群体采取流于形式的监管策略。当 $\theta > \theta^*$ 时，$F'(0) > 0$，$F'(1) < 0$，$\phi_2 = 1$ 是演化稳定策略，即当多数的支付机构合规经营时，监管部门的选择策略将是严格监管。

上述两个群体关于监管执行的演化博弈动态相位图如图 1 所示。

由图 1 可知，（0，0）和（1，1）都是演化博弈的稳定策略，系统的初始状态决定最终收敛于哪个稳定点。若初始状态位于区间Ⅰ，则收敛至（0，0），即放任违规经营和流于形式的监管。若初始状态位于区间Ⅲ，则会收敛于帕累托最优均衡点（1，1），即合规经营和严格监管。当初始状态为Ⅱ和Ⅳ时，演化方向不明。若要让系统收敛于帕累托最优均衡点（1，1）的概率最大，则要充分扩大区域Ⅲ的面积，同时尽力减小区域Ⅰ的面积，即尽量减小 ϕ^* 和 θ^*（增大 b_1、b_2、b_3，减小 b_4、b_5、c_1），这样还能提高帕累托均衡收益 $a+b_1$，b_3-c_1。

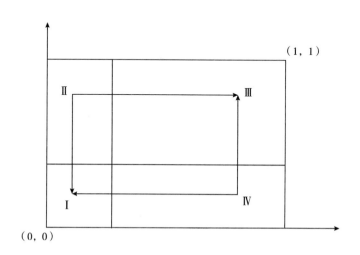

图1　监管部门与支付机构的演化博弈相位图

为实现经济学上的帕累托最优，可以得出的结论为：

一是监管部门应制定科学的支付机构评分体系，在严格监管的同时落实激励性评分奖励 b_1，提高支付机构执行支付结算管理规定的积极性；保持对支付机构违法违规行为的高压监管，对支付结算违法行为给予从重处罚 b_2，以起到警示作用；加强支付文化建设，引导支付机构"开正门，走正路"，降低违法违规经营的心理满足效用 b_5。

二是监管部门充分利用技术手段和非现场监管措施，弥补监管人力不足的"短板"，从而降低监管成本 c_1；监管部门应"守土有责"，降低对监管不力情况下支付机构仍合规经营的意外收益 b_4 的期望，关注并提高对支付机构合规经营所带来的长期社会收益 b_3 的期望。

四、支付机构创新监管模式研究

（一）从账户体系着手，加强顶层设计，阻断违法使用支付账户的逻辑

有研究认为，当前在技术层面暂无覆盖所有业务违规场景的风控解决模型。破解支付机构违规高发的情况，需要了解违法者使用支付账户的逻辑，从顶层设计入手，解决支付账户跳转链接这一微观难题。

1. 建立全口径账户监管体系，指导支付机构报送网络支付账户信息

账户是金融体系的根基。人民银行建立了人民币银行结算账户管理系统，实现了对银行账户的全口径监测管理。当前，经企业授权在基本存款账户开户行就可以查询到该企业开立的全部银行账户，人民法院按照《最高人民法院　中国人民银行关于人民法院查询和人民银行协助查询被执行人人民币银行结算账户开户银行名称的联合通知》（法发〔2010〕27号）的规定，也可以向人民银行申请查询被执行人开户银行名称。有分析认为，目前支付机构备付金总额已达2万亿元左右，已经成为民事主体不可忽视的财产权益。在司法案例中，均已出现法院向支付宝、财付通等支付机构查询、冻结当事人支付账户财产的情况，也出现在执行过程中执行当事人网络支付账户款项的案例。将网络支付账户纳入全口径账户监管体系迫在眉睫，具体可行措施如下：

一是指导支付机构在拓展特约商户时，应参照银行一般存款账户开户，向人民银行报送企业名称、网络支付账户账号信息、开户许可证编号等基本信息，与银行账户开户信息进行交叉核验，建立全口径的账户监管体系。

二是效仿欧盟经验，支付机构应保存网络支付账户的资金划转信息。跨支付机构的资金划转已经通过网联或银联进行，支付机构应对内部不同网络支付账户的资金划转信息进行全流程留存，并可探索向第三方机构镜像支付信息，建立统一的支付信息数据库。

三是在现有的人民币银行结算账户管理系统中增加模块或建设独立的网络支付账户统一查询平台，账户主体、行政机关和司法机关依授权或法定事由可对网络支付账户信息进行查询，破解通过网络支付账户侵占挪用企业资金、逃税避税或者逃避司法执行的难题。

2. 打破支付机构备付金的资金流转"黑箱"，指导支付机构切实履行反洗钱义务

支付机构打破了传统银行对交易双方资金划拨点对点的线性模式，在资金流转过程中通过备付金隐藏了实际收付款账户信息，展示出"黑箱"的特征。资金流转过程中，支付机构以备付金账户收付款，账户名称在交易流水明细中记载为"某支付机构备付金"而不显示实际收付款方的名称。支付机构作为支付中介，割断了交易双方在银行结算体系的直接联系，资金在支付机构备付金账户中归集、拆分、再归集、再拆分，屏蔽了银行对资金来源和去向的辨别。部分具备跨境支付资质的支付机构成为举报的"重灾区"。打破支付机构备付金"黑箱"的可行措施如下：

一是指导支付机构进一步做好企业支付账户实名化工作。《中华人民共和国电子商务法》（本文中以下简称《电子商务法》）第十条明确规定，"电子商务经营者应当依法办理市场主体登记"，第十五条明确规定，"电子商务经营者应当在其首页显著位置，持续公示营业执照信息"，这些规定将经营电子商务的主体限定为企业（个体工商户、企业法人、非法人企业等），支付机构在按照《银行卡收单业务管理办法》的规定拓展特约商户后，应当将特约商户的企业名称等信息作为支付账户的实名化信息对外展示：一方面，在与银行或其他支付机构进行资金划转时，应将收付款账户进一步明确为"某支付机构备付金—收付款商户名称"；另一方面，在支付机构不同支付账户之间资金划转时，同样明确"某支付机构备付金—付款商户名称"和"某支付机构备付金—收款商户名称"。通过系统升级和业务流程改造，进一步做好企业支付账户实名化工作。

二是指导支付机构切实履行《电子商务法》规定的法定义务。首先，支付机构应严格落实《电子商务法》第五十三条的要求，确保"电子支付指令的完整性、

一致性、可跟踪稽核和不可篡改"。当前尤其应注重支付机构跟踪稽核支付指令的能力，做到逐笔交易可监测。其次，支付机构应落实《电子商务法》第五十三条、第五十五条和《网络支付管理办法》第二十七条的要求，确保用户在执行支付指令前可对收付款客户名称（非备付金）、账号、交易金额等完整信息进行确认，并向用户免费提供对账服务。鉴于非法平台与跳转使用的支付账户名称并不一致，前置提供支付信息核对，有助于客户发现跳转链接。最后，因《电子商务法》对电子支付服务提供者并未直接设定罚则，应将支付机构违反《电子商务法》的行为纳入现有行政监管体系，通过高压监管维护法律权威。

（二）从规范支付账户业务规则着手，制定单位支付账户使用规则、加强单位支付账户开户审核和代付业务监管

1. 支付机构支付账户的监管难点

一是现行法律规范对支付账户的概念界定不甚明晰。《网络支付管理办法》第三条第二款规定，"本办法所称支付账户，是指获得互联网支付业务许可的支付机构，根据客户的真实意愿为其开立的，用于记录预付交易资金余额、客户凭以发起支付指令、反映交易明细信息的电子簿记"。根据《网络支付管理办法》以及人民银行官方解读[①]，支付账户的功能定位是"用于电子商务收付款结算的电子记簿"，由客户本着"自愿开立、自担风险"的原则申请开立。由于开立支付账户受客户真实意愿核实、持续身份识别以及个人支付账户转账限额等诸多监管规范限制，不乏部分支付机构在实践中打起了政策的"擦边球"，北京地区一线监管部门发现，有部分支付机构在业务体系中并不设立"支付账户"机制，而是代以"记账账户""待结算账户"等名称命名，实现支付账户"收发支付指令，记录交易资金"的功能，形成较大监管隐患。同时，由于人民银行检查处罚支付机构的主要依据文件《非金融机构支付服务管理办法》中亦未对支付账户的开立、审核定有明确罚则，顶层规范不足，导致日常监管中面对支付机构打此概念"擦边球"时，只能给予

---

① 参见 http://www.gov.cn/zhengce/2015-12-28/content_ 5028605.htm。

口头警告和督导，难以将监管意见压牢、压实。

二是单位支付账户使用规则有待完善。人民银行先后出台了一系列规范性文件，构建了较为完善的个人支付账户使用规则体系。从一线承办的支付机构举报案件来看，限于个人支付账户严格的核验方式和付款限额，从未出现过以个人支付账户跳转链接为非法平台提供资金流转通道的情况。同时，鉴于当前单位支付账户尚未建立分级制度，开户核验方式随意，也未设定付款限额，使单位支付账户成为整个账户体系中（包含银行账户和支付账户）的监管"短板"。伴随网络支付应用场景的不断扩大，支付宝和财付通等头部支付机构支付账户内的资金可用于购置房产、车辆等大额消费或跨境消费和投资，资金在支付机构内已可形成闭环流动。为避免市场主体在不同类型账户间"监管套利"，应参照个人支付账户建立单位支付账户使用规则。

三是支付账户开户审核工作仍有不足。《网络支付管理办法》第六条规定，"支付机构为客户开立支付账户的，应当对客户实行实名制管理，登记并采取有效措施验证客户身份基本信息，按规定核对有效身份证件并留存有效身份证件复印件或者影印件"。实践中，由于个人身份信息泄露、身份信息买卖成本低等原因，冒用他人身份信息开立支付账户的情况屡见不鲜。一线监管部门发现，一些支付机构单位客户法定代表人呈现年龄过低（或过大）、住址偏远闭塞、与单位主体情况和支付账户资金往来情况明显不符的特征，存在冒用身份信息开立支付账户的合理怀疑。但囿于监管文件中仅提出"留存身份证件"等基本的身份审核要求，未对"确保开户意愿真实性"方面提出程序性审核的进一步要求，故监管部门即便对支付账户开立真实性存疑，难以认定支付机构违规，减小了支付账户的监管力度与监管效果。

2. 支付机构支付账户监管政策建议

一是明确支付账户性质，进一步强化支付账户监管硬约束。建议严格《网络支付管理办法》第三条第二款关于支付账户概念的界定，应区别于仅具有记载、客观反映交易信息、账户资金明细的电子记簿（记账账户），对凡是带有客户可以发起支付指令功能的电子记簿，即定性为支付账户。付款方的支付账户应受《网络支付管理办法》第十一条付款限额之约束，收款方的支付账户应受《网络支付管理办法》第六条审核开户意愿之约束。为强化支付账户监管硬约束，建议将未按规定执行支付账户开立与限额管理措施的行为明确纳入监管罚则中。

二是参照个人支付账户制定单位支付账户使用规则。一方面，可以建立单位支付账户分级制度。Ⅲ类单位支付账户主要用于企业电子商务收付款，应严格执行面对面（远程视频核验面）审签制度，核实开户意愿和用途，留存视频影像资料；Ⅱ类单位支付账户主要用于企业日常运营或临时性存款，可采取面对面或非面对面交叉核验方式；Ⅰ类单位支付账户主要用于小额收付款，可采取非面对面交叉核验方式。开户数量上，应严格执行一个商户在一家支付机构只能开立一个Ⅲ类单位支付账户，对Ⅱ类、Ⅰ类单位支付账户数量暂不作限制，支付机构现有单位支付账户可给予一定的缓冲期予以合并或关停调整。另一方面，可以建立单位支付账户收付款限额制度。参考个人支付账户付款限额制度的经验，建立科学的单位支付账户收付款限额制度，虽然不能完全避免支付账户被盗用或冒用，但可以相当幅度地降低资金流转金额，同时如果不法分子选择通过高频交易转移资金，则可通过设定合理的高频交易监测阈值来自动触发预警，为通过技术手段解决支付机构网络支付接口违规转接问题提供条件。

三是严格开户意愿核实工作，加大买卖、冒用身份信息惩戒力度。《中国人民银行关于进一步加强支付结算管理防范电信网络新型违法犯罪有关事项的通知》（银发〔2019〕85号）中创见性地提出支付机构可"采取面对面、视频等方式"向单位法定代表人或负责人核实开户意愿，然而条款中"可""等"的表述表明，监管层仍倾向于将开户意愿核实的具体方式交由市场主体自行确定，而非建立监管硬约束，故上述监管规范落实效果在实践中仍有待观察。监管规范发布后，部分支付机构反映，对单位客户要求法定代表人或负责人"面签开户"存在一定困难，询问监管部门是否可动态调整开户意愿核实方式。本文认为，对于前文的"等"字应作严格解释，支付机构采取的其他核实方式应与"面对面、视频"达至相同法律效果，如不可篡改的生物识别技术等。

（三）从特约商户管理着手，提高特约商户入网标准，变 ICP 备案为 ICP 许可

支付机构在办理特约商户入网审核时通常按照《银行卡收单业务管理办法》的规定要求特约商户提交营业执照、法定代表人身份证复印件、银行开户许可证、网站 ICP 备案查询截图等材料，忽视了网络支付服务于电子商户的本质属性，以 ICP 备案代替了 ICP 许可①。如解决这一问题，需要厘清如下问题：

一是 ICP 备案仅履行公示义务不实质审查业务模式。《非经营性互联网信息服务备案管理办法》（信息产业部令第 33 号）第七条规定，拟从事非经营性互联网信息服务的，应当通过信息产业部备案管理系统如实填报《非经营性互联网信息服务备案登记表》，履行备案手续。从规章条文和实际操作来看，ICP 备案完全由企业在省级通信管理局网站在线填报，工信部门对网站内容和经营模式不做审核，仅起到网站主办单位名称等基础内容的公示作用。

二是 ICP 许可为实质"实名"，具有较高的准入门槛并审查业务模式。《中华人民共和国电信条例》（国务院令第 291 号公布）第五条和《互联网信息服务管理办法》第六条规定了办理 ICP 许可证的基础条件。《电信业务经营许可管理办法》（工业和信息化部令第 5 号）第六条细化了申请经营增值电信业务的条件，要求经营者有与开展经营活动相适应的资金和专业人员，有为用户提供长期服务的信誉或者能力，有必要的场地、设施及技术方案，并明确提出了注册资本最低限额。此外，ICP 许可为行政许可，ICP 许可证均有独立证号可核验，许可过程中工信部门对申请人的业务模式、可持续经营能力等进行了实质性审查。可以认为，持有 ICP 许可证的公司，其业务模式得到了有关政府部门的认可，其主动转接支付接口的概率较低。

---

① 《互联网信息服务管理办法》（国务院令第 292 号公布）第三条规定，互联网信息服务分为经营性和非经营性两类。第四条规定，国家对经营性互联网信息服务实行许可制度；对非经营性互联网信息服务实行备案制度。

三是支付机构商城类网络特约商户应持有 ICP 许可证。互联网信息服务不局限在新闻、电信等领域，电子商务平台业务也是互联网信息服务的类型之一。经营电子商务和网络商城等特约商户在线提供了实物商品的信息展示并申请接入支付机构进行在线款项支付，符合工业和信息化部《电信业务分类目录（2015 年版）》规定的 B2 第二类增值电信业务项下的 B21 在线数据处理和交易处理业务的表述，此外《互联网信息服务管理办法》第十一条同时规定，非经营性互联网信息服务提供者不得从事有偿服务。因此，支付机构网络特约商户通过自有网站经营电子商务的（在淘宝等电商平台上经营的不在此列），应当独立申办 B2 类增值电信业务许可（ICP 许可）。

有关提高特约商户入网标准，变 ICP 备案为 ICP 许可的可行措施如下：①"新老划断"，指导支付机构将 ICP 许可作为新入网商城类网络特约商户的必需材料，对已经入网的网络特约商户开展清理审核工作，审核发现的违法违规商户一律先行作关停处理。②建立"常态化年审制度"，结合 ICP 许可的年审制度，支付机构应每年对在网的商城类网络特约商户持有的 ICP 许可证予以核验，并作为《银行卡收单业务管理办法》第二十条中收单机构的特约商户检查制度的内容之一。③形成"监管合力"，支付机构巡检如发现持有 ICP 许可的网络特约商户发生网址跳转给不法金融活动网站行为的，可直接向工信部门转送，由工信部门进行专业化查处。

财政性存款对货币政策
传导机制的影响研究

温 静 等①

一、研究背景及意义

（一）研究背景

财政性存款作为中国人民银行（本文中以下简称人民银行）重要的交存款之一，其缴存方式及规模对人民银行的监管机制以及货币政策调控机制具有深远影响。但财政性存款业务的考核和管理制度自 20 世纪 80 年代至今始终未发生调整，人民银行规定缴存财政性存款的规范性文件散见于各种法规、规章及文件中，监管存在管理手段欠佳等问题。近年来，随着金融机构的不断改革，出现的一些新态势不断增加人民银行在财政性存款管理方面的困难。

（二）研究意义

一般存款准备金是人民银行重要的流动性调控工具，而商业银行财政性存款却因缴存范围、比例固定，被认为对流动性的影响较小且恒定。事实上，近年来财政性存款余额变动及其缴存方式对于流动性的冲击越发明显，时刻影响着人民银行货币政策的调控效果。因此，对财政性存款余额变动及其缴存机制加以研究，分析其

① 温静，供职于中国人民银行营业管理部货币信贷管理处。参与执笔人：魏超然、孙昱、陈思亦、薛铖、王昀润、陈永波。其中，孙昱、王昀润供职于中国人民银行营业管理部货币信贷管理处；魏超然、陈永波供职于中国人民银行营业管理部国库处；陈思亦供职于中国人民银行营业管理部营业室；薛铖供职于中国人民银行营业管理部外汇综合业务处。

注：本文仅为课题组学术思考，与供职单位无关。

对于流动性以及货币政策传导机制的影响，具有重要的理论价值和实践意义。

关于财政性存款余额变动对流动性影响的研究，有助于疏通财政性存款对货币政策传导机制的影响路径和作用机理，有效评估其对货币政策调控效果的影响，为人民银行货币政策调控提供决策依据。关于商业银行财政性存款缴存机制对流动性影响的理论分析和实证研究，有助于深刻认识财政性存款缴存机制存在的缺陷及其对流动性的影响大小，提出财政性存款缴存制度需要改进的地方。关于财政性存款缴存机制的比较研究，有助于分析财政性存款与一般性存款缴存制度之间的差异，为财政性存款缴存制度改革提出合理可行的建议。

二、文献综述

（一）财政性存款现状及存在问题

研究者们普遍认为，目前财政性存款在缴存对象、缴存范围、考核及处罚模式等方面均存在问题。王莹（2016）指出，金融机构向人民银行缴存的财政性存款和一般存款总额大、种类多，各银行会计核算科目设置也存在不同，存在财政性存款与一般存款混缴的问题。混缴的原因主要是商业银行受到利益驱动、财政性存款监管职责不明确以及相关法律条款不够完善。孙姣（2017）发现，财政性存款漏缴现象较为普遍，财政性存款的缴存具有缴存范围界定难、缴存基数核定方法不科学、计费方式不合理等问题。

财政性存款相关法规文件与管理制度较分散、久远，缺乏系统性规定，造成财政性存款的监管效率低。赵守卿等（2018）指出，现行缴存财政性存款相关管理制度时间跨度长、涉文较多、变化频繁，导致前后文件相关规定相互矛盾；缴存财政性存款相关管理制度与其他法律、法规相抵触，导致行政处罚难以执行；金融机构会计科目设置漏洞、会计科目使用不规范，导致业务人员对财政性存款的真实性、准确性难以确认。郑文清等（2014）、刘英章（2014）、肖兰（2014）的研究指出，目前缺少统一管理财政性存款的法规，造成财政性存款的定义和统计口径存在明显差异，相关部门在财政性存款的管理上存在真空现象，缺乏有效监管。

（二）财政性存款对货币政策及流动性的影响

财政性存款作为基础货币的一部分，影响着市场流动性，也因此会影响中央银行的货币政策、宏观调控。周刚（2014）的研究指出，财政性存款对基础货币的投放或者回笼具有反向影响，财政体制变化等长期制度性因素在财政性存款对基础货币影响中发挥更为明显的作用。杨志宏等（2017）的分析指出，财政性存款的变化规律可由国库库存的变化规律加以揭示，而财政性存款对流动性的影响也主要是国库库存对流动性的影响。财政性存款变化将扰动或者对冲央行基础货币的调控政策，其影响程度取决于财政性存款变动量的大小。

财政性存款的缴存及监管存在的问题会影响市场流动性，使人民银行货币政策的效果与预期产生差异。徐雯（2014）的研究表明，近年来，财政性存款存在转移和流失现象，加大了人民银行对银行机构流动性的监测力度，影响到人民银行货币政策的执行效果。柴芳（2014）的研究指出，近年来，由于政策严重滞后等原因，央行财政性存款业务监管效率低、存在真空部分，影响了央行利用货币政策工具实施宏观调控的实际效果。王卫东等（2017）的研究指出，基层央行现行财政性存款管理模式存在管理职能分散、监管主体缺乏、有效监督合力不足等问题，直接影响到货币政策和财政政策的协调配合。

三、财政性存款余额变动对货币政策传导机制的影响

（一）财政性存款的定义

财政性存款指财政部门代表政府掌管、存放在金融机构的财政资金，包括国库存款和其他财政性存款。其中，国库存款指存放在国库（包括代理库）的财政资金，可分为财政库款和财政过渡存款；其他财政性存款指未列入国库存款的各级财政在金融机构的预算资金和由财政部门指定存入金融机构的专用基金，包括划缴财政性存款、待结算财政款项、财政专用基金存款、国库定期存款。

（二）财政性存款余额变动对流动性（储备货币）的影响

货币政策传导机制是指人民银行运用货币政策工具影响中介指标，进而最终实现既定政策目标的传导途径与作用机理。新常态下我国货币政策的目标不仅为实现币值稳定和经济增长，还包括有效调节市场流动性来维持金融稳定。

根据货币当局资产负债表中占比较高和波动较大的项目，储备货币的变化大致可以简化为：Δ储备货币≈Δ外汇储备+Δ公开市场净投放-Δ政府存款，其中储备货币包括现金、法定准备金和超额准备金。财政性存款、外汇占款、公开市场操作（逆回购、正回购、中期借贷便利等）是影响市场流动性的三大重要指标。我国财政性存款对流动性的影响主要是通过财政性存款的变动影响金融机构的存款准备金，进而影响储备货币的投放，最终对整个社会货币供应量产生影响。

企业的税收在上缴前作为商业银行的存款，银行需要计提存款准备金。当企业等缴款人向国库上缴税收时，财政性存款增加，企业在商业银行的存款减少，则计提的准备金相应减少；反之，财政预算资金的拨付是指财政资金流向商业银行。可见，财政性存款与金融机构的存款准备金呈反向变动。因此，财政资金收缴和拨付这些财政日常的操作，相当于调整存款准备金总量。财政性存款通过对存款准备金的影响直接引起储备货币总量的变动，因此储备货币与财政性存款变动方向也是相反的。

尽管财政性存款不是影响流动性的最大因素，但由于近年来积极财政政策的实施，财政支出力度不断加大，由此带来的财政性存款变动会对流动性产生较大的影响。由图1可以清晰地看到，财政性存款变化与储备货币变化呈现十分明显的反向关系。财政性存款增加，则储备货币减少；反之则反。

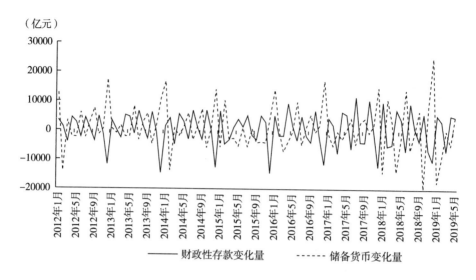

图1 财政性存款与储备货币变化量之间的关系

（三）财政性存款余额变动增加货币政策调控的难度

人民银行通过实施货币政策调控流动性，财政性存款变化将扰动或者对冲货币政策调控效果，其影响程度取决于财政性存款变动量的大小。而财政资金的投放量和投放时点都是人民银行不能决定的，人民银行的操作只能根据实际情况相机抉择，因而增加了公开市场操作的难度。若财政性存款余额变动方向与货币政策操作方向相同，则会放大货币政策对流动性的影响；反之，则会部分对冲或完全对冲货币政策对流动性的影响，使货币政策效果大打折扣甚至适得其反。

通过统计2016年1月至2019年5月的月度数据，发现在46.34%的情况下，财政性存款变动与央行公开市场操作净投放量的方向相同，即财政性存款会对冲人民银行对流动性的调控。甚至在29.27%的情况下，考虑财政性存款变动的最终现金净投放量与公开市场操作净投放量方向相反，即财政性存款变动对流动性的影响完全对冲甚至扭转了央行货币政策对市场流动性的调控方向（见图2）。

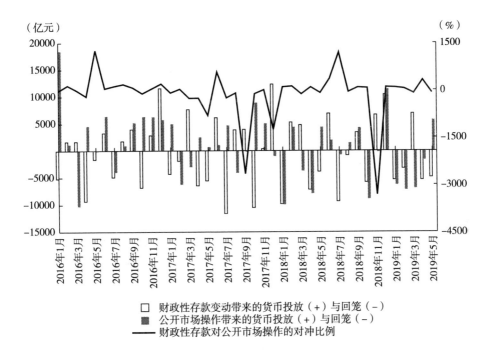

（亿元）

（%）

□ 财政性存款变动带来的货币投放（＋）与回笼（－）
■ 公开市场操作带来的货币投放（＋）与回笼（－）
—— 财政性存款对公开市场操作的对冲比例

图2　财政性存款变动及公开市场操作带来的货币投放与回笼

四、财政性存款缴存机制对流动性的影响

（一）财政性存款与人民币法定存款准备金缴存机制对比

　　财政性存款和人民币法定存款准备金是人民银行两项重要的信贷资金来源，有着悠久的历史，但是，两者在考核管理上存在着许多差异。目前纳入财政性存款的资金主要为待结算款项和代理国债资金，其中以待结算款项为主。待结算款项主要为商业银行应缴库而未缴库的资金，其金额受地方财政资金流转、税收缴款政策，以及国库、财税系统运行稳定性等多重因素影响；代理国债资金主要为商业银行代客认购或兑付国债产生，本身具有偶发和金额大的特点。个别银行如工商银行还存有较大规模的地方财政库款。财政性存款与人民币法定存款准备金管理制度的对比如表1所示。

表 1 财政性存款与人民币法定存款准备金管理制度对比

	财政性存款	人民币法定存款准备金
账户性质	需开立缴存专户，补缴时由存款准备金账户转入，形成流动性回笼；退缴时转出至存款准备金账户，形成流动性投放	准备金账户和备付金账户合一，用于金融机构日常资金清算，法定存款准备金仅为一个参数概念
缴存时间	每旬 1 日—5 日均可办理缴存，实时完成资金划转	每旬 1 日—5 日提交信息，5 日起生效
缴存周期	按旬，具有弹性，从本次缴存至下次缴存	按旬，相对固定，从每旬 5 日至下一旬 4 日
缴存对象	开办相关业务的商业银行法人及其分支行，目前约 1.1 万家	存款类金融机构法人，约 4300 家
计提基础	前一旬末相关科目余额	前一旬一般存款日均余额
缴存比例	100%	法定存款准备金率
考核方式	日终余额不得低于应交财政性存款数额	时点值和平均值双重考核，即日终账户余额与前一旬一般存款余额之比不得低于法定存款准备金率减一个百分点；考核期内账户日终余额的平均值与前一旬一般存款余额之比不得低于法定存款准备金率
是否可动用	不可动用	无动用限制

注：为方便表述，缴存时间和缴存周期的规定仅考虑一般情况，未涉及每旬 5 日为周末时的特殊规定。

（二）财政性存款缴存机制对流动性的影响路径

近年来，随着人民银行二代支付系统和 ACS 系统资金归集功能等陆续投入使用，以及平均法考核准备金政策实施，银行体系资金清算效率提高和流动性均衡水平下降引发了市场流动性总量下降。由于无论对于商业银行还是人民银行，财政性存款的波动方向和规模均具有较大的不确定性，叠加财政性存款自身的业务特点，可从多方面对市场流动性产生影响。

一是财政性存款的补退形成流动性的回笼和投放。财政性存款实行专户管理，在一个考核期中不得动用。补缴时由商业银行存款准备金账户将资金转入其财政性存款专户，形成流动性回笼；退缴时资金转回至存款准备金账户，形成流动性投放。由于我国银行体系流动性具有非常明显的月度波动特征①，一旦财政性存款补缴金额过大，或与补缴存款准备金、税期等叠加，易产生共振，对市场流动性造成严重冲击。

二是留存期和锁定期不匹配增加银行额外流动性需求。作为财政性存款计提基础的待结算款项和代理国债资金本身稳定性差，波动大，且在商业银行账户留存时间短（通常为1~2天）；而以时点值计算的财政性存款需要锁定较长时间（一旬）。财政性存款补交时其所对应的资金来源通常已经缴库或兑付，需要额外安排资金办理缴存。

三是缴存流程对日间流动性的影响。财政性存款补退时由商业银行通过柜台或ACS前置系统提交业务，由所属人民银行审核通过完成业务处理和资金清算。在部分特殊时点可能出现资金供需的短时错配，进而影响商业银行的日间流动性。

（三）财政性存款缴存机制对流动性影响的实证研究

1. 观测期及变量选择

根据财政性存款准备金缴存机制的特点，本文选取2016—2018年各旬为观测期，共包含108个时点。DR007（存款类机构质押式回购加权利率）是衡量流动性的关键指标。本文以DR007（dr）为被解释变量，选取财政缴存款差额（cz）、银行类机构超额准备金理论余额（yb）为解释变量。其中，财政缴存款差额=银行类机构财政性缴存款账户余额−银行类机构财政性存款余额，若财政缴存款差额为正数，则表示对银行流动性的占用或收紧；反之则表示对银行流动性的补充或释放。银行类机构超额准备金理论余额=银行类机构超额准备金实际余额+财政缴存款差额，表示剔除财政性存款缴存机制影响后银行类机构超额准备金余额的理论值（见表2）。

---

① 通常表现为每月上旬，受财政资金投放和存款准备金退缴影响，市场流动性较为充裕；每月15日—25日，受存款准备金补缴和税收缴缴影响，市场流动性紧张，需要人民银行通过公开市场逆回购等工具予以支持；每月月底前后，随着财政资金投放，市场流动性逐步恢复。

表2 指标名称与计算方法

	指标名称	计算方法
被解释变量	存款类机构7天质押式回购利率（dr）	
解释变量1	财政缴存款差额（cz）	银行类机构财政性缴存款账户余额-银行类机构财政性存款余额
解释变量2	银行类机构超额准备金理论余额（yb）	银行类机构超额准备金实际余额+财政缴存款差额

2. 相关性分析

如表3所示，DR007与财政缴存款差额的相关系数为0.2272，呈正向相关关系；DR007与超额准备金理论余额的相关系数为-0.3398，呈反向相关关系，二者与理论假设一致。财政缴存款差额与超额准备金理论余额的相关系数为0.1109，表示解释变量之间不存在多重共线性。

表3 指标相关系数矩阵

	dr	cz	yb
dr	1.0000	0.2272	-0.3398
cz	0.2272	1.0000	0.1109
yb	-0.3398	0.1109	1.0000

3. 平稳性检验

财政缴存款差额（cz）和超额准备金理论余额（yb）在1%的显著性水平下通过了 ADF 检验，可以认为两个序列平稳不存在单位根。ADF 检验显示，DR007 日数据为平稳序列，但旬数据存在单位根，为一阶单整序列。为保证实证结果的稳健性，本文分别以 DR007（dr）及其一阶差分序列（ddr）为被解释变量，构建自回归分布滞后模型（ADL）。

4. 模型构建与回归分析

根据数据的时间序列特征，本文构建以下自回归分布滞后模型（ADL）：

$$dr_t = \beta_0 + \beta_1 dr_{t-1} + \beta_2 dr_{t-2} + \beta_3 dr_{t-3} + \gamma_1 cz_t + \gamma_1 yb_t + \epsilon_t \qquad (1)$$

以及引入其他变量的自回归移动平均模型（ARMAX）：

$$ddr_t = \beta_0 + \beta_1 ddr_{t-1} + \beta_2 ddr_{t-3} + \gamma_1 cz_t + \gamma_1 yb_t + \epsilon_t + \theta\epsilon_{t-1} \qquad (2)$$

如表 4 所示，以 DR007（dr）为被解释变量建立的 ADL 模型回归结果显示：无论是否包含超额准备金理论余额（yb）和 DR007（dr）的滞后项，财政缴存款差额（cz）的系数始终显著为正，且基本稳定在 0.022 的水平，表示财政缴存款差额（cz）增加 1 亿元，将影响 DR007 上升 2.2 个基点。同时，超额准备金理论余额（yb）的系数始终显著为负，ADC 模型 4 显示，超额准备金理论余额（yb）增加 10 亿元，将影响 DR007 下降 1.2 个基点。

表 4 ADL 模型回归结果

变量	ADL 模型 1	ADL 模型 2	ADL 模型 3	ADL 模型 4
常数项	2.886416*** (48.65327)	0.856630*** (5.097891)	0.213778 (1.626031)	0.368921** (2.532080)
cz	0.028904*** (3.137226)	0.027010*** (4.576686)	0.021819*** (4.253039)	0.022566*** (4.480417)
yb	−0.004138*** (−4.167829)	−0.002084*** (−3.074590)		−0.001251** (−2.278014)
dr（−1）		0.722745*** (12.38771)	0.264247*** (3.484778)	0.267488*** (3.599986)
dr（−2）			0.156418* (1.787695)	0.125173 (1.441914)
dr（−3）			0.502596*** (6.269582)	0.497733*** (6.335303)
Adj-R^2	0.174479	0.659547	0.785669	0.794287
F 统计量	12.30756***	69.45005***	96.30750***	81.31160***

注：***p<0.01，**p<0.05，*p<0.1。

如表 5 所示，以 DR007 一阶差分序列（ddr）为被解释变量建立的 ARMAX 模型回归结果显示：无论是否包含超额准备金理论余额（yb）和 DR007 一阶差分序列（ddr）的自回归、移动平均项，财政缴存款差额（cz）的系数始终显著为正，且基本稳定在 0.013 的水平，表示财政缴存款差额（cz）增加 1 亿元将影响 DR007 的变动值上升 1.3 个基点。同时，超额准备金理论余额（yb）的系数显著为负，ARMAX 模型 3 显示，超额准备金理论余额（yb）增加 10 亿元将影响 DR007 的变动值下降 0.8 个基点。

表 5　ARMAX 模型回归结果

变量	ARMAX 模型 1	ARMAX 模型 2	ARMAX 模型 3
常数项	0.076212* （1.835526）	0.003075 （0.609008）	0.046220** （2.423548）
cz	0.026217*** （4.065864）	0.013148** （2.386154）	0.013872** （2.579335）
yb	−0.001258* （−1.810799）		−0.000867** （−2.380995）
ar（1）		0.289320*** （3.668138）	0.250304*** （3.113963）
ar（3）		0.591161*** （7.379264）	0.604297*** （7.530927）
ma（1）		−0.969534*** （−67.30740）	−0.969565*** （−71.81284）
Adj-R^2	0.132925	0.499384	0.526563
F 统计量	9.201671***	26.93606***	24.13407***

注：***$p<0.01$，**$p<0.05$，*$p<0.1$。

（四）实证研究结论

实证研究结果表明，财政缴存款差额与 DR007 呈正相关关系，说明当表示财政缴存款差额增加时，DR007 上升，银行流动性收紧；当表示财政缴存款差额减少时，DR007 下降，银行流动性释放。超额准备金理论余额与 DR007 呈负相关关系，说明当超额准备金理论余额增加时，DR007 下降，银行流动性充裕；当超额准备金理论余额减少时，DR007上升，银行流动性收紧。

五、研究结论及政策建议

（一）研究结论

1. 财政性存款余额变动对流动性具有较大负向影响

本文研究发现财政性存款是影响流动性的重要因素，与流动性反向变动。财政性存款的季节性变动较大，人民银行难以预测其具体投放量和投放时点，增加了公开市场操作的难度，甚至会对货币政策效应产生对冲作用。因此建议人民银行在实施货币政策调控流动性时，充分考虑财政性存款的变动，根据实际情况相机抉择，以最终达到政策目的。

2. 财政性存款缴存方式对银行流动性具有显著影响

按旬缴存的方式会导致银行财政性存款实际余额与上缴人民银行财政性存款金额产生较大差异，这部分差异会对银行流动性产生影响，使银行产生额外的流动性需求，同时也会对人民银行调控整个市场的流动性带来挑战。

（二）政策建议

1. 在制定货币政策时充分考虑财政性存款的影响

财政性存款对流动性具有重要影响，容易对货币政策效应产生对冲作用。建议不断完善财政预算管理制度，规范财政资金运行，人民银行与财政部门应开展深入合作，增强货币政策与财政政策的协调配合，由此不断熨平财政存款及国库库存的剧烈波动，进而减少对流动性的影响。

2. 优化财政性存款的缴存机制

一是由商业银行法人统一办理财政性存款缴存。由商业银行法人统一办理财政性存款缴存符合银行资金集中管理的趋势；可以有效减少商业银行和人民银行额外的流动性管理需求；可以大幅减少人民银行 ACS 系统业务审核量，从而减少日间流动性错配风险；还可以便利和强化人民银行对大型商业银行的流动性监测，增加流动性分析和预测的准确性。

二是采用旬平均值计提财政性存款。法定存款准备金按平均法考核后取得了良好效果，有效平抑了一般存款余额波动。对于不确定性因素（地方政府行为、相关系统稳定性）更多，波动性更大的财政性存款建议同样采用旬平均值考核。

三是将财政性存款并入存款准备金。由于银行体系存在流动性刚性缺口，从整个货币政策工具框架看，可以考虑将财政性存款并入人民币法定存款准备金管理，取消财政性存款专户可以解决现行缴存模式下的诸多问题。而从财政性存款余额和资金分布特点看，并入法定存款准备金效果相当于大型商业银行定向降准 0.5 个百分点。从而达到增加长期资金供应，降低银行资金成本，进一步增加银行体系资金的稳定性，优化流动性结构的目的。

参考文献

［1］张成思：《改善货币政策传导机制的核心》，《中国金融》2019 年第 2 期。

［2］姜松、周虹：《互联网金融发展与货币政策传导机制：冲击与应对》，《河北经贸大学学报》2019 年第 1 期。

［3］马骏：《货币政策传导机制研究及意义》，《中国金融》2019 年第 1 期。

［4］欧阳觅剑：《货币政策框架逐渐完善仍需加强传导机制》，《21 世纪经济报道》2019 年 4 月 29 日第 4 版。

［5］王艺霖：《基于银行资本约束下的货币政策传导机制》，《现代经济信息》2019 年第 6 期。

［6］李文乐：《利率市场化对货币政策传导机制有效性的研究——基于 MSI-AH-VAR 模型的检验》，《新金融》2019 年第 4 期。

［7］战明华、李帅、刘恩慧等：《利率市场化改革是否弱化了货币政策传导的"伯南克之谜"》，《世界经济》2019 年第 4 期。

［8］关守科：《疏通货币政策传导关键在于激励机制创新》，《金融时报》2019年 3 月 18 日第 10 版。

［9］韩晓蕾：《当前金融机构财政缴存款管理工作中存在的问题及政策建议》，《金融会计》2016 年第 8 期。

［10］孙姣：《财政性存款缴存管理存在的问题及对策》，《时代金融》2017 年第 27 期。

［11］王莹：《浅议财政性存款管理中的混缴问题》，《西部财会》2016 年第 9 期。

［12］赵守卿、吕元媛、周蜀雁：《现行财政存款管理制度研究》，《时代金融》2018 年第 17 期。

［13］蒋平：《财政性存款竞争性存放政策审计探析》，《中国内部审计》2016 年第 10 期。

［14］王勇：《财政性存款竞争性存放政策审计探析》，《现代商业》2017 年第 22 期。

［15］郑文清、江旻、梁嘉明：《财政性存款及其缴存制度研究》，《浙江金融》2014 年第 4 期。

［16］刘英章：《财政性缴存款法律缺失导致的监管真空亟待关注》，《河北金融》2014 年第 10 期。

［17］刘玉芬：《规范和强化财政性存款缴存管理》，《农村金融时报》2016 年 5 月 16 日第 8 版。

［18］熊文霞：《从财政存款缴存看对财政资金管理》，《金融与经济》2014 年第 1 期。

［19］李光伟、周敬泽：《对完善财政性存款缴存管理的思考》，《内蒙古金融研究》2014 年第 3 期。

［20］孙杰、刘宗林：《核定财政存款缴存范围中存在的问题及建议》，《吉林金融研究》2013 年第 10 期。

［21］肖兰：《基层财政性缴存款管理的问题分析》，《金融时报》2014 年 5 月 12 日第 11 版。

［22］严亮：《建议推行财政性存款法人缴存模式》，《企业改革与管理》2014年第2期。

［23］王卫东、肖峰、刘建武：《关于整合基层央行财政性缴存款管理职责的思考》，《金融发展研究》2017年第10期。

［24］杨志宏、许万征、徐扬：《财政存款对流动性的影响分析及政策建议》，《黑龙江金融》2017年第8期。

［25］周刚：《财政性存款对基础货币影响研究——基于中央银行资产负债表的实证分析》，《金融发展研究》2014年第9期。

［26］徐雯：《财政性存款缴存监管研究》，硕士学位论文，上海交通大学，2014年。

［27］柴芳：《对基层人民银行财政性缴存款业务的思考与建议》，《现代妇女（下旬）》2014年第4期。

［28］雷廷军：《缴存财政性存款问题及改进建议——基于货币政策执行力的视角》，《西南金融》2012年第1期。

监管科技发展现状及其启示

陈　涛　等①

近年来，随着信息科技与金融的深度融合、创新和发展，在降低交易成本、提高交易效率、拓宽服务边界和丰富金融供给的同时，跨行业、跨市场、跨地域的金融业务日趋多元、虚拟和复杂，随之而来的金融风险的交叉性、隐蔽性、传染性、时效性和破坏性更甚于往。以规则监管、机构监管、事后监管为主的静态金融监管范式，在科技驱动、金融脱媒、金融业态的快速迭代创新甚至颠覆和重塑面前力有不逮，造成了监管真空、多头监管和监管套利，成为金融风险滋生和积聚的温床。以监管科技赋能金融监管，提高金融监管的时效性、穿透性和一致性，实现金融创新和金融安全之间的动态均衡，是监管机构面临的重大挑战和发展机遇，更是推进金融治理体系和治理能力现代化的重要举措。

一、全球监管科技发展及应用现状

科技助力金融监管由来已久。2008 年国际金融危机后，随着全球金融监管收紧，以及金融科技迅猛发展，监管科技得到了广泛关注和发展应用。目前，已有国际组织探索制定了监管科技发展框架，但从国家层面来看，英国和美国的监管科技发展领先于其他国家，各国监管措施不尽相同，还未形成统一框架和标准。

（一）国外监管科技政策发展情况

基于对各国监管政策的梳理和总结，课题组发现国外监管机构重视制定金融科

---

　　① 陈涛，中国人民银行营业管理部清算中心副主任。参与执笔人：吕伟梅、袁江、李文姣、张骁、毛星宇、赵圻。其中，吕伟梅、李文姣、张骁、毛星宇、赵圻供职于中国人民银行营业管理部清算中心；袁江供职于中国人民银行营业管理部宣传群工部。

　　注：本文仅为课题组学术思考，与供职单位无关。

技基础性制度，并随着金融科技市场多样化发展制定配套监管政策。综观其监管科技政策及行业规范性文件，更偏重于原则性监管，即鼓励金融机构自主开发符合监管政策的金融科技，并配套制定监管科技行业规定，推动金融科技和监管科技良性互动发展。

（二）国外监管科技应用现状

国外监管科技的发展主要是金融机构为满足监管部门政策法规及制度要求、降低合规性成本，自行开发或联合监管科技公司共同开发符合监管要求的监管科技产品。随着全球监管机构在加强金融监管以防范金融风险方面的驱动，监管机构利用监管科技提升监管效能的需求不断增长，其联合科技公司共同开发的监管科技主要应用于交易监测及金融风险研判领域，侧重于对金融机构违法行为监测及金融风险预测分析。其中，英国和美国的监管科技起步较早，并主要由政府和科技公司合作共同研发。其他国家监管科技发展模式各异，但监管科技公司正在发挥重要作用，将监管科技服务和解决方案输出给监管机构以提高其监管效能，将合规科技服务和解决方案输出给被监管机构，以降低其合规成本。

本文参考霍学文（2019）提出的监管科技五大重点领域分类以及尹振涛和范云鹏（2019）提出的四个应用场景分类，从监管合规性、交易监测、投诉行为管理、风险预测评估及金融形势研判五类应用领域，对美国、英国等世界各国和国际公司监管科技发展和应用情况进行了梳理，统计情况表明，国外监管科技应用基本覆盖了监管规则数字化，合规报告报送，交易及不端行为实时监测，金融风险分析处置，合规检查等事前、事中、事后金融监管的全流程，并初步实现了监管信息化、自动化和智能化。

二、我国监管科技发展及应用现状

与全球主要国家监管科技发展应用不同的是，我国监管科技的发展以监管机构积极推动为主导，并突破国外以合规为主要需求的发展模式，着眼于从更宽广的视野和高远的站位达成宏、微观监管目标，从而更好地维护金融安全、防控金融风险和保护金融消费者合法权益。

（一）我国监管科技政策发展情况

在中央和国家层面。2017年7月，习近平总书记在全国金融工作会议强调，"推进构建现代金融监管框架""设立国务院金融稳定发展委员会""加强金融基础设施的统筹监管和互联互通，推进金融业综合统计和监管信息共享"。2017年10月，党的十九大报告提出了数字中国、智慧社会的创新发展思路，要"深化简政放权，创新监管方式"。2019年2月，习近平总书记在中央政治局第十三次集体学习讲话时指出，"要运用现代科技手段和支付结算机制，适时动态监管线上线下、国际国内的资金流向流量，使所有资金流动都置于金融监管机构的监督视野之内"，同时，"加强监管协调，坚持宏观审慎管理和微观行为监管两手抓、两手都要硬、两手协调配合"。2019年9月，中央全面深化改革委员会第十次会议指出，"要加强对重要金融基础设施的统筹监管，统一监管标准，健全准入管理，优化设施布局，健全治理结构，推动形成布局合理、治理有效、先进可靠、富有弹性的金融基础设施体系"。

在行业和地方层面。2016年12月，国务院《"十三五"国家信息化规划》指出，"为深化改革开放、推进国家治理体系和治理能力现代化提供数字动力引擎"。2017年5月，中国人民银行成立了金融科技委员会，其工作职责之一是强化监管科技应用实践，积极利用大数据、人工智能和云计算等技术丰富金融监管手段，提升跨行业、跨市场交叉性金融风险的甄别、防范和化解能力。2017年6月，中国人民银行印发的《中国金融业信息技术"十三五"发展规划》强调，"围绕统筹监管系统重要性金融机构、统筹监管金融控股公司和重要金融基础设施、统筹负责金融业综合统计，推进信息技术发展各项工作"。2017年7月，国务院印发的《新一代人工智能发展规划》，将"智能金融"列为培育高端高效的智能经济的重点任务之一。2017年12月，工业和信息化部印发的《促进新一代人工智能产业发展三年行动计划（2018—2020年）》，明确拓展视频图像身份识别系统在金融等重点领域的应用。2018 年 8 月，证监会发布实施了《中国证监会监管科技总体建设方案》，标志着证监会监管科技建设工作顶层设计完成并进入全面实施阶段。2019 年 4 月，中国人民银行科技工作会议要求，"建立金融科技监管基本规则体系，强化金融科技规范应用，加快监管科技应用实践"。同年，《个人金融信息（数据）保护试行办法》进入征求意见阶段，是个人金融信息安全保护领域迈出的重要一步。2019 年 10 月，北京银保监局印发的《北京银保监局关于规范银行与金融科技公司合作类业务及互联网保险业务的通知》，规范了北京辖内银行与金融科技公司合作类业务及互联网保险业务。

（二）我国监管科技发展应用情况

本文根据我国监管科技发展实际，采纳了杜宁等（2018）提出的分类标准进行归纳，对监管科技发展情况从客户尽职调查、数据采集与监管报告、交易监测、风险预测与分析、机构内控及合规管理五个方面进行了系统梳理和总结，梳理结果表明：监管科技目前在我国得到了一定程度的发展应用，提高了监管及合规效能。从监管机构的角度，监管科技提高了数据覆盖面、保密性和实时性，从而更好地提取数据信息，提前识别和预警风险及违规操作行为等，保护利益相关方的权益，促进金融市场健康有序发展。从金融机构的角度，随着金融科技的发展普及，监管更加全方位立体化，符合监管要求、提升合规水平和降低合规成本尤其重要。从监管科技公司的角度，在获得收益提升公司影响力的同时，从客户尽职调查、数据采集与监管报告、交易监测、风险预测与分析、机构内控及合规管理和市场监管等维度提供监管科技服务及解决方案，客观上推动了监管和合规。

三、我国监管科技发展面临的问题和挑战

（一）监管科技充分发挥作用需要金融监管理念和配套体制机制与时俱进

从宏观和长远看，监管科技是监管机构在金融与科技深度融合发展的移动、数

字、智能化时代，主动自我革新、自我提高，以更高水平监管防范化解金融风险、服务实体经济的战略抓手和重要切入点。然而，传统金融监管诸多方面尚需革新和调整，才能与监管科技"同频共振"，相得益彰。一是以"命令—服从"为内在逻辑的规则监管，以市场准入和事后监管（现场检查、统计报表）为主，属于传统金融业态比较稳定情况下的静态监管，已经不适用于金融科技快速迭代创新的动态发展模式。监管科技如果不转变监管理念，那么只能沦为传统金融监管框架下提高监管效率的工具。二是我国金融分业监管体制与混业经营模式存在一定矛盾。监管科技以数据为核心，如果缺乏良好的顶层设计和监管机构间的协调配合，容易滋生"数据孤岛"、"监管孤岛"、监管套利和监管真空。三是金融科技的发展引发金融脱媒。监管科技如果仍然在以机构监管为主的传统金融监管范式下应用，将导致部分金融活动脱离监管造成"监管真空"。四是监管对象正在从"人"向"算法"转变，数据驱动和技术治理成为金融监管发展的新趋势和现实需要。

（二）监管与被监管机构围绕监管科技存在多重错配

从宏观和长远看，被监管机构与监管机构的目标是一致的，建立并维护公平公正、风险可控、健康发展的良好金融体系，符合被监管机构的根本利益。然而，从微观和短期看，监管机构与被监管机构间存在多重错配。一是目标错配。监管机构着眼于维护金融体系安全稳定，防范金融风险和保护金融消费者权益等公共目标，既要鼓励金融创新，又要保证金融安全。而被监管机构出于逐利目的，存在规避监管、监管欺诈以及监管套利的现实诱因和短期"冲动"的可能性。二是机制错配。监管机构为实际意义上的国家行政机关，受财政预算约束，行使行业监管公权力。被监管机构除了少数承担公益性、社会性职责的公共机构外，主要是从事市场经营的企业，实行市场化薪酬，企业管理服从于市场竞争，面对市场变化和金融创新反应较监管机构而言更为灵活。三是能力错配。监管机构由于财政预算约束、薪酬、人力资源政策等方面的差异，发展监管科技面临制度、技术及资金等多方面的约束，面对监管科技存在"本领恐慌"。被监管机构则有较强的灵活性，制度约束小，高端人才吸引力强，研发投入大，在监管科技研发应用方面处于优势地位。在监管双方科技力量极端悬殊的情况下，监管科技可能成为被监管机构规避监管、监管欺诈以及监管套利的工具，进一步加剧金融监管滞后于创新的现象，造成"监管鸿沟"。四是步调错配。监管机构承担着推动金融创新和维护金融安全双重职责。监管过早介入可能抑制甚至扼杀创新，过晚介入则可能触发金融风险，专项整治等运动式监管则有可能导致"一放就乱"和"一管就死"，监管和创新之间缺乏较好的双向良性互动机制，从而陷入"猫鼠游戏"困境。

（三）监管科技数据治理有待加强

数据是金融和科技相结合的载体，是监管科技发挥作用的基础和关键。一方面，无论对于监管机构还是被监管机构而言，囿于行业、机构和部门间权责、安全、数据标准、统计口径等诸多因素的差异和制约，监管及合规数据难以跨行业、跨机构、跨部门有效整合，形成了数据和监管的"孤岛"，从而造成监管科技缺乏足够的大数据支撑，影响其作用的发挥。另一方面，对于整合后的大数据，数据所有权属如何界定，数据使用权如何分配，数据如何存储、管理、共享和使用，数据安全如何保障，数据如何脱敏，国家秘密、商业机密以及个人隐私信息如何保护等诸多问题，均需要从体制机制、法律法规、规章制度以及技术实现等多个方面探讨、研究后予以规范和保障。

（四）监管科技发展和应用存在较大的技术风险

监管科技赋能和重塑金融监管，通过监管规则数字化、交易监测实时化、风险防控智能化、数据治理平台化等，提高金融监管效能，而这些都需要转化为机器可识别的算法和代码。首先，市场需求使科技在金融行业中的运用往往比在监管中的运用更为成熟，容易诱发"技术套利"。其次，体现监管要求的算法和代码具有高度的信息不对称特征。对监管规则的理解可能存在偏差，算法和代码中也可能存在偏见、歧视等道德风险和出于利益考量的故意"疏漏"，必须采取有效措施确保算法、代码的可信、可控。再次，监管科技基于人工智能和大数据进行自动化分析，算法的有效性及缺陷需要在充分的时间周期内进行跟踪、调整和优化。最后，监管科技领域的同质化竞争可能导致产品和算法趋同，而算法的缺陷容易诱发"羊群效应"并放大合成谬误。

（五）监管科技发展存在金融科技巨头垄断并抑制创新的风险

监管科技与金融科技构建于相同的技术基础之上，区别主要在于应用场景的差异。监管科技也与金融科技的发展类似，属于资金、科技和高端人力资源密集型产业，技术研发的门槛和成本较高。目前，我国监管科技的技术输出主体主要有监管机构、被监管机构和监管科技公司。其中，监管机构受体制、机制限制，在科技自主研发上处于劣势，是监管科技应用的主要需求方。被监管机构中部分实力较强的机构，具备一定的科技研发和输出能力，但与经过激励市场竞争检验的金融科技巨头相比，在体制机制、资金投入、人力资源和科技发展水平上整体存在较大差距。可以预见，金融科技巨头将成为我国监管科技的主要输出主体，从金融科技巨头与地方监管机构的合作中便可窥见其端倪。金融科技巨头的积极介入，短期看将为监管科技充分赋能，长远看或将形成事实上的技术和市场垄断风险，降低监管及被监管机构在监管科技应用中的自主性和话语权，并挤压中小型科技公司和创新型小微科技企业的生存空间，抑制甚至扼杀市场创新。

四、相关启示和建议

（一）积极推进金融监管理念及配套体制机制改革

一是转变金融监管理念。妥善处理好规则监管与原则监管，机构监管和功能、行为监管，人基监管和科技监管之间的逻辑辩证关系，把监管重点从准入和事后向事前、事中、事后全链条覆盖和延伸，以更好适应金融科技的快速迭代创新。二是加强金融监管协调。在国务院金融稳定发展委员会的统一领导下，加强宏观审慎监管和微观行为监管，增强金融监管的专业性、统一性和穿透性，加强薄弱环节监管制度建设，提高防范化解金融风险特别是系统性金融风险的能力。三是做好监管科技顶层设计。由中国人民银行金融科技委员会牵头建立监管科技发展协调机制，制定监管科技发展规划和技术标准，加强基础设施、数据标准、体系架构、应用场景等方面的顶层设计，鼓励地方监管机构因地制宜进行监管科技创新，及时总结推广监管科技成功案例和应用模式，为监管科技的发展提供政策引导和支持，营造良好的监管科技发展环境。

（二）主动构建以治理为核心的治理科技生态体系

金融监管至少涵盖监管机构、被监管机构、监管科技公司、金融消费者、行业协会、司法机关、科研院所、认证机构、新闻及自媒体等诸多主体，甚至还涉及工商、税务、财政、国库等其他行政机关。主体多元意味着利益多元、目标多向，要实现各主体既各取所需又共容互促，监管应以更宽广的视野进行前瞻性、适应性变革，建立多元主体共商、共建、共治、共享的治理科技生态体系。在继续发挥监管主体作用的同时，运用科技手段把"自上而下的强制性"监管向"立体多向互动的协商性"治理转变。支持监管与被监管机构就金融创新和安全进行纵向良性互动，促进监管机构、行政机关、司法机关间的横向协调配合和资源共享，加强政、产、学、研科技合作与人才培养，发挥行业自律、媒体监督和金融消费者投诉作用，优化被监管机构及监管科技公司企业治理，构建"监管互动+行业自律+社会监督+公司治理"与"数据驱动+科技赋能"相结合的治理科技生态体系。

（三）建立健全监管科技数据治理长效机制

"无数据，不金融"与"无数据，不监管"是金融与科技深度融合发展的一体两面，其实质都是强调数据在金融及金融监管中的基础性地位。建立并不断完善科学有效的数据治理机制，关键在做好顶层设计。一是从法律层面对金融数据的所有权、使用权和收益权进行准确界定，明确数据生产和使用链条上各相关主体的责任和义务。二是从制度层面建立数据在监管科技相关主体之间的传输和共享机制，尤其要建立数据在监管机构与行政机关、司法机关之间的会商协调共享机制，根据"责、权、利"的不同实行差异化权限管理。三是从技术层面制定数据在其整个生命周期内从生产、存储、脱敏、加密、传输到使用、销毁等全流程各环节的统一标准，打破"数据壁垒"，联通"数据孤岛"。特别需要强调的是，金融数据关系国家金融安全、机构商业机密及金融消费者个人隐私，要特别从宏观战略层面高度重视"数据主权"，从微观操作层面高度重视数据安全。

（四）充分挖掘金融基础设施数据中枢作用

金融基础设施（如支付系统等）不仅是金融市场稳健高效运行的基础性保障，是实施宏观审慎管理和强化风险防控的重要抓手，还是金融信息传递的主干道和大动脉，汇集了大量经济和金融活动等微观信息。实现重要金融基础设施之间，以及金融基础设施和社会相关行业基础设施之间数据的互联互通，运用人工智能、可视化技术，可以从更宽广的视角，以更为丰富的数据对宏、微观经济活动进行监测、分析和"画像"，从而提升宏观审慎管理和微观行为监管的效能。例如，利用人工智能算法对支付系统、证券登记结算系统、工商系统的数据进行分析，可以追踪资金在银行、信托公司、配资公司和股市的真实流向，监测银行是否通过"银信"合作模式多重嵌套资管产品，变相将资金投向股市。

（五）统筹发挥金融创新试点和监管沙盒的作用

充分调动监管机构、被监管机构和监管科技公司的积极性，并且建立三者之间的良性互动和正向反馈机制。金融创新试点和监管沙盒为监管科技的发展应用提供了良好的包容性监管及试错机制。对于成熟度较高、风险性较小的项目，可以发挥政府机关、监管机构主导作用和组织动员优势，先行先试，总结经验，以点带面在计划的时间内完成推广。对于创新性较强、风险性较大的项目，则可以通过监管沙盒进行试验性、包容性测试，为创新主体提供试错、容错、纠错测试环境，全程跟踪运行情况，及时调整监管措施，形成创新和监管之间的良性互动。特别需要指出的是，监管沙盒在我国落地实施前应首先完成科学的顶层设计，可以选择监管力量和金融科技实力较强的地区进行试点积累经验。监管沙盒的组织实施应坚持中央事权，避免地方监管沙盒因标准不一诱发恶性竞争与监管套利。

（六）探索构建金融科技与监管科技共生互促的新范式

一是监管机构在监管科技的发展应用中发挥着重要作用。以治理理念主导构建良好金融生态，深化监管改革，加强监管协调，建设金融、科技复合型人才队伍，克服"本领恐慌"，审慎包容金融创新，积极引领金融科技更好地服务实体经济和人民对美好生活的需要，以监管科技培育新的经济增长点和金融改革创新引擎。二是积极探索对金融科技和监管科技头部企业实施有效监管的可能性。从防范金融风险角度，探索将"大而不能倒""敏感而不能倒"的金融科技巨头列为系统重要性金融科技机构，对其市场经营和公司治理等活动进行宏观审慎和微观行为监管，特别是要探索建立防范科技巨头道德风险、技术风险和操作风险的有效监管范式。三是切实维护公平高效的市场竞争环境。严厉打击不正当竞争和市场垄断行为，鼓励并包容创新基因，通过监管沙盒、创新中心、孵化器、差异化信贷等政策工具支持中小微企业进行市场创新。四是避免以金融科技之名行违法、违规金融活动之实。加强对真、伪创新的鉴别能力，金融科技创新在研发和设计之初便应考虑监管因素，为监管预留技术和数据接口。

参考文献

［1］李文红、蒋则沈：《金融科技（FinTech）监管与发展：一个监管者的视角》，《金融监管研究》2017年第3期。

［2］杜宁、沈莜波：《监管科技概念及作用》，《中国金融》2017年第16期。

［3］蔺鹏、孟娜娜、马丽斌：《监管科技的数据逻辑、技术应用及发展路径》，《南方金融》2017年第10期。

［4］杜宁、王志峰、沈莜彦等：《监管科技》，《金融博览财富》2018年第11期。

［5］孙国锋：《监管科技研究与实践》，中国金融出版社2019年版。

［6］蔚赵春、徐剑刚：《监管科技RegTech的理论框架及发展应对》，《上海金融》2017年第10期。

［7］杨东：《监管科技：金融科技的监管挑战与维度建构》，《中国社会科学》2018年第5期。

［8］何海锋、银丹妮、刘元兴：《监管科技（Suptech）：内涵、运用与发展趋势研究》，《金融监管研究》2018年第10期。

［9］吉祖来、张建平、丁爱琴等：《监管科技在支付结算领域应用研究》，《金融会计》2019 年第 4 期。

［10］霍学文：《大力发展监管科技助力地方金融监管》，《清华金融评论》2017 年第 5 期。

［11］孙国峰：《发展监管科技构筑金融新生态》，《清华金融评论》2018 年第 3 期。

［12］孙国峰：《监管科技的挑战与破局》，《中国金融》2018 年第 21 期。

［13］尹振涛、范云鹏：《监管科技的理论基础、实践应用与发展建议》，《财经法学》2019 年第 3 期。

京津冀与长三角城市群科技金融
发展及支持技术创新效率对比研究

赵　睿　等①

摘要： 京津冀地区（简称京津冀）作为我国举足轻重的经济增长极和快速发展的三大城市群之一，在仅仅2.3%的国土面积上承载了全国8%的人口，创造了约10%的经济总量。而长三角地区（简称长三角）与京津冀的国土面积基本相当，却承载了全国11%的人口，创造了约20%的经济总量。京津冀与长三角城市群目前都面临着新旧动能转换的重要时期，对比研究两大城市群科技金融发展及支持技术创新效率具有重要的理论与实践意义。研究发现，城市群不同地区的科技金融发展情况、技术创新不同阶段的科技金融支持技术创新效率都有所不同。建议针对不同地区、不同阶段采取不同的科技金融投入方式，构建多层次区域科技金融体系。

一、引言

习近平总书记在党的十九大报告中指出，我国经济已由高速增长阶段转向高质量发展阶段，正处在转变发展方式、优化经济结构、转换增长动力的攻关期。要实现增长动力转换，关键是要让创新成为引领发展的第一动力、建设现代化经济体系的战略支撑，其核心是增长和发展动力机制的转换，由要素驱动、投资驱动转向创

---

①　赵睿，中国人民银行营业管理部货币信贷处。参与执笔人：杨燚、周凯、赵伟欣、雨虹。其中，杨燚、周凯供职于中国人民银行营业管理部货币信贷处；赵伟欣供职于中国人民银行营业管理部稳定处；雨虹供职于中国人民银行营业管理部跨境贸易人民币结算试点工作领导小组办公室。

注：本文仅为课题组学术思考，与供职单位无关。

新驱动，通过技术创新来推动新技术、新产业、新业态、新模式的产生，并实现产业智慧化、智慧产业化、促进跨界融合化和品牌高端化，从而实现高质量发展。

2019 年是习近平总书记视察北京、发表"2·26"重要讲话 5 周年。通过 5 年实践，京津冀协同发展取得了显著成效。服务京津冀协同发展战略与国家创新发展战略为金融业健康可持续发展指明了方向，也对金融系统贯彻新发展理念、服务实体经济提出了更高的要求。因此，研究京津冀地区科技金融发展及支持创新效率的相关情况，并通过与长三角地区的对比探索出更有效的发展路径，具有重要的理论与实践意义。

二、科技金融支持技术创新效率的实证分析

本文综合运用主成分分析法、数据包络模型等定量分析方法，首先构建科技金融支持技术创新效率分析的指标体系；其次运用建立的指标体系分别计算科技金融投入与技术创新产出的主成分因子，并度量技术创新的效率值；最后对京津冀、长三角主要城市的技术创新效率进行对比分析。

（一）指标体系的构建

1. 技术效率分析的相关指标

技术创新的效率是指技术创新运用人力、财力、物力等多方面资源取得的成绩。从投入端看，技术创新运用的资源包括政府财政支持、金融市场融资、技术企业自身经费及所拥有的科研人员等。从产出端看，技术创新产出包括新技术孵化阶段的产出，如专利申请、专利孵化等；科技成果转化阶段的产出，如技术市场成交额等；产业化阶段的产出，如高新技术企业工业产值等。

本文分别从投入端和产出端收集了影响技术创新效率分析的指标。其中投入指标共 6 个，产出指标共 6 个，见表 1。

表1　技术效率分析的影响指标

一级指标	二级指标	三级指标	变量
科技金融投入	政府	地方财政科技拨款/地方财政支出	Var1
		地方财政教育拨款/地方财政支出	Var2
	市场	科技信贷（其他资金）/各项贷款	Var3
		私募股权和创业投资/社会融资规模	Var4
	企业	高新技术企业科研活动经费内部支出/高新技术企业总收入	Var5
		高新技术企业科技活动人员/企业从业人员数	Var6
科技金融产出	新技术孵化阶段	专利申请授权量/专利申请受理量	Y1
		R&D项目数	Y2
	科技成果转化阶段	技术市场合同数	Y3
		技术市场成交额	Y4
	产业化阶段	高新技术企业工业总产值/地区GDP	Y5
		高新技术企业净利润/高新技术企业总收入	Y6

2. 主成分分析法确定主因子指标

主成分分析法能够将具有相关性的多变量指标，重新组合成相互线性无关的综合性指标，并且新的综合性指标能够尽可能多地保留原指标包含的信息。

图1显示主成分因子PRIN1、PRIN2、PRIN3的累计贡献率达97%以上，能将投入指标变量由6个降到3个。

相关系数矩阵特征值

	特征值	特征值差值	贡献率	累计贡献率
PRIN1	4.41145	3.47169	0.735242	0.73524
PRIN2	0.93977	0.41255	0.156628	0.89187
PRIN3	0.52721	0.42342	0.087869	0.97974
PRIN4	0.10379	0.08602	0.017299	0.99704
PRIN5	0.01777	0.01777	0.002962	1.00000
PRIN6	0.00000	.	0.000000	1.00000

图1　投入指标的主成分因子累计贡献率

进一步分析图 2，VAR5、VAR6 对主成分因子 PRIN1 的贡献均为正，且贡献系数较大，而 VAR5、VAR6 代表高新技术企业内部对技术创新的资源投入，因此可将 PRIN1 视为企业内部投入；VAR3 对主成分因子 PRIN2 的贡献为正，且贡献系数较大，VAR3 代表间接金融市场对技术创新的支持，因此可将 PRIN2 视为间接金融市场资金投入；VAR4 对主成分因子 PRIN3 的贡献为正，因此可将 PRIN3 视为直接金融市场资金投入。

特征向量

	PRIN1	PRIN2	PRIN3	PRIN4	PRIN5	PRIN6
VAR1	-.337267	-.697807	0.137900	0.535134	-.218184	0.215236
VAR2	-.463051	0.182022	-.011842	0.346903	0.765520	-.214358
VAR3	-.336405	0.602561	0.534833	0.232042	-.421310	0.079740
VAR4	0.363838	-.250818	0.819428	-.114988	0.292525	-.185623
VAR5	0.461218	0.099600	-.151979	0.616498	-.189303	-.581683
VAR6	0.462132	0.209816	-.015359	0.382302	0.259742	0.727018

图 2　投入指标主成分因子的载荷矩阵

图 3 显示主成分因子 COMP1、COMP2 和 COMP3 的累计贡献率达 94% 以上，能将产出指标变量由 6 个降到 3 个。

相关系数矩阵特征值

	特征值	特征值差值	贡献率	累计贡献率
COMP1	3.65034	2.10964	0.608390	0.60839
COMP2	1.54070	1.03373	0.256783	0.86517
COMP3	0.50697	0.32008	0.084495	0.94967
COMP4	0.18689	0.07177	0.031148	0.98081
COMP5	0.11511	0.11511	0.019185	1.00000
COMP6	0.00000	.	0.000000	1.00000

图 3　产出指标的主成分因子累计贡献率

进一步分析图 4，Y3、Y4 对主成分因子 COMP1 的贡献均为正，且贡献系数较大，而 Y3、Y4 代表科技成果转化成就，因此可将 COMP1 视为科技成果转化产出；Y6 对主成分因子 COMP2 的贡献为正，且贡献系数较大，Y6 代表高新技术企业的经济产出，因此可将 COMP2 视为科技成果经济产出；Y1、Y2 对主成分因子 COMP3 的贡献为正，可将其视为科技成果孵化产出。

特征向量

	COMP1	COMP2	COMP3	COMP4	COMP5	COMP6
Y1	0.308042	0.462872	0.789436	-.091269	0.228691	0.083791
Y2	-.375530	-.486878	0.304480	0.410368	0.600610	0.009235
Y3	0.508335	-.075451	-.000590	0.503076	-.076139	-.690666
Y4	0.501045	-.164280	-.101216	0.439452	-.079844	0.715701
Y5	-.471967	0.169757	0.321195	0.475096	-.645711	0.051049
Y6	-.178562	0.697998	-.413125	0.389034	0.397309	0.032248

图4　产出指标主成分因子的载荷矩阵

（二）北京地区科技金融效率分析

1. 模型构建

技术创新是一项多投入多产出的生产活动。数据包络分析法（Data Envelopment Analysis, DEA）在分析多投入多产出的同类型决策单元效率方面具有特殊优势。本文选择 DEA 中的 CCR 模型和 NCN 模型评价北京地区科技金融支持技术创新的效率。CCR 模型适用于同时评价技术有效和规模有效，NCN 模型适用于解决实际生活中输入、输出变量不受决策单元控制的问题。

2. 数据和变量选择

本文选择 2012—2017 年的数据进行分析。分析指标为运用主成分分析法降维得到的代表投入指标的 3 个主成分因子和代表产出指标的 3 个主成分因子。

3. 结果分析

表 2 展示了 2012—2017 年北京科技金融支持技术创新的效率值。结果显示，2012—2015 年、2017 年的纯技术效率与规模效率均为 1，则其技术效率也为 1，处于有效率状态。2016 年的纯技术效率和规模效率均小于 1，所以其技术效率也小于 1，处于无效率状态，无效率的原因是资源投入比例和投入规模均无效。

表 2　科技金融支持技术创新的效率值

决策单元	技术效率	纯技术效率	规模效率	规模报酬
2012 年	1	1	1	不变
2013 年	1	1	1	不变
2014 年	1	1	1	不变
2015 年	1	1	1	不变
2016 年	0.791936	0.948054	0.835328	递减
2017 年	1	1	1	不变

（三）京津冀地区与长三角地区主要城市的科技金融效率分析

京津冀地区与长三角地区科技金融发展各有优劣。京津冀地区是诸多中外资金融机构、科研院所和高等院校的总部所在地，拥有金融资源、科技创新等一系列总部优势；长三角地区是我国综合实力最强的经济中心，经济发展活跃、城市之间内部差异较小，上海更是国际金融交往中心，拥有良好的科技金融发展基础。

本节选取 2012—2017 年北京、天津、河北、上海、江苏、浙江、安徽 7 个地区的 6 个投入指标和 6 个产出指标进行技术效率分析。同样运用主成分分析法分别对投入指标和产出指标进行降维，并根据 DEA 模型计算技术效率值。

表 3 展示了 2012—2017 年京津冀地区和长三角地区科技金融支持技术创新的效率值。

表 3　七地技术创新效率值

年份	北京				天津				河北			
	技术效率	纯技术效率	规模效率	规模报酬	技术效率	纯技术效率	规模效率	规模报酬	技术效率	纯技术效率	规模效率	规模报酬
2012	1	1	1	不变	1	1	1	不变	1	1	1	不变
2013	1	1	1	不变	1	1	1	不变	1	1	1	不变
2014	1	1	1	不变	1	1	1	不变	1	1	1	不变
2015	1	1	1	不变	0.71	0.73	0.97	递增	1	1	1	不变

续表

年份	北京				天津				河北			
	技术效率	纯技术效率	规模效率	规模报酬	技术效率	纯技术效率	规模效率	规模报酬	技术效率	纯技术效率	规模效率	规模报酬
2016	0.79	0.95	0.84	递减	1	1	1	不变	1	1	1	不变
2017	1	1	1	不变	1	1	1	不变	1	1	1	不变

年份	上海				江苏				浙江				安徽			
	技术效率	纯技术效率	规模效率	规模报酬	技术效率	纯技术效率	规模效率	规模报酬	技术效率	纯技术效率	规模效率	规模报酬	技术效率	纯技术效率	规模效率	规模报酬
2012	1	1	1	不变	1	1	1	不变	1	1	1	不变	0.29	1	0.29	递增
2013	1	1	1	不变	1	1	1	不变	0.28	0.51	0.55	递增	1	1	1	不变
2014	1	1	1	不变	0.53	0.53	1	不变	0.24	0.34	0.70	递增	1	1	1	不变
2015	1	1	1	不变	1	1	1	不变	0.98	0.98	1	不变	1	1	1	不变
2016	1	1	1	不变	0.89	0.93	0.96	递减	1	1	1	不变	1	1	1	不变
2017	1	1	1	不变	1	1	1	不变	1	1	1	不变	0.63	1	0.63	递减

1. 区域内部比较

京津冀地区科技金融支持技术创新效率都比较好，其中北京除 2016 年无效外，其他年份均有效；天津除 2015 年无效外，其他年份均有效；而河北 2012—2017 年均有效。具体分析看，相比于北京和天津，河北科技金融的各项投入均较小，产出也相对较小，2012—2017 年投入产出比例和规模保持着稳定状态。

长三角地区各省市科技金融支持技术创新效率水平差别较大，其中上海一直处于有效率的状态；江苏 2014 年和 2016 年处于无效率状态；浙江 2013—2015 年处于无效率状态；安徽 2012 年和 2017 年处于无效率状态。

2. 区域之间比较

京津冀地区科技金融支持技术创新效率较长三角地区更为稳定。京津冀三地除个别年份技术效率欠缺外，基本能够保持纯技术效率和规模效率均有效。长三角地区技术效率存在较大的不稳定性，一方面，无效的原因不稳定，技术效率不稳定可能源于纯技术效率或规模效率不稳定；另一方面，无效的时间不稳定，有的年份各省市技术效率均有效，而有的年份多省市处于无效状态。

三、不同地区的科技金融发展情况分析

为了进一步对不同城市的科技金融发展水平进行更加有效、全面的评估，本章将运用层次分析法（Analytic Hierarchy Process，AHP）构建科技金融发展水平评估模型。

（一）科技金融发展指数测算

运用 AHP 方法构建科技金融发展指数评估模型主要包含以下步骤：一是以评估科技金融发展指数为问题导向，建立该问题的层次递阶结构，并根据实践选取相应的一级指标和二级指标，构建科技金融发展指数的指标体系；二是分别建立各级指标体系的比较判断矩阵；三是根据各层级的判断矩阵计算出各层级指标的相对权重和综合权重；四是进行一致性检验。

根据前述章节分析结果并兼顾数据可得性，本文共选取了 4 个一级指标、10 个二级指标来对科技金融发展水平进行评价，具体指标体系如表 4 所示。

1. 指数说明

表4 科技金融发展指数（年度）指标体系

一级指标	二级指标	指标描述
财政支持力度 X_1	财政科技拨款 X_{11}	地方财政科技拨款/地方财政支出
	教育经费投入 X_{12}	地方财政教育拨款/地方财政支出
科技金融市场活跃度 X_2	科技信贷情况 X_{21}	科技信贷（其他资金）/各项贷款
	股权融资情况 X_{22}	私募股权和创业投资金额/社会融资规模
企业研发投入积极性 X_3	内部资金投入情况 X_{31}	高新技术企业科研活动经费内部支出/高新技术企业总收入
	人力资本投入 X_{32}	高新技术企业科技活动人员/企业从业人员数

续表

一级指标	二级指标	指标描述
科技金融支持技术创新效率 X_4	技术效率 X_{41}	基于 DEA 分析的结果，有效为 1，不完全有效为 0
	纯技术效率 X_{42}	基于 DEA 分析的结果，有效为 1，不完全有效为 0
	规模效率 X_{43}	基于 DEA 分析的结果，有效为 1，不完全有效为 0
	规模报酬 X_{44}	基于 DEA 分析的结果，递增为 1，不变为 0.5，递减为 0

2. 模型各指标权重的确定

（1）计算指标权重与一致性检验。

本文采用方根法对每一层级指标的相对权重进行计算，并对各层指标进行一致性检验，得到的结果如表 5 所示。

表 5　科技金融发展指数（年度）指标体系及权重

一级指标	权重 W_i	二级指标	二级权重	一致性检验	综合权重 W_{ij}
财政支持力度 X_1	0.093	财政科技拨款 X_{11}	0.5	具备完全一致性	0.047
		教育经费投入 X_{12}	0.5		0.047
科技金融市场活跃度 X_2	0.390	科技信贷情况 X_{21}	0.33	具备完全一致性	0.129
		股权融资情况 X_{22}	0.67		0.260
企业研发投入积极性 X_3	0.100	内部资金投入情况 X_{31}	0.5	具备完全一致性	0.050
		人力资本投入 X_{32}	0.5		0.050
科技金融支持技术创新效率 X_4	0.417	技术效率 X_{41}	0.330	$CR = 0.069$ <0.1，通过一致性检验	0.138
		纯技术效率 X_{42}	0.288		0.120
		规模效率 X_{43}	0.207		0.086
		规模报酬 X_{44}	0.175		0.073

（2）制定信用评分表及评分标准。

在各级指标的权重确定后，建立对应指标的评价标准（见表 6），最终的评分结果是各项指标的加权和，即

$$credit = \sum_{i=1}^{m} \sum_{j=1}^{n} w_{ij} \cdot s_{ij}, \quad s_{ij} \in [1, 5] \tag{1}$$

由此，科技金融发展指数的评估结果介于分值 1 到 5 之间。

表6　各指标评分标准及对应权重

二级指标	评分标准（1-5）S_{ij}		综合权重 W_{ij}
财政科技拨款 X_{11}	5 分	5%以上	0.047
	4 分	4%~5%（含）	
	3 分	2%~4%（含）	
	2 分	1%~2%（含）	
	1 分	1%及以下	
教育经费投入 X_{12}	5 分	20%以上	0.047
	4 分	15%~20%（含）	
	3 分	10%~15%（含）	
	2 分	5%~10%（含）	
	1 分	5%及以下	
科技信贷情况 X_{21}	5 分	4%以上	0.129
	4 分	3%~4%（含）	
	3 分	2%~3%（含）	
	2 分	1%~2%（含）	
	1 分	1%及以下	
股权融资情况 X_{22}	5 分	20%以上	0.260
	4 分	15%~20%（含）	
	3 分	10%~15%（含）	
	2 分	5%~10%（含）	
	1 分	5%及以下	
内部资金投入情况 X_{31}	5 分	10%以上	0.050
	4 分	7%~10%（含）	
	3 分	4%~7%（含）	
	2 分	2%~4%（含）	
	1 分	2%及以下	

续表

二级指标	评分标准（1-5）S_{ij}		综合权重 W_{ij}
人力资本投入 X_{32}	5 分	40%以上	0.050
	4 分	25%~4%（含）	
	3 分	15%~25%（含）	
	2 分	5%~15%（含）	
	1 分	5%及以下	
技术效率 X_{41}	5 分	DEA 分析的结果为有效	0.138
	3 分	DEA 分析的结果为不完全有效	
纯技术效率 X_{42}	5 分	DEA 分析的结果为有效	0.120
	3 分	DEA 分析的结果为不完全有效	
规模效率 X_{43}	5 分	DEA 分析的结果为有效	0.086
	3 分	DEA 分析的结果为不完全有效	
规模报酬 X_{44}	5 分	DEA 分析的结果为递增	0.073
	3 分	DEA 分析的结果为不变	
	1 分	DEA 分析的结果为递减	

（二）指数的计算结果及分析

将 2012—2017 年京津冀与长三角等 7 个城市的数据代入上述评分表中，即可得出各城市不同年份的科技金融发展指数（见表 7）。

表 7　科技金融发展指数比较

年份	北京	天津	河北	上海	江苏	浙江	安徽
2012	3.6	3.1	3.0	3.4	3.2	3.0	2.9
2013	3.6	3.3	2.9	3.4	3.2	2.5	3.1
2014	4.1	3.1	3.0	3.3	2.8	2.5	3.1
2015	3.9	2.6	3.0	3.5	3.3	2.4	3.1
2016	3.8	3.1	2.9	3.1	2.5	3.2	3.1
2017	4.5	3.1	2.9	3.7	3.3	3.0	2.7
均值	3.9	3.1	2.9	3.4	3.0	2.8	3.0

从表7可以看出，北京、上海的科技金融发展指数排名较高，天津、江苏、安徽的科技金融发展指数位列第二梯队，河北、浙江的科技金融发展指数排名较为靠后。从变化趋势来看，北京的科技金融发展指数总体呈较为明显的上升趋势，这与北京市加强全国科创中心建设密不可分，而上海作为金融中心，其金融服务科技发展的能力也较为突出。此外，还可以看出，浙江省作为科技发展较为发达的地区，其科技金融的发展水平有待进一步提升（见图5）。

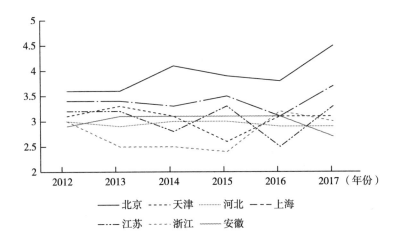

图5　各城市科技金融发展指数的趋势

四、不同阶段的科技金融促进效果分析

基于本文前述分析，可以看到不同时间段科技金融产出及投入指标变动存在着较大的差异，这使得我们接下来的研究有必要区分不同时间阶段。

（一）时滞选择

许多学者经研究发现专利产出与各解释变量之间滞后期的选择没有改变回归结果。Hall 等（1986）分析了美国20世纪70年代的专利产出与投入之间的关系，认为过去的 R&D 投入与专利产出是没有关系的。因此，本文在实证检验中不考虑滞后期的影响。

（二）解释变量与被解释变量的选取

考虑到科技金融在不同科技创新阶段产生的促进效果不同，本文构建的技术创新函数是包含了 3 个分阶段的科技创新代理变量作为京津冀和长三角面板模型的被解释变量，具体变量参见表 8。

表 8 解释变量与被解释变量的选取

变量类型	变量名称	变量定义	变量简称
因变量	新技术孵化阶段产出	专利申请授权量/专利申请受理量	XJS
	科技成果转化阶段产出	技术市场成交额	CGH
	产业化阶段产出	高新科技企业数工业总产值/地区 GDP	CYH
解释变量	财政科技拨款	地方财政科技拨款/地方财政支出	GCI
	教育经费投入	地方财政教育拨款/地方财政支出	ECI
	科技信贷情况	科技信贷（其他资金）/各项贷款	TCI
	股权融资情况	私募股权和创业投资	VCI
	内部资金投入情况	高新技术企业科研活动经费内部支出/高新技术企业总收入	ICI
	人力资本投入	高新技术企业科技活动人员/企业从业人员数	HCI

（三）构建面板模型

为实现上述分析，本文设计了如下实证模型：

用随机效应不变参数模型（若 Hausman 检验拒绝，则使用固定效应面板模型）分析第一步所确定的科技投入变量与三阶段科技产出变量的相关关系。

$$\text{Output}_{i,t} = \alpha_{i,t} + \beta_{1i,t} \times GCI_{i,t} + \beta_{2i,t} \times ECI_{i,t} + \beta_{3i,t} \times TCI_{i,t} +$$

$$\beta_{4i,t} \times VCI_{i,t} + \beta_{5i,t} \times ICI_{i,t} + \beta_{6i,t} \times HCI_{i,t} + \mu_{i,t} \quad (2)$$

其中，$\text{Output}_{i,t}$ 为 i 地区第 t 年的科技金融产出水平。

（四）实证检验结果及分析

对全部样本数据进行 Hausman 检验，检验结果拒绝了使用随机效应模型的假设，故本文采用固定效应面板模型进行实证分析。

如表9所示新技术孵化阶段，GCI、VCI 和 TCI 对科技创新均有显著正向影响。说明在该阶段，财政科技拨款、私募股权投资和科技信贷均有利于促进新技术的孵化，其中，与市场科技金融投入相比，公共科技金融投入对专利授权成功的比例促进效果最佳，表明在科技发展初期，政府资本的引入是不可或缺的，对市场投资具有较强的示范效应。科技成果转化阶段，TCI、VCI 和 ICI 对科技成果转化存在显著正向影响。表明在该阶段，市场科技金融投入和企业内部资金的投入开始发挥更重要的作用。产业化阶段，只有 GCI 对该阶段的科技创新产出具有显著的正向作用，表明目前京津冀高新技术产业化仍主要依赖于公共科技金融的支持，市场资金在该阶段反而没有发挥主导作用。

表9　京津冀地区科技金融回归结果

阶段	新技术孵化期	科技成果转化阶段	产业化阶段
GCI	10.144 *** （-7.48）	-2.21e+08 （-1.84）	0.021 ** （2.10）
ECI	-1.743 （-1.16）	-1.11e+08 （-0.95）	-0.003 （-0.31）
TCI	4.330 * （2.29）	4.74e+08 ** （2.92）	0.006 （0.816）
VCI	0.598 ** （2.94）	6.22e+07 ** （3.13）	-0.001 （0.419）
ICI	5.109 （1.33）	6.89e+08 ** （2.75）	0.026 （1.01）
HCI	-1.638 （-1.99）	-7.10e+07 （-0.89）	-0.010 （0.2960）

续表

阶段	新技术孵化期	科技成果转化阶段	产业化阶段
CON	1.232 (3.00)	9388632 (0.27)	0.004 (1.26)
观测值	18	18	18
R^2	0.848	0.9628	0.8868

注：＊＊＊p<0.01，＊＊p<0.05，＊p<0.1。

如表10所示长三角的实证检验结果与京津冀存在一定差异。新技术孵化阶段，ECI、TCI、ICI共同促进新技术孵化，市场资金在较早时期已开始发挥作用。科技成果转化阶段，与京津冀不同，长三角只有科技信贷发挥显著正向作用，表明该阶段以银行为主导的信贷投资发挥了主要作用。产业化阶段，只有GCI对该阶段的科技创新具有正的显著作用，这反映了目前长三角高新技术的产业化阶段仍主要依赖于公共科技金融的引导和扶持，市场科技金融还没有发挥主导作用。综合以上结果，人力资本投入在京津冀和长三角的任一发展阶段对科技创新产出的结果都不显著。

表10　长三角地区科技金融回归结果

阶段	新技术孵化期	科技成果转化阶段	产业化阶段
GCI	-2.374 (-1.30)	8140288 (0.25)	0.040* (2.52)
ECI	4.816*** (4.33)	-1.77e+07 (-0.52)	0.027 (1.41)
TCI	-2.561** (-3.86)	2.07e+08*** (6.73)	0.017 (1.55)
VCI	1.014 (0.91)	1.86e+07 (0.69)	0.007 (0.72)
ICI	8.726** (3.16)	1.23e+08 (1.59)	-0.022 (-0.63)

阶段	新技术孵化期	科技成果转化阶段	产业化阶段
HCI	0.938 (1.85)	$-1.48e+07$ (-1.00)	0.020 (1.83)
CON	-0.808 (-2.32)	336938.6 (0.04)	-0.007 (-1.27)
观测值	24	24	24
R^2	0.8858	0.8263	0.5418

注：＊＊＊ $p<0.01$，＊＊ $p<0.05$，＊ $p<0.1$。

五、政策建议

一是进一步完善科技金融投融资体系。京津冀和长三角可通过搭建市场主导和政府辅助的科技金融投融资体系，提高科技金融效率。在新技术孵化期，加大政府资金投入，形成政府资金对市场资金的引导作用和示范效应；在成果转化阶段，市场资金，尤其是风险投资应及时进入和撤出；在成熟阶段，信贷资金和内源资金成为保证高新企业发展的主要资金源泉，以保证更多政府资金扶植处于起步阶段的新型技术和产业。

二是建立适合高新技术产业发展的风险评价体系。建议尽快发展以知识产权等无形资产为评价对象的评价体系。在初期，可由政府引导此类评级机构的评级，在模型和技术逐渐成熟后，尽可能地减少政府监管部门的干预，使具备专业资质的风险评级机构市场化，从而提高科技金融风险评估的公信度和独立性。

三是促进区域协同发展，发挥规模效应。建议利用地理位置优势，统筹协调区域内科技金融发展，充分发挥各地的比较优势进行投资。其中，北京、上海作为京津冀和长三角两大区域的核心城市，应发挥更好的带动、示范作用，而其他省份则应充分调动辖内金融机构和当地科技企业的积极性，因地制宜，选取适合自己的科技金融战略。

四是完善科技金融人才培养机制。建议充分发挥高校、科研机构、科技型企业之间的协同放大效应。例如，在高校建立科技金融相关学科，加大对科学技术的研发投入；在科研机构探求更加科学有效的科技金融评价方法；等等。

参考文献

［1］Schumpeter，*The Theory of Economic Development*，Cambridge Mass：Harvard University Press，1912.

［2］Jeong H，"Source and TFP Growth：Occupational Choice and Financial Deepening"，*Economic Theory*，Vol. 30，No. 5，2007，pp. 45-49.

［3］Frame W S and White L J，"Technological Change. Financial Innovation，and Diffusion in Banking"，*Federal Bank of Atlanta Working Paper Series*，Vol. 12，No. 3，2009，pp. 5-12.

［4］Anna Ilyina and Roberto Samaniego，"Structural Change and Financing Constraints"，*Journal of Mone Economics*，Vol. 59，No. 2，2012，pp. 166-179.

［5］Caterina Giannetti，"Relationship Lending and Firm Innovativeness"，*Journal of Empirical Finance*，Vol. 1p，No. 5，2012，pp. 762-781.

［6］Jarunee Wonglimpiyurat，"Government Programmes in Financing Innovations：Comparative Innovation System Cases of Malaysia and Thailan"，*Technology in Society*，2011，pp. 156-164.

［7］Hall B，Griliches Z and Hausman J，"Patents and R&D—Is There Alag?"，Internatlonal Economic Review，Vol. 27，No. 2，1986，pp. 265-283.

［8］郭燕青、李海铭：《科技金融投入对制造业创新效率影响的实证研究——基于中国省级面板数据》，《工业技术经济》2019 年第 2 期。

［9］李嗜成：《新常态下金融创新服务实体经济转型升级发展路径探析》，《现代管理科学》2019 年第 1 期。

［10］王安标：《经济新常态下商业银行科技金融创新的业务逻辑与落地对

策》，《财经论坛》2018 年第 24 期。

［11］齐岳、刘婧仪、吕良：《科技中小企业科技金融效益指数研究——以天津市为例》，《科技管理研究》2018 年第 24 期。

［12］范修礼、蔡正旺：《科技金融投入对产业结构升级的影响研究——基于中部六省的实证分析》，《金融经济》2018 年第 22 期。

［13］李瑞晶、李嫒嫒、金浩：《区域科技金融投入与中小企业创新能力研究——来自中小板和创业板 127 家上市公司数据的经验证据》，《技术经济与管理研究》2017 年第 12 期。

［14］毛茜、赵喜仓：《科技金融创新与我国经济增长效应研究——基于科技型中小企业发展视角》，《科技进步与对策》2014 年第 12 期。

［15］曹颢、尤建新、卢锐等：《我国科技金融发展指数实证研究》，《中国管理科学》2011 年第 3 期。

［16］赵昌文：《科技金融》，科学出版社 2009 年版。

［17］钱志新：《产业金融》，江苏人民出版社 2010 年版。

［18］胡苏迪、蒋伏心：《科技金融理论研究的进展及其政策含义》，《科技与经济》2012 年第 6 期。

［19］洪银兴：《科技金融及其培育》，《经济学家》2011 年第 6 期。

［20］房汉廷：《关于科技金融理论、实践与政策的思考》，《中国科技论坛》2010 年第 11 期。

［21］段世德、徐璇：《科技金融支撑战略性新兴产业发展研究》，《科技进步与对策》2011 年第 14 期。

［22］崔毅、赵韵琪：《基于 DEA 方法的广东科技与金融结合效益评价》，《特区经济》2011 年第 2 期。

［23］陈凯、肖莺：《江苏科技和金融结合效益评价研究》，《科技管理研究》2013 年第 14 期。

［24］［美］约瑟夫熊彼特：《经济发展理论》，孔伟艳、朱攀峰、娄季芳译，

北京出版社 2008 年版。

[25] 白俊红、李婧:《政府 R&D 资助与企业技术创新——基于效率视角的实证分析》,《金融研究》2011 年第 6 期。

[26] 孙杨、许承明、夏锐:《研发资金投入渠道的差异对科技创新的影响分析——基于偏最小二乘法的实证研究》,《金融研究》2009 年第 9 期。

中国上市公司融资偏好与创新研究

王宇峥　等①

一、引言

经济增长本质是技术进步带来的生产力持续提升。随着中国现有产业技术水平不断接近世界前沿，技术创新正逐渐取代技术引进成为经济增长新的核心驱动力。熊彼特认为，创新是经济发展的本质规定，企业是创新的主体。

近年来，我国对企业创新研发投入的重视程度日益突出，但较发达国家还有一定差距。2017 年，德国研发支出与 GDP 之比（研发支出强度）为 2.94%，日本为 3.14%，美国为 2.74%，而中国仅为 2.11%（见表 1）。世界研发支出排名前 50 的企业中，美国有 22 家，中国仅有华为一家，并且中国七成上市企业的研发投入占主营业务收入比例低于 5%。另外，中国的科技成果转化率仅为 20%~30%，远低于发达国家的 60%~70%。可见，中国与美国等发达国家在企业层面的创新研发还有一定差距。企业作为创新的主体，获得充足稳定的资金是其进行创新研发的有力保障。美国现代产权经济学创始人阿尔奇安认为，创新是不确定性下的试错搜索，因此创新研发支出的回报是不明确的，需要长期稳定的资金予以支持。

① 王宇峥，中国人民银行营业管理部人事处。参与执笔人：高菲、魏海玉、朱圣博、韩得利、姜旭、魏彤、任杰、李康、陶娅娜。其中，高菲、魏海玉、李康、陶娅娜供职于中国人民银行管理部金融研究处；朱圣博、韩得利、姜旭、魏彤、任杰供职于中国人民银行营业管理部人事处。

注：本文仅为课题组学术思考，与供职单位无关。

表1 中国及部分发达国家研发支出占 GDP 比重 单位:%

年份 国家	2010	2011	2012	2013	2014	2015	2016	2017
中国	1.66	1.71	1.78	1.91	1.99	2.02	2.06	2.11
德国	2.73	2.71	2.80	2.87	2.82	2.87	2.92	2.94
英国	1.69	1.67	1.67	1.60	1.65	1.67	1.67	1.69
日本	3.23	3.14	3.24	3.21	3.31	3.40	3.28	3.14
美国	2.82	2.74	2.77	2.69	2.72	2.73	2.74	2.74
中高等收入国家	1.15	1.18	1.22	1.30	1.36	1.43	1.56	1.66
高等收入国家	2.40	2.37	2.38	2.40	2.40	2.45	2.45	2.47
经合组织成员国	2.40	2.36	2.39	2.41	2.40	2.44	2.45	2.49

资料来源:联合国教科文组织(UNESCO)统计研究所。

　　建立适于企业技术创新的金融结构,是中国经济可持续发展的关键。回顾改革开放以来的发展经验,中国依靠从发达国家引入技术、产品和产业,快速提高了生产力,实现了奇迹般的工业化进程(林毅夫等,1994)。在经历了利用后发优势进行技术引进和产品模仿阶段,产业进一步升级所需的技术水平已经接近世界前沿,要实现经济可持续发展,必须依靠自主创新来建立新的产业优势。在金融体系方面,我国已经形成了由银行主导金融资源分配的金融结构。在当前依靠银行体系分配金融资源的金融结构下,对于创新型企业能否得到充分有效的金融支持值得进一步探讨。

二、文献综述

　　金融结构是指构成金融总体的各个组成部分的分布、存在、相对规模、相互关系与配合的状态。学者们通常采用"银行主导型"和"市场主导型"的划分方式对金融结构进行研究。有研究表明,在一个经济体中,必须存在一个市场型的金融结构或较高的银行集中度时,企业的融资需求才会得到满足,进而促进经济发展

（林毅夫等，2003）。目前我国是"银行主导型"金融结构体系，债券、股票等金融市场发展相对滞后，以银行体系为主导的金融结构在我国经济快速发展的阶段起到了积极的作用，但与日本、德国等银行主导型国家在金融组织、金融功能、金融监管等方面存在很大不同。

创新对经济增长的核心推动作用已得到广泛认可，然而，对于作为创新活动的主要构成部分——企业 R&D 投入而言，由于其内在的高风险所造成的收益不确定性以及逆向选择和道德风险问题，使得企业 R&D 投入难以从外部融资渠道获得有效的资金支持，并带来企业 R&D 投入不足和"融资缺口"（Funding Gap）问题，由此企业不得不考虑融资次序问题。根据企业融资逐食理论，企业融资一般遵循内源融资、间接融资、债券融资和股权融资的先后顺序。

内源融资是指公司经营活动结果产生的资金，即公司内部融通的资金，它主要由留存收益和折旧构成。是指企业不断将自己的储蓄（主要包括留存盈利、折旧和定额负债）转化为投资的过程。内源融资对企业的资本形成具有原始性、自主性、低成本和抗风险的特点，是企业生存与发展不可或缺的重要组成部分。事实上，在发达的市场经济国家，内源融资是企业首选的融资方式，是企业资金的重要来源。

外源融资是指企业通过一定方式向企业之外的其他经济主体筹集资金。外源融资方式包括：银行贷款、发行股票、企业债券等，此外，企业之间的商业信用、融资租赁在一定意义上说也属于外源融资的范围。在市场经济中，企业融资方式总的来说有两种：一是内源融资，二是外源融资。外源融资是指吸收其他经济主体的储蓄，以转化为自己投资的过程。随着技术的进步和生产规模的扩大，单纯依靠内源融资已很难满足企业的资金需求，外源融资已逐渐成为企业获得资金的重要方式。

债券融资与股票融资一样，同属于直接融资。在直接融资中，需要资金的部门直接到市场上融资，借贷双方存在直接的对应关系。而在间接融资中，借贷活动必须通过银行等金融中介机构进行，由银行向社会吸收存款，再放贷给需要资金的部门。

对于企业融资和 R&D 投入之间的关系，众多文献对此从不同角度展开大量探讨。首先，有学者发现信息不对称和融资担保物的缺失是企业 R&D 投入对外部融资环境更为敏感的重要因素（Hall 等，2009）；其次，内源融资是企业 R&D 投入的主要来源，这与企业融资的统计数据相吻合；再次，Brown 和 Petersen（2011）的研究发现：在成立时间短、高科技、小规模的企业中，诸如企业利润和实收资本增加等类型的内源融资是企业 R&D 投入主要来源，但针对成熟、大规模企业的经验研究却没有得到一致的结论；最后，关于企业 R&D 投入和外源融资方面，有学者指出，信息不对称、道德风险和逆向选择问题导致的外源融资很难成为企业 R&D 投入的融资来源，但与外部负债融资和企业 R&D 投入之间是正向关系。Huynh 和 Rotondi（2007）与 Benfratello 等（2008）经验研究发现银行体系的竞争可以促进企业 R&D 投入。此外，政府财政补贴、税收优惠和风险资本（VC）也是支持企业 R&D 投入的外部融资渠道（Hall 和 Lerner，2010）。

企业 R&D 融资次序也存在类似的融资顺序，即由内源融资向外源融资方式依次排列的顺序。企业内源融资主要依赖企业留存收益积累和企业实收资本增加的方式进行融资，由于企业在研发前期需承受巨额投入，而内源融资难以提供满足研发投入需求的资金，因此，即便企业研发活动存在收益不确定性和信息不对称问题，外源融资也成为企业 R&D 投入不可或缺的重要来源（Hall 和 Baqchi-Sen，2002）。外源融资通过获得银行授信和商业信用等方式进行融资（Himmelberg 和 Petersen，1994）。我国企业的外源融资方式主要包含四大类，分别为银行贷款、非标融资、债券融资以及股权融资，而银行贷款是我国企业获得资金的主要渠道。有研究发现，企业外部融资数量和企业创新及研发投入间存在正向关系（David 等，2008），企业获得银行授信后能显著提高其研发概率和研发强度（马光荣等，2014），银行间竞争导致的贷款成本降低可以显著增加企业的研发投入（Benfratello 等，2008）。许多文献都支持融资会显著促进企业研发投入，支持企业创新，然而我国企业创新能力还有待发展，缺乏稳定持续的融资渠道是阻碍中国企业创新的一个重要原因（马光荣等，2014）。大量文献表明，我国银行业对企业贷款存在明显的"所有制歧视"和"规模歧视"（Boyreau 和 Wei，2005；李扬，2002）。随着银行业的不断发展，各银行对民营企业贷款存在"隐形壁垒"，银行更愿将资金分配给国有企业，这使得民营企业陷入融资难、融资贵的困境。在银行主导的金融结构体系中，不同所有制企业的研发投入面临的融资约束必然存在显著差异。除银行贷款外，作为企业外源融资的重要组成部分，商业信用已成为企业短期融资的重要来源（张杰等，2012）。不同所有制企业研发投入的融资渠道存在差异：国有企业的 R&D 投入更多依赖银行贷款和现金流，而民营企业更多依赖商业信用和注册资本（张杰等，2012）。

企业可通过内源融资和外源融资保证创新投入研发的顺利进行；不同金融结构下，企业偏好的融资渠道也不同。本文的主要研究问题是在银行主导的金融结构体系中，企业的融资渠道偏好以及不同所有制下企业融资偏好的差异。

三、实证研究

（一）实证模型设定及变量含义

由已有文献发现，企业创新投入有两个主要来源：内源融资和外源融资，在阅读相关文献后，设定实证模型如下：

$$rd_{jt} = a_0 + a_1 cf_{jt} + a_2 innerfin_{jt} + a_3 trade_{jt} + a_4 bank_{jt} + a_5 age_{jt} + \varepsilon_{jt} \tag{1}$$

鉴于本文需要建立能代表不同融资渠道的代理变量，在阅读相关文献后，基于数据可得性和已有的企业 R&D 投入融资次序理论，本模型包含了被解释变量 rd_{jt} 和四种能代表融资渠道的解释变量。其中，被解释变量 rd_{jt} 表示企业 j 在 t 年的研发支出与主营业务之比即企业创新密度。创新密度越大，表明企业的创新研发支出越多，能力越强。

内源融资渠道变量由 cf_{jt} 和 $innerfin_{jt}$ 代表，cf_{jt} 表示企业 j 在 t 年的现金流，现金流用企业的净利润与本年折旧费之和除以企业总资产来表示；$innerfin_{jt}$ 表示企业 j 在 t 年的实收资本变化率，企业实收资本变化率 =（本年实收资本 − 上年实收资本）/企业总资产。

外源融资变量由 trade$_{jt}$ 和 bank$_{jt}$ 代表，trade$_{jt}$ 表示企业 j 在 t 年的商业信用净变化率，商业信用净变化率＝（企业年均应付账款－企业年均应收账款）/企业总资产；bank$_{jt}$ 表示企业 j 在 t 年获得银行贷款的变化率，银行贷款变化率用企业利息支出与总资产的比例来表示。

式子中 age$_{jt}$ 为控制变量，表示企业 j 在 t 年的年龄，ε_{jt} 是随机误差项。

（二）数据来源及说明

本文采用 Wind 数据库中 2008—2017 年全部 A 股上市公司作为样本，剔除关键变量缺失的上市公司。各企业研发投入占主营业务收入的比例均值为 3.18%，这意味着我国 A 股上市公司主营业务收入平均有 3% 用于 R&D 投入（见表 2）。

表 2　样本数据统计性描述

变量名	样本数	均值	标准差	最小值	最大值
rd	32619	0.0318	0.0475	0.0020	1.6943
cf	32619	0.0615	0.8106	−51.9468	108.3658
innerfin	32619	0.0269	0.5709	−99.9558	20.9131
trade	32619	−0.0275	0.1179	−0.8587	5.9725
bank	32619	0.0002	0.0021	−0.0007	0.0386
age	32619	16.1601	6.4652	5	64

资料来源：Wind 数据库。

（三）实证模型估计

1. 固定效应估计

首先我们对样本数据进行固定效应估计，估计结果如表 3 所示。

表3　固定效应估计结果

变量	系数	标准差	t值	p值
cf	-0.0004*	-0.0002	-1.84	0.066
innerfin	0.0127***	0.0025	5.15	0.000
trade	0.0040**	0.0024	1.65	0.098
bank	-0.5422**	0.2444	-2.22	0.027
age	0.0021***	0.0001	36.62	0.000
常数项	-0.0043***	0.0010	-4.30	0.000
样本数	32575	32575	32575	32575

注：＊＊＊p<0.01，＊＊p<0.05，＊p<0.1。

资料来源：Wind 数据库。

F 统计量是 270，相应的 p 值是 0.0000，说明参数估计整体上非常显著。由固定效应模型的 F 统计量和相应的 p 值，可以得知本文的模型固定效应估计是非常显著的。

2. 随机效应估计

固定效应是允许 a_i 与解释变量任意相关的，而随机效应则不然，是假设 a_i 与解释变量存在不相关关系，因此可以将 a_i 视为随机干扰项 ε_{it} 的一部分。模型估计结果如表 4 所示。

表4　随机效应估计结果

变量	系数	标准差	t值	p值
cf	-0.0008***	0.0002	-3.60	0.000
innerfin	0.0183***	0.0025	7.31	0.000
trade	-0.0190***	0.0023	-8.36	0.000
bank	-0.9447***	0.1974	-4.79	0.000

续表

变量	系数	标准差	t 值	p 值
age	0.0013 ***	0.0001	25.02	0.000
常数项	−0.0110 ***	0.0011	10.14	0.000
样本数	32575	32575	32575	32575

注：$***p<0.01$，$**<0.05$，$*p<0.1$。

资料来源：Wind 数据库。

从表 4 中可以看出，RE 模型估计的结果与 FE 模型还是有较大差异的，解释变量商业信用净变化率（trade）估计系数在 FE 模型中为正值，而在 RE 模型中变为负值了；其他四个解释变量企业现金流（cf）、企业实收资本变化率（innerfin）、企业获得银行贷款变化率（bank）和企业年龄（age）估计系数没有变化，仅以此还是无法分辨 FE 模型和 RE 模型孰优孰劣，此时就需要进行 Hausman 检验。

3. Hausman 检验

由 Hausman 检验的 p 值为 0，可以看出是拒绝原假设的，应选择固定效应估计的结果。固定效应估计结果显示，内源融资解释变量企业现金流（cf）与创新密度是负相关的，说明上市公司企业可能普遍存在现金流不足的问题，内源融资变量企业实收资本变化率与创新密度正相关，说明企业实收资本的增加给予了企业创新有力的支持。外源融资变量企业商业信用变化率与创新密度正相关，表明企业由商业信用获得的资金也是企业创新的重要来源；然而企业获得商业银行贷款变化率与创新密度负相关，说明企业没有能够从商业银行获得资金支持。

4. 分组检验估计

为了能够获得更具有针对性的结果，本文将样本数据根据企业的不同性质划分为六组（民营企业、国有企业、集体企业、公众企业、外资企业和其他企业），分别对它们进行估计。估计结果如表 5 所示。

表 5　分组估计结果

变量	全样本	公众企业	其他企业	国有企业	外资企业	民营企业	集体企业
	rd	rd	rd	rd	rd	rd	rd
cf	−0.000803 ***	−0.00540 **	−0.00868	−0.00104	−0.00255	−0.000639 **	0.0347 ***
	(−3.60)	(−2.00)	(−0.84)	(−1.13)	(−1.05)	(−2.53)	(2.73)
innerfin	0.0183 ***	0.0143	0.00633	0.00600	−0.00257	0.0192 ***	0.00721
	(7.31)	(1.28)	(0.53)	(1.14)	(−0.37)	(5.93)	(0.29)
trade	0.0190 ***	−0.0138	−0.0509 ***	−0.0314 ***	−0.000249	−0.0132 ***	0.0131
	(−8.36)	(−1.11)	(−2.63)	(−6.59)	(−0.03)	(−4.65)	(1.21)
bank	−0.945 ***	−1.215 ***	−5.234	0.860 ***	−0.131	−0.417	−0.443
	(−4.79)	(−3.83)	(−0.82)	(−2.92)	(−0.30)	(−0.65)	(−0.67)
age	0.00131 ***	0.00201 ***	0.00182 ***	0.00135 ***	0.00121 ***	0.00124 ***	0.00153 ***
	(25.02)	(8.74)	(5.87)	(18.57)	(6.83)	(16.01)	(5.46)
Constant	0.0110 ***	0.00589	−0.00447	−0.00678 ***	0.0242 ***	0.0203 ***	−0.0123 *
	(10.14)	(1.12)	(−0.65)	(−4.42)	(3.84)	(13.45)	(−1.80)
观测值	32575	1879	379	10417	1055	18667	178
企业数量	3677	202	40	1073	131	2212	19

注：*** p<0.01，** p<0.05，* p<0.1。

　　分组估计结果可以看出，内源融资变量企业现金流对于创新密度的作用只有集体企业是正向的，且在1%的水平上显著，说明集体企业的现金流是企业创新研发的重要推动力；民营企业和公众企业现金流与创新密度负相关，且检验结果在5%的水平上显著，表明民营企业和公众企业因缺乏现金流阻碍了企业的进一步研发，国有、外资和其他企业现金流虽与创新密度负相关，但结果不显著。内源融资变量企业实收资本只有外资企业与创新密度负相关但不显著，其余企业都与创新密度正相关，其中仅民营企业估计结果最为显著。

　　外源融资变量企业商业信用与创新密度，只有集体企业是正相关的但估计结果不显著；其他五种类型企业都是负相关，且其中国有、民营和其他企业估计结果显著，说明在国有、民营和其他企业中可能存在大量的应收账款严重阻碍了创新研发的资金获得。外源融资变量企业获得银行贷款与创新密度，仅国有企业呈现正相关关系且在1%的水平上显著，这与事实较为符合，就国有企业来说，政府和国有企业总是有着千丝万缕的关系，出于父爱主义（Kornai 等，2003）或者是政治庇护的动机（Shleifer 和 Vishny，1994），政府会利用其行政权力所能及的商业银行有偏向地支持国有企业。企业年龄与创新密度在所有类型企业中均呈现正相关关系，且都在1%的水平上显著，说明伴随企业不断成长，积累的资金越多，用于创新研发的也会越多。

总体上看，国有企业主要依靠外源融资银行贷款以支持创新研发；民营企业依赖内源融资实收资本支持创新；集体企业研发支出则是依靠企业现金流；公众企业和其他企业也主要依靠实收资本但是不显著；外资企业在估计结果中，似乎无论是外源融资和内源融资与创新研发支出都是负相关且不显著的，这可能与外资公司可以获得母公司的融资有关，不依赖于国内的金融体系和商业信用。

四、结论和讨论

本文通过对 Wind 数据库 2008—2017 年全部 A 股上市公司的数据进行分析，得到结论如下：首先，内源融资解释变量企业现金流（cf）与创新密度是负相关的，说明上市公司企业可能普遍存在现金流不足的问题，内源融资变量企业实收资本资本变化率与创新密度正相关，说明企业实收资本的增加给予了企业创新有力的支持。其次，外源融资变量企业商业信用变化率与创新密度正相关，表明企业由商业信用获得的资金也是企业创新的重要来源；然而企业获得商业银行贷款变化率与创新密度负相关，说明企业没有能够从商业银行获得资金给予创新支持。最后还发现，缺乏现金流是民营企业和公众企业研发受阻的原因之一，民营企业更依赖内源融资进行 R&D 投入，这可能是因为民营企业普遍规模较小，抵抗财务风险能力有限，不易通过其他途径获得资金进行研发；国企更倾向使用外源融资获得银行贷款以获得资金，这可能与国有信用背书有关，与民企相比，国企更易获得银行信任，进而获得资金支持。

　　大量事实表明，民营经济已经成为中国技术创新的主力军及维持中国经济增长的最大动力来源，而本文结果显示民营企业 R&D 融资渠道仍然依靠内源融资获得，因此，我国应该抓紧通过金融体制的改革来促进金融资源分配的市场化导向，增强金融资源市场交易的透明度，以减少政府干预对金融资源分配的影响。这将有利于促进民营企业自主创新能力的提升，最终促进中国经济又好又快地持续增长。本文认为，解决融资结构性矛盾也是下一步金融改革的着力点。中国应大力发展资本市场，改变当前直接融资和间接融资之间的不合理结构，加快发展中小银行体系和企业债券市场、构建适度竞争的多层次金融市场体系，最终形成对企业自主创新能力的有力支撑和适应中国国情的金融体系。

五、政策建议

　　第一，大力扶持完善股票市场。本文发现，股权融资可以极大促进企业创新发展。因此，大力发展资本市场尤其是股票市场，改革我国现阶段的融资结构，继续深化金融体制改革，改革以银行体系为主的金融市场，建立以股权融资为主题的资本市场，并采取相关的应对措施，以促进上市公司通过股权融资渠道获取创新投入资金。注重机制设计，通过制定税收、奖励政策等方式引导企业投入更多自身资源进行科研创新，以达到提高全社会整体创新投资水平的目的。构建以银行等融资中介机构和股票市场协同发展的模式，多管齐下，加快完善金融系统，逐步向市场型转变，才能发挥好融资体制改革对我国企业技术创新的促进作用，使其更好地服务于经济增长。

　　第二，丰富民营和小微企业融资渠道。着力探索和制定中小企业尤其是科技企业无形资产质押担保办法，缓解企业融资难的矛盾。政府应充分利用宏观调控能力，加快我国金融市场体制改革，优化民营和小微企业融资环境，增加其外部融资渠道，降低负债依赖度。政府可对企业部分股权实行抵税政策，或下调股利税率，降低股权融资所需成本，拓宽企业融资渠道，引导企业进行科研创新，以达到提高全社会整体创新投资水平的目的。金融机构应当为民营、小微企业提供多元化的融资服务，为其提供信贷资金支持。要以政府为主导，建立为中小企业服务的公正、高效、价廉并具有权威性的无形资产评估机构，促进企业无形资产质押担保办法的实施和推广，为民兴和小微企业拓宽融资渠道。

第三，加大政府扶持力度，重视对创业板企业的资金补助。加强对创新型企业（尤其是重点创新型企业）的知识产权保护，并给予资金扶持（包括低息贷款、税收等方面的优惠等）。这不仅可以激励创业板高新技术企业创新的行为，而且符合国家提倡的创新驱动发展战略，提高创业板企业的创新水平，在国际较量中赢得优势，争取在企业创新方面做到弯道超车。同时，政府应明确财政补助的适用范围及条件，规范政府补助的尺度，企业创新资金的发放要做到公平、公正、公开。政府部门在发放补助资金后，须做好后续的监督工作，持续关注企业补贴资金的使用和创新项目的进展，保证补贴资金的合理使用和创新项目的顺利进行。

参考文献

［1］Hall B H, Mairesse J and Mohnen, P, "Measuring the Returns to R&D", NBER Working Paper, No. 15622, 2009.

［2］Himmelberg, C P and Petersen, B C, "R&D and Internal Finance: A Panel Study of Small Firms in High-Tech Industries", *The Review of Economics and Statistics*, Vol. 76, No. 1, 1994, pp. 38-51.

［3］David, P J, Brien, P and Yoshikawa, T, "The Implications of Debt Heterogeneity for R&D Investment and Firm Performance", *The Academy of Management Journal*, Vol. 51, 2008, pp. 165-181.

［4］Benfratello, L, Schiantarelli, F and Sembenelli, A, "Banks and Innovation: Microeconometric Evidence on Italian Firms", *Journal of Financial Economics*, No. 90, 2008, pp. 197-217.

［5］Boyreau-Debray, G and Wei, S J, "Pitfalls of a State Dominated Financial

System：The Case of China"，NBER Working Paper，No. 11214，2005.

［6］Brown J R and Petersen B C，"Cash Holdings and R&D Smoothing"，*Journal of Corporate Finance*，Vol. 17，No. 3，2011，pp. 694-709.

［7］Huynh K P and Rotondi Z，"R&D Spending and Knowledge Spillovers"，*SSRN Electronic Journal*，2007.

［8］Hall B H and Lerner J，"The Financing of R&D and Innovation"，*Handbook of the Economics of Innovation*，Vol. 1，2010，pp. 609-639.

［9］Hall L A and Bagchi-Sen S，"A study of R&D，Innovation，and Business Performance in the Canadian Biotechnology Industry"，*Technovation*，Vol. 22，No. 4，2002，pp. 231-244.

［10］János Kornai，Eric Maskin and Gérard Roland，"Understanding the Soft Budget Constraint"，*Journal of Economic Literature*，Vol. 41，No. 4，2003，pp. 1095-1136.

［11］Shleifer A and Vishny R W，"Privatization in Russia：First Steps"，NBER Chapters，1994.

［12］唐清泉、巫岑：《银行业结构与企业创新活动的融资约束》，《金融研究》2015 年第 7 期。

［13］马光荣、刘明、杨恩艳：《银行授信、信贷紧缩与企业研发》，《金融研究》2014 年第 7 期。

［14］李汇东、唐跃军、左晶晶：《用自己的钱还是用别人的钱创新？——基于中国上市公司融资结构与公司创新的研究》，《金融研究》2013 年第 2 期。

［15］张杰、芦哲、郑文平、陈志远：《融资约束、融资渠道与企业 RD 投入》，《世界经济》2012 年第 10 期。

［16］解维敏、方红星：《金融发展、融资约束与企业研发投入》，《金融研究》2011 年第 1 期。

［17］林毅夫、章奇、刘明兴：《金融结构与经济增长：以制造业为例》，《世界经济》2003 年第 1 期。

[18] 陈志、陈柳：《论我国中小企业融资改革与金融创新》，《金融研究》2000 年第 12 期。

[19] 李扬：《拨开迷雾——著名经济学家李扬谈中小企业贷款难》，《银行家》2002 年第 10 期。

[20] 林毅夫：《战略抉择是经济改革与发展成功的关键》，《经济科学》1994 年第 3 期。

[21] 马光荣、刘明、杨恩艳：《银行授信、信贷紧缩与企业研发》，《金融研究》2014 年第 7 期。

[22] 张杰、芦哲、郑文平等：《融资约束、融资渠道与企业 R&D 投入》，《世界经济》2012 年第 10 期。

小微企业融资影响因素及小微金融发展指数研究

魏海滨　等①

摘要：为进一步缓解小微企业融资难、融资贵、融资慢问题，本文对小微企业融资的影响因素进行研究。在此基础上，本文从小微企业融资总量、融资结构、融资成本、融资环境等多个维度，构建出一套小微金融发展指数的评估体系，并对2019年1—7月北京市小微金融发展指数进行评估。结论表明，通过定期开展评估工作，编制小微金融发展指数，可以动态监测小微企业发展趋势，及时发现小微金融发展中存在的问题，为政府部门推出更多有针对性的小微金融政策提供有价值的参考，以进一步提升小微金融服务工作的质效，增强小微企业的发展活力。

一、研究背景

（一）我国小微企业融资情况概述

随着我国经济的快速发展，小微企业迎来了空前的发展机遇，也为中国经济社会的发展作出了巨大的贡献。工商数据显示，截至2017年末，我国小微企业约有2800万户，个体工商户约有6200万户，中小微企业包含个体工商户占全部市场的

---

① **魏海滨**，中国人民银行营业管理部货币信贷管理处处长。参与执笔人：贺杰、周凯、赵睿、张丹、卢朋、高菲、魏韬、李亚坤。其中，贺杰、周凯、赵睿、张丹、卢朋供职于中国人民银行营业管理部货币信贷管理处；高菲供职于中国人民银行营业管理部金融研究处；魏韬、李亚坤供职于中国人民银行营业管理部调查统计处。

注：本文仅为课题组学术思考，与供职单位无关。

比重超过 90%。中小企业贡献了中国 60% 的 GDP、50% 的税收和 80% 的城镇就业；完成了 65% 的发明专利、75% 的企业技术创新和 80% 以上的新产品开发。而小微企业的贡献与金融机构对小微企业的贷款支持并不匹配，融资难、融资贵的情况仍然存在。以北京为例，近年来，小微企业贷款余额占各项贷款的比重一直较低。截至2019 年 9 月末，北京市小微企业贷款余额仅占企业贷款余额的 12.2%。

小微企业融资难主要表现在以下几个方面：一是渠道少。企业融资渠道主要是股权和债权融资。在股权融资方面，小微企业受自身实力限制，很少有企业能在资本市场取得直接投资。在债权融资方面，小微企业融资主要依靠银行贷款，融资方式较单一。二是门槛高。很多小微企业在成立年限、盈利能力、信用记录等方面达不到金融机构贷款准入门槛的要求，而能达到条件的小微企业所能提供的抵押物和质押物难以获得抵押认可。三是期限短。小微企业大部分处于初创期，需要长期资金支持，但银行出于风控考虑，对小微企业一般给予短期流动资金贷款，企业只得短贷长用和频繁续贷，相关成本给企业带来较为沉重的负担。四是审批慢。银行通过上收审批权限控制风险，有的甚至实行跨区域交叉审核，使得信贷审批流程和时间加长，难以满足小微企业"短、小、频、急"的融资需求。五是成本高。由于小微企业抗风险能力较弱，金融机构通常利用高利率和强担保的方式对冲高风险，导致小微企业融资成本较高。

（二）构建小微金融发展指数的必要性与重要意义

构建小微金融发展指数是建立健全小微企业金融服务评价体系的必然要求。近年来，为缓解小微企业融资难、融资贵的问题以及为了给小微企业发展创造良好的金融环境，党中央、国务院多次就深化小微企业金融服务做出重要指示和工作部署，中国人民银行、银保监会、财政部等金融管理部门、各地方政府纷纷出台多项支持政策，从加强货币政策引导、拓展多元化融资渠道、减税降费、信用信息共享、融资担保体系建设等方面开展了大量卓有成效的工作。然而企业端的金融"获得感"并未明显增强，仍普遍反映存在融资难、融资贵问题。目前，如何对小微企业金融服务的水平和成效进行全面评估，尚缺乏一套清晰明确可行的操作标准。金融管理部门定期统计并对外发布的小微企业贷款余额、增速、增量、户数、贷款利率等指标较为单一，仅从银行贷款这一个维度反映小微金融工作的进展，无法全面衡量和评估小微企业融资总量、融资结构以及小微金融生态环境建设的成效，存在一定的局限性。有必要通过建立小微金融发展指数来逐步健全小微企业金融服务评价指标体系。

小微金融发展指数有助于全面评价小微企业金融服务工作进展和成效，为政府决策提供有益参考，推动小微金融服务工作取得更大实效。小微金融发展指数，从小微融资总量、融资结构、融资成本、融资环境建设等多个维度，构建起一套指标体系，通过定性和定量两种方式，全面展现政府部门、金融机构支持小微企业发展的工作举措及成效，衡量金融支持小微企业发展的力度和水平，对小微企业金融服务工作进行立体式评估和检验。通过定期开展评估工作，编制小微金融发展指数，可以动态监测小微企业发展趋势，跟踪了解小微企业融资需求特点，及时发现小微金融服务中的堵点、痛点和难点，为政府部门推出更多有针对性的小微金融政策提供有价值的参考，使小微企业金融供给更加匹配企业融资需求，进一步提升小微金融服务工作质效，增强小微企业发展活力。

二、小微企业融资影响因素实证研究

在对小微金融发展指数进行研究之前，本部分首先对小微企业融资，特别是贷款情况的影响因素进行实证研究。2015 年 1 月至 2019 年 9 月，小微企业贷款占各项贷款余额的比重虽然呈波动上升趋势，但 2017 年底至 2019 年底，占比增速呈放缓之势（见图 1）。为了更好地支持小微企业发展，提升金融服务小微企业的质效，在本部分我们将小微企业的贷款规模设为被解释变量，通过实证回归研究影响其波动的因素。

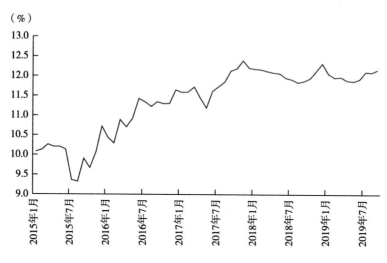

图1　北京市小微企业贷款余额占各项贷款余额的比重

（一）模型设定及变量含义

从现有文献中可以发现，影响民营小微企业贷款发放规模的因素主要有地区经济发达程度、金融发展水平、金融基础设施建设水平和各项贷款发放总量等，考虑到金融发展水平和金融基础设施间可能存在较大的相关性，所以本文将模型设定为：

$$LSM_t = \alpha_0 + \alpha_1 gdp_t + \alpha_2 FD_t + \alpha_3 BL_t + \varepsilon_{1t} \tag{1}$$

$$LSM_t = \beta_0 + \beta_1 gdp_t + \beta_2 FI_t + \beta_3 BL_t + \varepsilon_{2t} \tag{2}$$

在式（1）中，LSM_t 为被解释变量，代表小微企业贷款发放规模；gdp_t 和 FD_t 为解释变量，分别代表经济发达程度和金融发展水平，BL_t 为控制变量，代表各项贷款发放总量，ε_{1t} 为随机误差项。式（2）同式（1），只是将解释变量中的 FD_t 换成 FI_t，代表金融基础设施水平。

（二）变量选择和数据来源

参考现有文献，在数据有效、可得的基础上，我们选取了2个月度指标、2个季度指标和5个年度指标，并进行了同频处理，以研究小微企业贷款发放规模的影响因素，样本区间为2015年1月至2019年9月。

被解释变量选取小微企业贷款余额，以衡量北京市小微企业贷款的发放规模。

数据来源为中国人民银行，月度数据通过求和变为季度数据。

解释变量为人均 GDP、金融发展水平和金融基础设施水平。

人均 GDP 可以反映一个地区的经济发达程度，通过 GDP 除以常住人口求得。北京市 GDP 为季度数据，数据来源为北京市统计局；北京市常住人口为年度数据，通过插值法转化为季度数据，数据来源为 Wind 数据库。小微企业在稳增长、促就业方面具有不可替代的作用，一个地区的经济发展程度越高，越会重视和支持小微企业发展，小微企业获得贷款的可能性越大。

金融发展水平通过金融业增加值除以 GDP 求得。北京市金融业增加值为季度数据，数据来源为中国人民银行。金融发展水平可以从侧面反映小微企业的金融服务发展水平，金融体系越发达，小微企业所在行业成长性越好，银行越愿意为此行业小微企业发放贷款。

金融基础设施水平通过对金融业机构数、从业人数和实际资产总额进行主成分分析得出。北京市金融业机构处、从业人数和资产总额为年度数据，通过插值法变成季度数据，实际资产总额为名义资产总额除以 CPI（以 2014 年为基期），数据全部来源于 Wind 数据库。金融基础设施水平能够度量小微企业获取金融服务的难易程度，金融基础设施水平越高，小微企业获得贷款的机会越大。

控制变量选取各项贷款余额以衡量总的贷款发放量。北京市各项贷款为月度数据，通过求和变成季度数据，数据来源为中国人民银行。

（三）实证回归结果

我们首先对各变量数据进行了标准化处理，然后利用多元线性回归方法进行了回归，回归结果如表 1 所示。

表 1　小微企业贷款规模影响因素的多元回归结果

	模型（1）	模型（2）
gdp	0.006 (0.613)	0.058 (1.004)
FD	0.281*** (24.268)	

续表

	模型（1）	模型（2）
FI		0.116* （2.073）
BL	0.746*** （60.076）	0.849*** （12.727）
调整 R^2	0.99	0.98
F 统计量	9374.63***	294.71***

注：***p<0.01，**p<0.05，*p<0.1。

由表 1 可以看出，模型（1）和模型（2）回归方程的调整 R^2 分别为 0.99 和 0.98，说明估计的样本回归方程较好地拟合了样本观测值；两个模型的 F 统计量在 1%的显著性水平上显著，说明总体回归方程显著。

模型（1）中，解释变量 FD 的标准化系数为 0.281，在 1%的显著性水平上显著，说明金融发展水平越高，小微企业贷款规模越大。解释变量 gdp 的标准化系数为 0.006，与小微企业贷款规模呈正相关关系，但在统计上不显著。

模型（2）中，解释变量 FI 的标准化系数为 0.116，在 10%的显著性水平上显著，说明金融基础设施建设得越完善，小微企业能够获得的贷款越多。解释变量 gdp 的标准化系数为 0.058，和模型（1）一样，与小微企业贷款规模呈正相关关系，但在统计上也不显著。

综上可以看出，小微企业的融资规模与当地的金融发展水平、金融基础设施建设的完善程度相关性很强，但是这些并不能直接反映一个地区小微金融发展水平的高低。因为，除了融资规模，融资成本、融资结构、政策环境以及金融服务水平等因素均是应纳入考虑的。

三、小微金融发展指数的构建

（一）运用层次分析法构建小微金融发展指数

运用层次分析法构建小微金融发展指数主要包含以下步骤（邓雪，2012）：第一步，以评估小微金融发展指数为问题导向，建立该问题的层次递阶结构，并根据解决问题的需要，筛选各级指标体系；第二步，分别建立各级指标体系的比较判断矩阵；第三步，根据各层级的判断矩阵计算出各层级指标的相对权重和综合权重；第四步，进行一致性检验。

（二）指标体系的确定

总体而言，衡量一个地区的小微金融发展水平需要从以下几个方面考虑：

一是小微金融的总量因素，即一段时期内小微企业能够从金融体系内获取的资金总量，主要用于体现市场对于小微企业融资的金融供给情况。目前，我国小微企业除了内源融资外，主要的外部融资方式是银行贷款和私募股权融资。

二是小微金融的价格因素，即小微企业从市场上获取资金的成本。通常情况下，对于小微金融市场较为活跃的地区，由于信息相对对称、小微金融供应方相互竞争等因素，小微企业的融资成本在无风险利率的基础上相对较低。这也正体现了小微企业融资贵问题的解决情况。

三是小微金融的结构因素，即小微企业金融服务本身的结构比例问题，主要用于反映小微企业金融服务的合理性。小微企业金融服务既要能够契合小微企业发展的特点和融资需求，也要能够满足金融机构的商业可持续性要求，特别是贷款不良率要控制在合理区间。

四是小微金融的环境因素，即金融机构和相关部门加强和深化小微企业金融服务的基础条件，主要反映出当地的政府部门对于促进小微企业融资的政策支持情况以及金融基础设施的建设运营情况。

五是小微金融的服务水平，即体现小微企业从市场中获得金融服务的便利度与体验感，而不断提升小微企业的融资便利度、优化客户融资体验，正是小微金融发展的主要目标。

综合上述因素以及指标体系的设计原则，本文共选取了5个一级指标、16个二级指标、22个三级指标（见表2）来对北京市小微企业金融发展水平进行评价，构建小微金融发展指数。

表 2 小微金融发展水平的指标体系（月度）

一级指标	二级指标	三级指标	指标描述
小微金融规模（融资总量）X_1	贷款规模 X_{11}	普惠小微贷款余额 X_{111}	普惠小微贷款余额
		小微企业贷款余额 X_{112}	小微企业贷款余额
		普惠小微贷款的占比 X_{113}	普惠小微贷款占全国的比重
		小微企业贷款的占比 X_{114}	小微企贷款余额占全国的比重
	股权融资规模 X_{12}	股权融资金额 X_{121}	企业股权融资额（剔除金融、房地产行业）
		股权融资的全国占比 X_{122}	股权融资占全国股权融资的比重
	债券融资规模 X_{13}	民企发债规模 X_{131}	民企发债融资额（剔除金融、房地产行业）
		民企发债的全国占比 X_{132}	民企发债融资规模占全国发债融资的比重
小微金融成本（融资成本）X_2	贷款成本 X_{21}	普惠小微贷款成本 X_{211}	普惠小微贷款加权平均利率
		小微企业贷款成本 X_{212}	小微企业贷款加权平均利率
	民企发债成本 X_{22}	—	民营非金融企业债券发行利率
	融资担保成本 X_{23}	—	融资担保公司平均费率
	小额贷款成本 X_{24}	—	小额贷款公司新增贷款加强平均利率
小微金融结构（融资结构）X_3	信用贷款占比 X_{31}	—	信用贷款余额占比小微企业贷款的比重
	直接融资与间接融资的比例 X_{32}	—	股权融资金额与新发放小微企业贷款的比值
	小微贷款不良资产占比 X_{33}	—	小微企业贷款不良率
	融资担保覆盖率 X_{34}	—	小微企业融资担保覆盖率

续表

一级指标	二级指标	三级指标	指标描述
小微金融发展环境（融资环境）X_4	政策支持情况 X_{41}	货币政策工具使用情况 X_{411}	小微企业票据再贴现余额
		政府性融资担保机构设立情况 X_{412}	政府性融资担保机构注册资本规模
		政策支持总体 X_{413}	政策支持情况总体评价（定性）
	金融基础设施建设情况 X_{42}	全国性金融基础设施建设情况 X_{421}	全国性金融基础设施建设情况（征信、抵押登记等）
		地方性金融基础设施建设情况 X_{422}	地方性金融基础设施建设情况（信息共享平台、融资担保平台、融资服务平台、知识产权融资服务等）
		金融科技发展水平 X_{423}	金融科技发展水平总体评价（定性）
小微金融服务水平 X_5	企业融资便利度 X_{51}	中小微企业贷款获得情况 X_{511}	全市中小微企业申贷获得率
		贷款审批情况 X_{512}	贷款审批平均周期（工作日）
		续贷业务情况 X_{513}	无还本续贷业务开展情况
		科创板上市情况 X_{514}	科创板上市企业数量（占全国的比重）
	小微企业贷款覆盖面 X_{52}	—	小微企业贷款户数占全部小微企业户数的比重
	创新业务开展情况 X_{53}	应收账款融资业务开展情况 X_{531}	小微企业应收账款融资占小微企业贷款的比重
		知识产权质押融资业务开展情况 X_{532}	知识产权质押融资占小微企业贷款的比重

（三）模型各指标权重的确定

为了确定模型中各指标的权重，需要构造各层次的比较判断矩阵，并根据各层的比较判断矩阵计算出指标的相对权重，进而根据所在层次的权重确定出指标的最终权重。在各层级的指标权重确定后，需要对各层级的指标进行一致性检验（见表3）。

表3　各级指标相对权重

一级指标	权重 W_i	二级指标	权重 W_{ij}	三级指标	权重 W_{ijk}	综合权重
小微金融规模（融资总量）X_1	0.368	贷款规模 X_{11}	0.626	普惠小微贷款余额 X_{111}	0.372	0.086
				小微企业贷款余额 X_{112}	0.152	0.035
				普惠小微贷款的全国占比 X_{113}	0.288	0.066
				小微企业贷款的全国占比 X_{114}	0.188	0.043
		股权融资规模 X_{12}	0.280	股权融资额（剔除金融、房地产行业）X_{121}	0.5	0.052
				股权融资额（剔除金融、房地产行业）占全国的比重 X_{122}	0.5	0.052
		债券融资规模 X_{13}	0.094	民企发债金额（去除金融、房地产行业）X_{131}	0.5	0.017
				民企发债金额（去除金融、房地产行业）占全国的比重 X_{132}	0.5	0.017
小微金融成本（融资成本）X_2	0.088	贷款成本 X_{21}	0.459	普惠小微贷款成本 X_{211}	0.700	0.028
				小微企业贷款成本 X_{212}	0.300	0.012
		民企发债成本 X_{22}	0.093	—	—	0.008
		融资担保成本 X_{23}	0.305	—	—	0.027
		小额贷款成本 X_{24}	0.143	—	—	0.013
小微金融结构（融资结构）X_3	0.135	信用贷款占比 X_{31}	0.529	—	—	0.071
		直接融资与间接融资的比例 X_{32}	0.210	—	—	0.028
		小微贷款不良资产占比 X_{33}	0.123	—	—	0.017
		融资担保覆盖率 X_{34}	0.138	—	—	0.019

续表

一级指标	权重 W_i	二级指标	权重 W_{ij}	三级指标	权重 W_{ijk}	综合权重
小微金融发展环境（融资环境）X_4	0.228	政策支持情况 X_{41}	0.5	货币政策工具使用情况 X_{411}	0.094	0.011
				政府性融资担保机构设立情况 X_{412}	0.280	0.032
				政策支持总体 X_{413}	0.626	0.071
		金融基础设施建设情况 X_{42}	0.5	全国性金融基础设施建设情况 X_{421}	0.600	0.068
				地方性金融基础设施建设情况 X_{422}	0.200	0.023
				金融科技发展水平 X_{423}	0.200	0.023
小微金融服务水平 X_5	0.181	企业融资便利度 X_{51}	0.428	中小微企业贷款获得情况 X_{511}	0.518	0.040
				贷款审批情况 X_{512}	0.298	0.023
				续贷业务情况 X_{513}	0.121	0.009
				科创板上市情况 X_{514}	0.063	0.006
		小微企业贷款覆盖面 X_{52}	0.428	—	—	0.077
		创新业务开展情况 X_{53}	0.144	应收账款融资业务开展情况 X_{531}	0.5	0.013
				知识产权质押融资业务开展情况 X_{532}	0.5	0.013

四、总结与政策建议

综上所述，为进一步提升小微企业金融服务水平，做好小微金融发展指数的评估工作并逐步提升该指数的政策指导效果，本文拟从以下几个方面提出建议：

在深化小微企业金融服务方面，一是要建立服务小微企业多层次的机构体系。解决小微企业融资问题，仅仅依靠商业金融是无法解决的，需要依靠政府政策性优惠贷款、社区银行的成员贷款等。因此需探索建立政策性银行、商业性和社区性多种金融机构并存，形成对小微企业金融支持的多元化机构体系。二是要着力改善小微企业融资环境。金融服务小微企业不仅需要金融系统的努力，还需要相关部门的配合。相关部门需进一步加大对小微企业发展的政策扶持，加大税收优惠力度。进一步简化小微企业抵押担保流程和手续，拓宽抵押担保品范围。改善小微企业的信用环境，提高其信用违约的成本。加强银行与企业对接，提高信息共享水平；帮助小微企业提高经营行为、财务运作的规范程度，提高企业经营的透明度。三是引导金融机构优化产品，不断提升纯信用贷款的比重，提升社会直接融资比例，加强银担合作，开发更多契合小微企业特点的金融产品。

在做好小微金融发展指数评估工作方面，一是建议联合相关政府部门、行业协会建立小微企业金融服务联合调查机制。合理优化调查对象中企业、金融机构及政府部门的比例，逐步提升被调查企业的样本分布的离散程度，进一步提高企业端问卷调查的质量。二是逐步探索北京小微金融发展指数的定期发布机制。在中国人民银行营业管理部牵头构建北京市金融服务实体经济指标体系和构建营业管理部大数据的基础上，定期向社会公布小微金融发展指数。在数据可得的情况下，可进一步与广东、上海、江苏、浙江等小微金融发展较为发达的地区进行对比、发布，不断提升小微金融发展指数的社会影响力。

参考文献

[1] 邓雪、李家铭、曾浩健等：《层次分析法权重计算方法分析及其应用研究》，《数学的实践与认识》2012 年第 24 期。

房地产业与区域经济增长
相关性的实证分析
——以北京、上海、广州、杭州为例

周军明　等①

一、引言及文献综述

1998 年我国实施住房商品化改革以来，房地产业逐步成为我国国民经济的支柱产业，房地产行业增加值占 GDP 的比重由 1998 年的 4.03%上升至 2018 年的 6.65%，北京等城市房地产开发贷款占比一度超过 55%。过快增长的房价加大了居民杠杆，还显著增加了金融风险。2016 年 12 月，中央经济会议定调"房子是用来住的，不是用来炒的"，首次提出"长效机制"，要求既抑制房地产泡沫，又防止大起大落。那么，房地产行业在国民经济中的占比多少为好？本文从我国房地产市场相对发达、城市定位相对一致、代表我国三个经济最活跃的区域——京津冀地区的北京、长三角地区的上海、杭州和珠三角地区的广州作为考察对象，并借鉴东京发展经验，试图找出房地产对于经济发展的最合适比例，为制定投资政策、货币政策提供参考。

（一）主要研究观点

对于房地产投资、房地产信贷与国民经济的关系的研究主要有两种观点：

---

① 周军明，中国人民银行营业管理部金融稳定处处长。参与执笔人：刘文权、张萍、张素敏、孙伊展、郑珩、赵起、张岩、卢朋、魏海玉。其中，刘文权、张萍、张素敏、孙伊展、郑珩、赵起、张岩供职于中国人民银行营业管理部金融稳定处；卢朋供职于中国人民银行营业管理部货币信贷管理处；魏海玉供职于中国人民银行营业管理部金融研究处。

注：本文仅为课题组学术思考，与供职单位无关。

1. 房地产对经济增长具有重要的促进作用

凯恩斯用乘数研究了投资变动对收入变动的倍数关系，房地产作为投资的一种同样具有乘数效应。李启明（2002）等学者从房地产业投资的诱发作用角度对房地产业的带动效应做了计算，认为每 100 亿元房地产投资可以诱发制造业、建筑业等上下游行业产出 259.23 亿元。

2. 房地产对经济增长具有抑制作用

早期主流观点认为，房地产投资（尤其是住宅投资）类似于社会福利和保障性支出，资本积累不足的情况下进行房地产投资只能拖累经济发展。龚宇（2007）指出，当银行、基金、股市、投资机构以及其他实业团体都大规模投资房地产时，一些对经济长期与持续增长起关键作用的行业和产业所需的投资被占用，形成"挤出效应"。王振波（2010）指出，泡沫问题是房地产投资负面效应的重要方面，房地产泡沫一旦破裂会使经济增长受到重创。

（二）主要研究方法

对房地产投资与经济增长关系的研究，多数专家学者以定性与定量相结合的方法进行了阐述，具体分析方法可分为以下几类：

1. 基于格兰杰因果检验等的定量研究

Green（1997）使用美国 1959—1992 年的季度宏观数据进行格兰杰因果关系检验，表明房地产投资是 GDP 的格兰杰原因，而非房地产投资则不成为 GDP 的格兰杰原因。郑思齐（2003）选取我国 1981—2001 年的数据进行格兰杰因果关系检验，发现两者之间存在双向因果关系。李熙娟和李斌（2006）认为，虽然房地产投资与经济增长之间存在格兰杰因果关系，但两者之间不存在长期协整关系。

2. 基于投入产出或要素分解法的定量研究

日本总务厅统计局使用投入产出法对 1986—1994 年日本住宅投资额和 GDP 数据进行了分析，结果显示：日本 GDP 平均 3.1% 的增长率中，约 0.3% 是住宅投资引起的。王国军和刘水杏（2004）利用我国 1997 年投入产出表，计算出我国房地产业对各大产业的总带动效应为 1.416，受房地产业带动效应最明显的是金融保险业和商业。

3. 基于向量自回归模型的定量研究

Coulson 和 Kim（2000）通过向量自回归模型（VAR）考察了房地产投资、非房地产投资、个人消费、政府支出和 GDP 之间的脉冲反应函数和方差分解函数，发现房地产投资对 GDP 的促进作用比非房地产投资更大，原因在于，房地产投资能够带动消费和非房地产投资。黄忠华等（2008）同时采用总量和分地区（东部、中部和西部）的宏观数据分析了房地产投资与宏观经济产出之间的互动关系，结果显示：在全国各个地区，房地产投资对经济增长都有明显的拉动作用，而且经济最发达的东部地区，这种影响更大。王业辉（2019）基于 1996—2016 年我国 31 个省份的数据，通过非稳定异质性面板模型实证分析，得出我国房地产投资比重最优值为 29%。

（三）对以往研究文献的总结及本文研究思路

以往对房地产投资与经济增长的相关研究表明，房地产投资能够拉动经济增长，但需保持与国民经济的协调关系，不同阶段的房地产投资对经济增长可能起到不同作用。在研究方法方面，格兰杰因果关系检验只能验证变量间是否存在因果关系，不能反映变量间影响程度的大小；通常每五年编制一次的投入产出表，不能及时反映两者之间关系；线性回归模型虽能在一定程度上说明房地产投资与经济增长的具体数量关系，但不能说明非线性影响。

本文吸收前期研究方法和成果，选取功能定位、体量规模、发展阶段等方面相近的城市作为样本，运用面板模型对 2006—2018 年的数据进行回归分析，验证了房地产投资与经济增长间的倒 "U" 型关系，并找出房地产开发投资占比的最优值。由于房地产信贷在房地产投资中起着关键作用，本文首次将房地产贷款数据纳入数量模型，得出房地产信贷的最优占比，以期为房地产信贷政策制定提供参考。

二、样本城市选择及各自房地产发展状况

房地产行业区域特征明显，为使数据分析结论更贴近各城市实际，必须选择具有相似产业结构、房地产政策较为相近的城市。如图 1 所示，对比国内九个主要发达城市产业占比情况，可以看到北京、上海、杭州和广州三大产业占比结构相似，第三产业占比均超过 60%，且四座城市分别处于我国经济最为活跃的环渤海经济带、长三角经济带和珠三角经济带，具有一定的代表性。因此，我们选择北京、上海、杭州和广州四个城市作为分析对象。同时，选择具有相似发展特点及产业结构的东京作为比较城市，由于无法取得完整且可比的数据，未将东京纳入定量回归分析模型中。

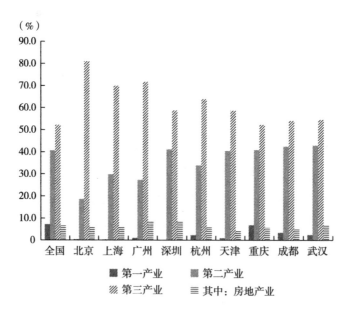

图 1　国内主要发达城市产业结构对比

（一）各城市房地产市场发展状况

北京、上海、广州、杭州四个城市①房地产开发投资额增长趋势基本保持一致。1998 年住房制度改革后，四个城市的房地产开发投资快速增长。2001 年，北京房地产开发投资额增速达 50.14%，杭州 2002 年房地产开发投资增速达 40.69%。2005 年，针对房价过快上涨的现象，国务院采取严格土地管理，从紧控制农用地转为建设用地等政策，四个城市房地产开发投资增速较上年分别下降 19.01 个、24.35 个、7.21 个和 1.96 个百分点。2009 年，为应对金融危机，国家采取刺激政策，四个城市房地产投资额开始回升。2016 年 9 月以来，全国一二线城市迎来新一轮调控政策，2016 年 12 月，中央经济会议定调"房子是用来住的，不是用来炒的"，四个城市房地产投资额增速有所下降。

总体来看，2017 年北京、上海、广州房地产开发投资额较 1999 年分别增长 7.76 倍、6.49 倍、8.13 倍，杭州由于期初额仅 84.84 亿元，增长达 31.22 倍（见图 2）。同期，四个城市 GDP 分别增长 9.46 倍、6.31 倍、9.05 倍和 9.29 倍。

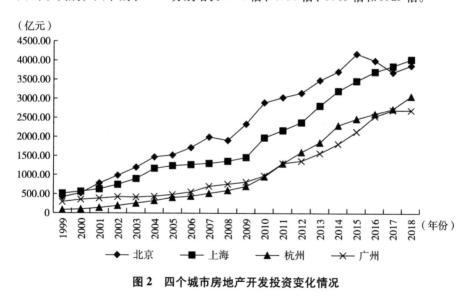

图2　四个城市房地产开发投资变化情况

---

①　本部分四个城市的顺序为北京、上海、广州和杭州。

（二）近年来各城市房地产信贷投放情况

2006 年以来，四个城市的房地产开发贷款呈阶段性快速上涨态势。其中，北京（2008—2010 年）、上海（2008—2014 年）的房地产开发贷款增速明显高于其他两个城市，2009 年北京、上海的房地产开发贷款增速分别高达 63.32% 和 95.42%。相比之下，2006—2016 年，广州和杭州两城市的房地产开发贷款增速较为平稳，2010 年广州房地产开发贷款增速 21.33%、2009 年杭州房地产开发贷款增速 27.37%，分别达到各自期间最高值。2016 年以来，北京、上海的房地产开发贷款增速有所回落，2018 年增速分别为 12.16% 和 15.6%；但广州和杭州的房地产开发贷款增速自 2017 年以来有所上升，2018 年增速分别达 30.07% 和 52.43%（见图 3）。

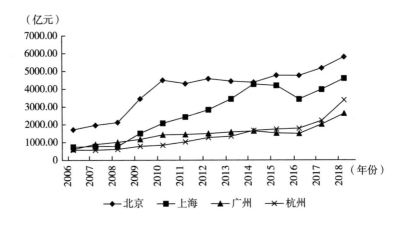

图 3　四个城市房地产开发贷款余额变化情况

（三）近年各城市房价走势及调控情况

统计显示，2005 年以来，四个城市房地产价格保持快速上涨，若以 2004 年房价指数为 100，则截至 2018 年末，四个城市房价指数分别达 258.87、210.77、201.46 和 183.34，房价基本翻倍。其中，四个城市房价环比指数（以上年为 100）均于 2016 年达到最高值，分别为 138.6、134.9、125.6 和 122.9。2016 年之后，随着国家相继出台房地产调控措施，各城市房价涨幅得到初步控制，北京和上海由于前期涨幅较大，房价出现小幅下调。但是，广州和杭州的房价在2016年后房价仍保持上涨，趋势与房地产开发贷款余额保持一致（见图4）。

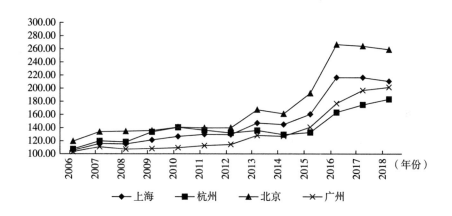

图4　四个城市房价指数走势

注：房价指数为以2004年为100的经处理的数据。

　　自2016年起，四个城市纷纷出台以限购限贷为主的房地产调控政策。2016年9月30日，北京市明确购买首套普通自住房的首付款比例不低于35%，二套普通自住房首付比例不低于50%；2017年3月17日，北京市二套房首付比例提至60%。近年来，上海逐步构建了"一个定位、两大体系、三个为主、四位一体①"和租购并举的住房制度框架；2017年以来，上海加快培育和发展住房租赁市场，满足不同群体的住房租赁需求。2017年3月，广州房市限购政策进一步收紧，首次限制商住楼不卖给个人，成年单身（含离异）限购一套；2017年7月，广州市住建委等十部门联合发文，从商品房价格、土地供应、住房租赁、信贷等各方面严格落实房

———————————

　　① 一个定位，即坚持"房子是用来住的、不是用来炒的"；两大体系，就是聚焦住房市场体系和住房保障体系；三个为主，是深化以居住为主、市民消费为主、普通商品住房为主；四位一体，是优化廉租住房、公共租赁住房、共有产权保障住房、征收安置住房的住房保障体系，完善租购并举的住房制度。

地产调控。2016 年 9 月，杭州市重启市区范围内限购政策，外地户籍家庭限购 1 套住房，暂停购房落户，已有 1 套住房贷款未结清的首付比例调整为 50%。2017 年 3 月，杭州市限购政策升级，外地户籍居民购房缴纳个税或社保年限要求调整为 2 年以上；本地户籍居民家庭限购 2 套，单身家庭限购 1 套。

三、房地产与人均 GDP 增长关系的实证分析

（一）指标体系

国内关于房地产业和宏观经济增长两者关系的研究中，选取的房地产指标并不相同，如梁云芳等（2006）选取商品房销售价格和房地产投资额分别代表房地产价格和房地产投资，夏丹（2007）、黄中华等（2008）选择房地产投资额代表房地产行业发展，郭淑芬等（2015）则选取房地产业增加值作为房地产业发展指标。本文的主要目的是探究房地产开发投资占比、房地产开发贷款占比等与经济增长的长期关系，我们选取了房地产开发投资额与全社会固定资产投资额的比值作为衡量房地产发展指标，同时，首次创新性地加入房地产贷款占比变量（含开发贷款和个人住房贷款），探究其对经济增长（人均 GDP）的影响，试图对政策制定建言献策。选取的控制变量包括常住人口数量、财政收入和房价指数。其中，房地产开发贷款占比、个人住房贷款占比数据由中国人民银行营业管理部、中国人民银行上海总部、中国人民银行杭州中心支行和中国人民银行广州分行提供，其余数据从公开渠道获得①。表 1 给出了样本的统计性描述。

表 1　变量的解释和均值

名称	变量名	说明	均值
人均 GDP	LnGDP	人均 GDP 取对数	11. 43
房地产开发投资占比	Inv	房地产开发投资额与全社会固定资产投资额的比值	0. 43

① 来自 Wind 数据库和城市金融年鉴。

名称	变量名	说明	均值
房地产开发贷款占比	Invloan	房地产开发贷款余额与各项贷款余额的比值	7.43
个人住房贷款占比	Houseloan	个人住房贷款余额与各项贷款余额的比值	12.03
常住人口	LnPopulation	常住人口取对数	7.27
财政收入	LnFiscal	公共财政收入取对数	7.61
房价指数	Realty	二手住宅销售价格指数	148.83

（二）模型构建

从房地产业与经济增长关系的文献看，研究方法包括向量自回归（VAR）、误差修正模型（VECM）、门限面板模型等，主要通过协整分析、脉冲响应分析、方差分解、格兰杰因果检验等方法分析房地产业与经济之间的均衡、动态以及两者间的相互影响关系。由于本文的目的是探索房地产业在经济中的效率最优配置，因此，本文基于典型的面板数据通过构建倒"U"型曲线，采用面板数据模型验证关系的显著性，力图找出房地产投资（贷款）的最优比例。本文借鉴已有文献的研究方法，引入核心变量的平方项，扩展构建了三组方程如下。

第一组方程探究房地产开发投资与经济增长之间的关系。

$$LnGDP = \alpha + \beta_1 Inv + \beta_2 LnPopulation + \beta_3 LnFiscal + \beta_4 Realty \tag{1}$$

$$LnGDP = \alpha + \beta_1 Inv + \beta_2 Inv^2 + \beta_3 LnPopulation + \beta_4 LnFiscal + \beta_5 Realty \tag{2}$$

第二组方程探究房地产开发贷款与经济增长之间的关系。

$$LnGDP = \alpha + \beta_1 Invloan + \beta_2 LnPopulation + \beta_3 LnFiscal + \beta_4 Realty \tag{3}$$

$$LnGDP = \alpha + \beta_1 Invloan + \beta_2 Invloan^2 + \beta_3 LnPopulation + \beta_4 LnFiscal + \beta_5 Realty \tag{4}$$

第三组方程探究个人住房贷款与经济增长之间的关系。

$$LnGDP = \alpha + \beta_1 Houseloan + \beta_2 LnPopulation + \beta_3 LnFiscal + \beta_4 Realty \tag{5}$$

$$LnGDP = \alpha + \beta_1 Houseloan + \beta_2 Houseloan^2 + \beta_3 LnPopulation + \beta_4 LnFiscal + \beta_5 Realty \tag{6}$$

其中，方程（1）、方程（3）和方程（5）用来检验核心变量与经济增长之间的线性关系，方程（2）、方程（4）和方程（6）检验核心变量与经济增长之间的非线性关系。

（三）回归检验及结果

首先对数据进行处理以及平稳性检验、协整检验，随后对数据进行固定效应回归、随机效应回归和混合回归。我们采用 Hausman 检验的原假设是，随机影响模型中个体影响与解释变量不相关，若 Hausman 检验的 W 统计量小于临界值，则无法拒绝原假设，应将个体影响确定为随机影响形式；若 W 统计量大于临界值，则拒绝原假设，应设定为固定效应模型。由表2的 Hausman 检验结果看，Hausman 检验的 p 值显著不为 0，是不能拒绝原假设的，因此选择随机效应回归。

三组方程回归结果如表2所示。

表2　回归结果

	（1）	（2）	（3）	（4）	（5）	（6）
Inv	0.1228	15.6613***				
Inv^2		-18.5657***				
Invloan			-0.0115	0.2040*		
$Invloan^2$				-0.0143**		
Houseloan					0.0542***	0.0829
$Houseloan^2$						-0.0011
LnPopulation	-0.2675**	-0.1416	-0.2604**	-0.1927	0.0110	0.0109
LnFiscal	0.1167	0.1362	0.1233	0.1250	0.1085	0.1175
Realty	0.0045***	0.0037***	0.0045***	0.0039***	0.0012	0.0010
常数项	11.7596***	7.7026***	11.7953***	10.6232***	9.6994***	9.4729***
R^2	0.4777	0.5651	0.4819	0.5261	0.6260	0.6283

注：***$p<0.01$，**$p<0.05$，*$p<0.1$。

对比表2中列（1）和列（2），核心变量房地产开发投资占比与因变量人均

GDP 之间的线性关系并不显著，而引入核心变量平方项后，核心变量与因变量之间关系加强，且模型整体通过检验。对比表 2 中列（3）和列（4），房地产开发贷款与人均 GDP 之间的线性关系同样不显著，但引入平方项后模型整体显著性增强并通过检验。这说明，经济增长与房地产开发投资、房地产开发贷款之间存在非线性关系；通过核心变量平方项的系数可以判断，经济增长与房地产开发投资、房地产开发贷款之间存在倒 "U" 型关系。对比表 2 中列（5）和列（6），个人住房贷款占比与人均 GDP 存在显著线性关系，而引入核心变量二次项之后未通过检验，即个人住房贷款与经济增长之间存在线性关系，不存在倒 "U" 型关系。

同时可以看到，模型中有些控制变量与因变量之间的关系并不显著，我们对变量进行删减和回归，得到如下三个关系式反映核心变量与经济增长之间的关系：

$$LnGDP = 22.9371Inv - 27.0977Inv^2 + 0.2295Realty + 5.0131 \tag{7}$$

$$(5.1265) \qquad (6.0951) \qquad (0.0669) \qquad (1.1791)$$

$$LnGDP = 0.2268Invloan - 0.0159Invloan^2 + 0.0045Realty + 9.9964 \tag{8}$$

$$(0.0999) \qquad (0.0065) \qquad (0.0008) \quad (0.3717)$$

$$LnGDP = 0.3188Houseloan + 8.5063LnFiscal + 0.0412 \tag{9}$$

$$(0.0080) \qquad (0.0465) \qquad (0.3194)$$

我们最关心的问题是核心变量与经济增长的长期关系。关系式（7）和关系式（8）核心变量二次项系数为负，为倒 "U" 型抛物线，说明存在最优长期房地产投资比重和房地产开发贷款比重，与我们理论分析推论相同，即房地产投资比重和房地产开发贷款比重并不是越大越好，过小的或过大的房地产投资比重和房地产开发贷款比重在长期上对经济增长都是低效率的。关系式（7）和关系式（8）的抛物线顶点①分别为 42.32%（见图 5）和 7.14%（见图 6），即最优的房地产投资占比和房地产开发贷款占比分别为 42.32% 和 7.14%。

---

① 抛物线顶点 = -b/（2a）。

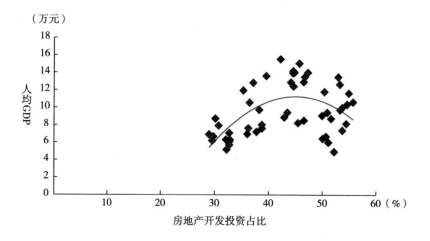

图 5 房地产开发投资占比与经济增长的关系

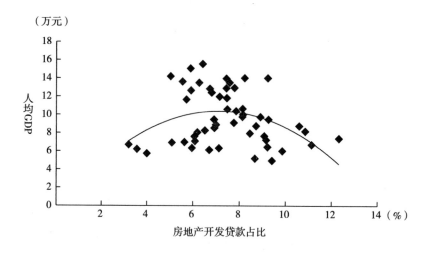

图 6 房地产开发贷款占比与经济增长的关系

同时对比东京,东京经历了完整的房地产周期,其经济与房地产发展的关系更具有借鉴意义。从东京数据可以看出,近 20 年来,东京房地产投资在固定资产投资中的占比是逐渐下降的,对应的人均 GDP 反而有所提升(见图7)。这说明日本在 20 世纪 80 年代末房地产开发投资占比远超过最优值,房地产投资占比并不是越高越好。

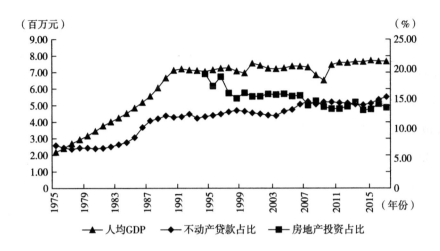

图7 东京经济增长与房地产发展情况

四、结果讨论及政策建议

（一）结果讨论

基于最优的房地产开发投资占比（42.32%）和房地产开发贷款占比（7.14%），截至2018年末，除广州（42.18%）外，北京、上海和杭州三城市的房地产开发投资占比均高于最优值；北京和杭州的房地产开发贷款占比分别为8.22%和9.23%，超过最优值，而上海和广州的房地产开发贷款占比低于最优值。虽然四个城市2006—2018年人均GDP均未出现下降，但人均GDP增速从2007年的平均61.88%降为2018年的平均5.56%，表明房地产行业对经济的拉动效率已明显下降。

从本文第三部分的模型可以看出，若房地产投资占比（房地产开发贷款占比）与人均GDP间存在倒"U"型关系，则人均GDP增速将随房地产比重的提高而降低。从样本城市看，2015年北京市房地产开发投资占比为55.72%，较2012年的51.59%上升4.13个百分点，但2015年人均GDP增速仅为6.5%，较2012年的

7.12%下降 0.62 个百分点。2013—2016 年，广州市房地产开发投资占比从 2013 年末的 35.30% 上升至 2016 年末的 44.55%，但人均 GDP 增速从 2013 年末的 13.02% 下降至 2016 年末的 4.22%。2016—2018 年，北京市房地产开发贷款占比从 2016 年的 7.45% 上升至 2018 年的 8.22%，但人均 GDP 增速却从 2008 年以来的高点（10.99%）下降至 8.7%。这在一定程度上说明，房地产行业占比与经济增长存在一定的倒 "U" 型关系。

此外，房地产业与制造业有很强的关联性，过热的房地产业会对制造业产生一定影响。2018 年后，我国房地产对制造业的 "挤出效应" 明显，2019 年 6 月末，全国房地产投资增速为 11%，较 2018 年末上升 2.7 个百分点，同期制造业投资增速下降了 6.5 个百分点。

（二）政策建议

房地产业作为国民经济的重要组成部分，与经济发展状况关系密切。从本文模型部分的回归结果看，目前四个城市的房地产开发投资占比和房地产开发贷款占比与 GDP 增长一定程度上存在倒 "U" 型关系，超过最优值投入效率将大幅下降，与此同时，房地产对制造业等其他行业的 "挤出效应" 逐步显现。

一是一线城市的房地产开发投资应从 "数量扩张向质量提高" 转变。当前，我国经济处于 "增速换挡期"，人口增长拐点已经出现[1]。与此同时，一线城市的房地产规模已经较大、价格较高，进入到存量房市场。增速换挡期和人口负增长表明，住宅投资应从高速增长步入平稳或下降态势，从数量扩张转入质量提升阶段，如更加注重住房质量、改善人居环境等。另外，分析显示，保持稳定的房地产投资是稳定经济增长的重要工具，一线城市的旧城改造与功能提升可作为保持房地产投资稳定增长的重点。

二是调整产业结构，平衡好稳投资与稳增长的关系。目前，部分城市房地产价格高位运行、土地财政问题突出，房地产企业及居民杠杆率高企，房地产投资与

---

[1]　北京大学国民经济研究中心主任苏剑在 2019 年第三季度中国宏观经济形势分析会上表示，我国人口峰值出现在 2017 年，2018 年我国人口或已经开始负增长。

GDP 增长之间已呈效率背离趋势、房地产对非房地产业的"挤出效应"开始显现，以扩大房地产投资及提高居民杠杆的方式推动经济增长难度加大、稳增长边际效率下降。建议在稳定房地产投资规模的同时，积极调整产业结构以支持实体经济发展，保持产业结构平衡，促进区域经济持续健康协调发展。

三是保持信贷政策的稳定性与连续性。国际经验及我国历次调控效果表明，信贷政策变动对于购房者支付能力影响最大，短期刺激（抑制）效应最为显著。当前，房地产市场对于市场调控导向信号极为敏感，应保持货币政策调控的稳定性与连续性，加大供给侧信贷支持力度，稳定房地产开发信贷规模；探索建立首付比与贷款利率反向挂钩等机制；在房地产贷款占比过高的情况下，应密切关注房地产贷款质量变化，防控房地产金融风险。

四是稳定市场预期、构建促进供需平衡的房地产市场调控长效机制。当前的房地产调控措施主要以限购、限售、限贷等行政手段，且以需求侧调控为主，虽然效果立竿见影，但对于促进经济持续健康发展、防止房价大幅波动和稳定市场预期并不利。建议构建涵盖房地产市场的供给、需求、持有及交易环节的调控机制。中短期内以合理满足刚需和抑制投机投资性需求，中期以稳定市场供应、促进市场供需平衡，长期则以构建合理房价收入比为调控目标，保持市场长期健康发展。

五是一线城市应抓住人口迁徙窗口期，及时根据城市定位调整产业布局。随着人口迁徙的大都市圈化，一线城市，尤其是京津、长三角、珠三角地区的一线城市仍可继续享有较长时间的人口红利期，应主动根据城市定位，积极调整产业布局，确保区域经济和房地产市场平稳健康发展。

参考文献

［1］Green R K，"Follow the Leader—How Changes in Residential and Non-Residential Investment Predict Changes in GDP"，*Real Estate Economics*，Vol. 25，No. 2，1997，pp. 253-270.

［2］Coulson N E and Kim M S，"Residential Investment，Non-residential Investment and GDP"，*Real Estate Economics*，Vol. 28，No. 2，2000，pp. 233-247.

［3］Richard Barras，"Property and the Economic Cycle：Building Cycles Revisited"，*Journal of Property Research*，Vol. 11，No. 3，2007，pp. 183-197.

［4］李启明：《论中国房地产业与国民经济的关系》，《中国房地产》2002 年 6 期。

［5］龚宇：《我国房地产投资与经济增长相关性分析》，硕士学位论文，西南财经大学，2007 年。

［6］王振波：《国内房地产投资效应研究综述》，《合作经济与科技》2010 年第 24 期。

［7］李熙娟、李斌：《房地产业与国民经济增长的实证研究》，《商业研究》2006 年第 4 期。

［8］王国军、刘水杏：《房地产业对相关产业的带动效应研究》，《经济研究》2004 年第 8 期。

［9］黄忠华、吴次芳、杜雪君：《房地产投资与经济增长——全国及区域层面的面板数据分析》，《财贸经济》2008 年第 8 期。

［10］王业辉：《房地产投资调控与 GDP 稳态增长相关性实证分析》，《宏观经济研究》2019 年第 3 期。

［11］郑思齐：《住房投资与国民经济的协调发展》，《城市开发》2003 年第 10 期。

［12］梁云芳、高铁梅：《我国商品住宅销售价格波动成因的实证分析》，《管理世界》2006 年第 8 期。

［13］夏丹：《我国房地产业发展与经济增长关系的实证分析》，《重庆工学院学报》（社会科学版）2007 年第 10 期。

［14］郭淑芬、赵晓丽：《我国省域房地产业发展与经济增长间关系的比较研究》，《高等财经教育研究》2015 年第 2 期。

我国外债结构研究与风险防范

段爽丽　等①

一、引言

改革开放以来，我国一直积极利用外资弥补境内资金缺口，推进产业结构升级，促进国民经济快速增长。2017 年，中国人民银行（本文中以下简称人民银行）、国家外汇管理局又进一步完善全口径跨境融资宏观审慎管理政策，为境内机构拓宽融资渠道。截至 2018 年末，我国全口径外债余额达 1.97 万亿美元，其中短期外债占比65%。外债对经济发展是把"双刃剑"，规模适度、结构合理的外债可以弥补国内资金缺口，促进国民经济发展；而规模过大或结构不合理的外债则会引发债务危机，危害国民经济安全与稳定。目前，全球经济增速放缓，中美贸易摩擦不断升级，我国经济也面临下行压力。随着国际化进程的加快推进，复杂多变的国际政治和经济形势对我国跨境资本流动产生越来越大的影响。在外部环境不确定、不稳定因素有所增加的大背景下，我国在外债监测和管理上更要未雨绸缪，要提高外债分析能力，增强外债风险管理水平，防范债务危机，保障跨境资金的稳定可持续。20 世纪 80 年代的拉美国家债务危机以及十年前发生的欧洲债务危机都是由外债管理不善所导致，严重损害了经济的发展与稳定。因此，研究我国外债结构及风险防范，有助于完善我国全口径外债管理制度，提高新形势下外债管理水平，助力我国经济

---

① 段爽丽，中国人民银行营业管理部资本项目管理处处长。参与执笔人：朱睿、曾晓曦、李浩举、徐昕、李慧姝。其中，朱睿、李浩举供职于中国人民银行营业管理部资本项目管理处；曾晓曦供职于中国人民银行营业管理部办公室；徐昕、李慧姝供职于中国人民银行营业管理部跨境办。

注：本文仅为课题组学术思考，与供职单位无关。

健康发展。

本文创新之处在于以全口径外债分析研究我国外债结构问题，将人民币外债纳入到外债结构的研究之中。另外，在对外债规模进行研究的基础上，本文侧重于分析研究外债结构问题，并通过建模着重分析了不同期限外债与我国宏观经济因素的关联，为我国外债风险防范提供政策建议。

二、文献综述

（一）外债规模

McFadden 等（1985）认为，债务负担、资本收益率、真实 GDP 增长率和债务流动性是影响外债规模的重要因素。其中，流动性因素是影响外债规模的重要因素，可以使用短期债务占比和外汇储备规模来对一国外债规模是否过大作出评价（Detragiache 和 Spilimbergo，2001）。针对中国的研究发现，经济增长、财政收入和财政支出（魏朗，2004）影响中国的主权外债规模，政府主权外债与经济增长和财政支出呈正相关关系，与财政收入呈负相关关系。通过灰色关联度分析，外汇储备、国内生产总值、出口总额、进口总额、居民储蓄存款余额、汇率也与外债规模有较高的关联度（黄鹤，2008）。财政盈余对长期外债规模的影响较大，财政支出、国家预算内固定资产投资、城乡储蓄总额以及热钱的流入对短期外债规模的影响较大，同时短期外债规模的大小会对外汇储备和财政收入产生反作用；外债总规模的增加能够促进 GDP 规模的增加（李研妮和冉茂盛，2011）。姚允柱和张国强（2006）对我国外债规模与经济增长关系进行了实证分析，得出外债规模增加促进 GDP 增长的结论。

（二）外债结构

外债结构可根据不同的划分标准分成多类，学者针对外债币种结构和期限结构进行了较多研究。Claessens 认为，墨西哥和巴西发生债务危机的原因是其没有及时在 20 世纪 80 年代改变债务的币种结构。Cole 和 Kehoe（2000）认为，长期外债比重高有助于降低外债风险。但是 Jeanne 认为，政府好的政策能够带来高产出，短期外债多用于执行好的政策，政府借用外债应该短期化。

伍海华和焦继文（1997）发现，利用多目标线性规划方法对债务的货币结构进行分析是较为适用的。杨大楷和陆虹（1999）通过实证分析表明，中国的外债结构从总体看效益是好的，结构是合理的，但从长期看，也要注意健全的经济政策和多样化的经济结构与债务结构的协调，争取更合理的外债结构组合。杨炘等（2002）运用现代投资理论中的有价证券组合理论，提出了一种中国外债的最佳币种结构和期限结构的计算方法。

（三）外债风险

有关外债风险管理问题的研究，大部分学者是根据国际通用的外债指标进行定量分析。Furman 和 Stiglitz（1998）发现，短期债务/央行储备之比超过100%的11个国家中只有3个国家躲过货币危机。蒋江娇（2008）根据现有的规模和结构指标分析发现，我国外债基本运行平稳，但是也存在短期债务和商业贷款比重高、币种单一等问题。我国外债风险主要集中在短期外债规模的不断扩大（王红梅，2009）、短期外债规模过高（张彬和黄圆圆，2011）。还有一部分学者仅从理论上研究外债风险管理问题。如谭晓丽等（2011）认为，外债的风险来源于宏观上的国际收支风险和微观上的债务人风险以及外汇市场风险，我国外债风险管理存在着外债使用效益低下、偿还能力薄弱、缺乏对金融工具的使用等问题。薛新宇和陈思萌（2008）运用风险评价模型分析显示，总体上我国外债处于相对稳定和均衡的区间，但近几年外债增长幅度很大，外债使用效率不高，外债偿还压力增大。

三、我国外债结构分析

截至2019年第一季度末，我国全口径外债余额1.97万亿美元，较上年末增长65亿美元，增幅为0.3%，增幅环比减少7.2个百分点，较2016年3月末历史低点（1.33万亿美元）增长近五成。其中短期外债余额为1.25万亿美元，占比63.5%，余额较2016年3月末历史低点（0.75万亿美元）增长67%，中长期债务为0.72万亿美元，占比 36.5%。

（一）外债期限结构

短期外债占比依旧较高。从数据上来看，全口径跨境融资宏观审慎政策推出之后，中长期外债增长速度提升，外债期限结构逐渐优化。但我国短期外债余额依旧占比较高，2019 年第一季度末，短期外债余额占比达 64.0%（见表 1）。远高于美国（34.5%）、韩国（30.3%）、印度（20.0%）等国家短期外债占比，与日本（64.0%）相当。虽然短期外债/外汇储备的比值较低，但短期外债/整体外债余额却远超出国际公认的安全线。比较乐观的是，短期外债余额因统计贸易信贷而金额较大，因偿还无须购汇，风险相对较低。总体来看，我国外债结构逐步优化，但期限结构问题依旧较为突出。

表 1　2015—2019 年我国外债按期限分类序列表

时间	短期外债			中长期外债		
	余额（亿美元）	增长率（%）	所占比重（%）	余额（亿美元）	增长率（%）	所占比重（%）
2015 年 12 月	9206	-10.1	65.0	4956	-2.1	35.0
2016 年 12 月	8709	-2.6	61.0	5498	2.3	39.0
2017 年 12 月	10990	0.5	64.0	6116	4.4	36.0
2018 年 12 月	12716	5.3	65.0	6936	-1.7	35.0
2019 年 3 月	12529	-1.5	64.0	7188	3.6	36.0

资料来源：国家外汇管理局官网。

（二）外债币种结构

美元外债占比依旧保持高位。截至 2019 年第一季度末，本币外债余额 0.66 亿美元，占比 33%；外币外债余额 1.32 亿美元，占比 67%。在外币登记外债余额中，美元债务占比 82%，较上年同期占比提升 1 个百分点，美元债务依旧保持高位。美元的较高比重也与美元一直以来都是各种交易活动的主要结算货币有关，但单一化的外债币种结构会对外汇管理产生不利影响。外债币种结构不合理带来的风险主要是汇率风险，近期由于多方面因素，美元汇率持续攀升，人民币兑美元汇率破7，美元外债的偿债压力进一步加大。过度依赖美元会增加外债的偿债风险。值得一提的是，自推动人民币国际化以来，人民币外债规模不断提升。在跨境人民币在全国铺开试点之初的2010年，人民币外债规模为853.26亿元，至2019年第一季度末，外债规模已达2010年的53倍。

（三）外债利率结构

根据国际经验，固定利率债务占外债余额的比重一般应为70%～80%。利率结构往往与债权人类型相关，一般情况下，外国政府和国际金融组织贷款的利率较低，国际商业贷款利率较高，且由于该类型贷款一般议价能力低，通常以浮动利率为主。由于数据可获得的局限性，从最近可获得的国家统计局公布的2014年外债余额看，国际商业贷款占外债余额的55.36%，若仅2/3的商业贷款为浮动利率贷款，则浮动利率余额占比也已超过30%的适宜上限，我国浮动利率贷款占比相对较高，存在一定的利率结构性风险。

（四）外债工具结构

债务工具结构较平衡，债务证券占比逐年提升。如图1所示，从我国债务工具结构来看，分布较为平衡，其中前三项债务工具货币与存款、债务证券和贷款合计占比68%，随着境内融资渠道的拓展，债务证券占比逐渐提高，从2015年初的8%逐渐增长至2019年初的22.5%。债务证券的提高为境内融入更多稳定资金，但对到期偿债有了更高要求，债券一旦发生逾期，一般会造成较大的负面舆论和影响，将会加剧偿债压力。因此，在债券融资增长的同时，我国更应提高对偿债能力的重视和监测。

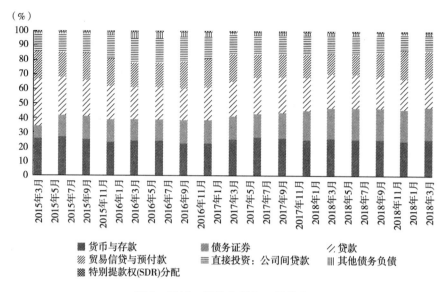

图 1 2015—2019 年债务工具分布

资料来源：Wind 数据库。

（五）借债部门结构

如图 2 所示，银行债务占比最大，占比一直在 40% 以上，2017 年占比更逾一半。广义政府债务近几年也有较快增长，从 2015 年的 7% 增长到 2019 年第一季度的 12%。但直接投资贷款自 2017 年起占比逐渐减小。银行债务风险依旧不容小觑，

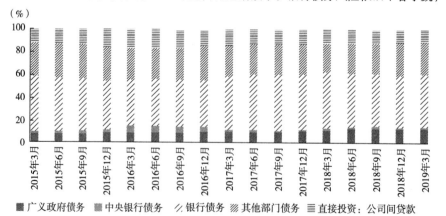

图 2 2015—2019 年借债部门结构

资料来源：Wind 数据库。

政府部门外债增长也值得关注。

（六）外债风险指标

偿债率是指当年外债还本付息额与当年国际收支口径的货物和服务贸易出口收入的比率，一般认为，一国偿债率超过20%会在债务偿还时遇到困难，还会影响国际收支平衡，增加外债潜在风险。负债率是指年末外债余额与当年国内生产总值的比率，通常应低于20%。债务率是指年末外债余额与当年国际收支统计口径的货物和服务贸易出口收入的比率，国际上公认的参考数值是100%。除此之外，短期外债与外汇储备之比也是一个常用指标，用以衡量一国是否有能力获得足够的流动资产以履行其短期外债偿付义务或是否面临流动性问题，国际公认安全线为100%。

如图3所示，我国历年来债务风险总体可控，偿债率、债务率和负债率均在国

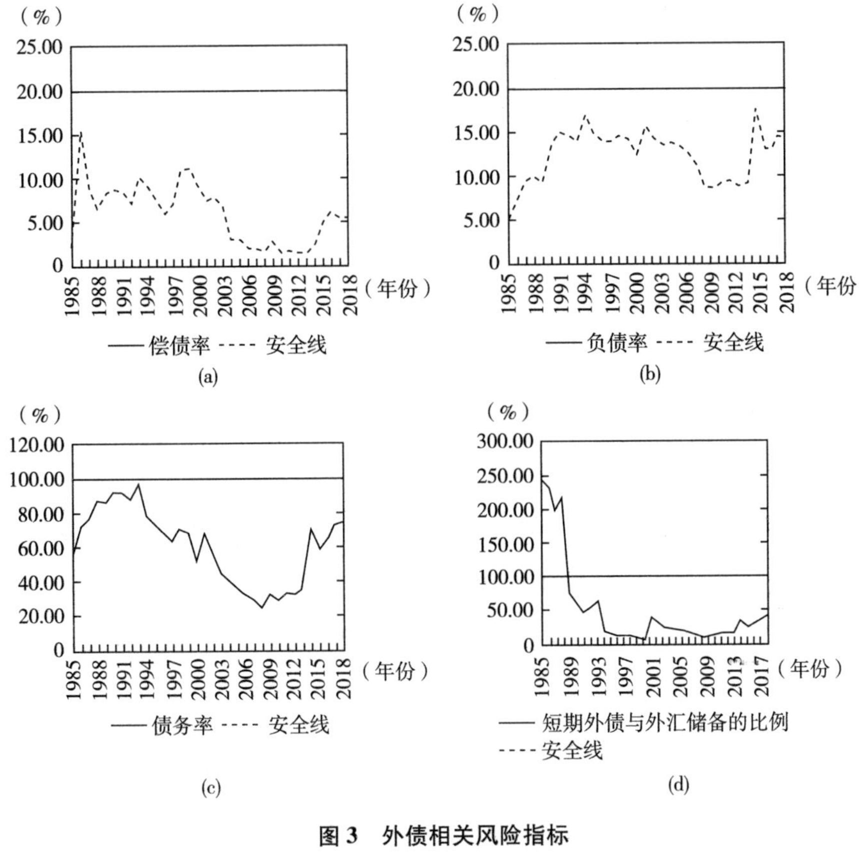

图3　外债相关风险指标

际安全线内，短期外债与外汇储备的比例自 1989 年以来也已降低到国际安全线内，且保持在 50% 以内的较低水平线上，说明我国外债规模总体较为合理。但外债规模波动造成的潜在风险仍不可忽视，2015 年下半年至 2017 年初，受国际国内经济金融形势的影响，我国外汇市场曾经历了一轮强冲击，人民币对美元贬值较多，外汇资金较大规模流出。在此过程中，我国外债也进入一个快速"去杠杆"的阶段，偿债率显著上升，负债率和债务率显著下降，短期外债与外汇储备的比例也有所上升，在实施外汇管理改革过程中，仍需要密切关注国内外经济形势，在有效防范风险的前提下提高跨境融资便利度。

四、债务危机主权国家情况分析

从 20 世纪 80 年代的拉美债务危机、20 世纪 90 年代的亚洲金融危机直到欧债危机、美债危机等主权债务危机来看，合理的债务规模和结构对于政府积极面对经济和金融危机的冲击，促进金融市场及汇率稳定乃至经济的快速复苏至关重要。

（一）亚洲金融危机

泰国。外债总额扶摇直上，外债结构严重失衡。1992 年泰国外债余额仅为 200 亿美元，到 1997 年 6 月，泰国外债总额已突破 900 亿美元大关，占其国内生产总值的 50% 以上，其中短期外债总额达到 400 多亿美元，约占外债总额的 45%。

韩国。1997 年 9 月，韩国外债总额达 1200 亿美元，其中 656 亿美元为短期债务。据估计，加上未进入官方统计的由外国银行和韩国国内公司借入的短期债约 400 亿美元，短期债务总额将超过 1000 亿美元。

印度尼西亚。私人外债大幅攀升。截至 1997 年底，印度尼西亚外债达 1360 亿美元，其中官方外债 540 亿美元，私人外债 820 亿美元，私人外债占外债总额的 60.2%，比 1994 年增长 189.8%。私人偿债率由 1994 年的 12.8% 上升为 1997 年的 27.4%。

从外汇市场运行的角度看，东南亚各国对外债的管理失控是导致外汇市场崩溃的重要原因。在东南亚货币危机爆发之前，东南亚各国把大量借用外债作为刺激经济发展、平衡外汇市场的一种手段。一方面是外债规模过度膨胀，远远超出了自身的偿还能力，特别是短期债务比重过高，投机性资本纷纷涌入，形成资本项目的巨额盈余，以弥补经常项目的持续赤字；另一方面，则是外债的使用效率低下，相当多的外债流入了房地产、股市，成为泡沫经济的推波助澜者。

（二）欧洲债务危机

受次贷危机和三大评级机构助推的影响，2009 年末，希腊等欧洲国家出现的主权债务危机在国际金融危机的大背景下爆发，其根源不仅在于金融危机等外部因素，同时也是欧洲内部矛盾积累的结果。欧债危机延缓了欧洲的复苏进程，同时也拖累了全球经济发展的步伐。

希腊。由于无法使用货币政策对国民经济进行有效调控，希腊的经济竞争力自从加入欧元区后进一步被剥削。高福利和工资刚性、高昂的生产成本使希腊日益增加的内需转向进口，又由于希腊国内出现了成本推动型通货膨胀，出口竞争力大幅削弱，从而导致希腊经常项目逆差日益加剧。加之希腊国内较低的储蓄率，导致希腊政府和个人只能通过大举借债来维持自身正常运转，将自身最薄弱环节全部暴露给外来资本，陷入受外来资本牵制的状况，导致危机爆发，进而致使欧洲债务危机爆发。

爱尔兰。经济繁荣时期爱尔兰凭借年均 10% 的增长速度，吸引大批国际资本流入。2010 年 10 月底，欧洲央行为爱尔兰提供的贷款高达 1300 亿欧元。随着美国次贷危机在全球的深化，欧洲央行的紧缩政策给爱尔兰银行的流动性带来巨大影响。截至 2010 年 3 月底，欧洲银行因为爱尔兰经济所承担的风险将近 6500 亿美元。

五、外债规模和期限结构影响因素实证分析

根据国际经验来看，短期外债占比过高依旧是发生债务危机的突出特征。因此，本文着重分析外债期限结构与经济因素的联动和影响，选取与外债长短期结构

相关联的宏观经济变量，通过实证模型分析得出影响外债期限结构的因素，从而更有效地预警和防控外债期限结构风险。

（一）研究设计

本文选取国内生产总值（GDP）、进出口规模（Trade）、储蓄余额（Save）、财政缺口（FinGap）、外汇储备（Reserve）、人民币汇率（ExRate）、境内外利差（IntMargin）作为自变量，检验其对外债规模及结构的影响，并构建如下模型：

$$Debt = \alpha + \beta_1 GDP + \beta_2 Trade + \beta_3 Save + \beta_4 FinGap + \beta_5 Reserve + \beta_6 ExRate + \beta_7 IntMargin + \varepsilon$$

（1）

其中，Debt 表示外债规模，为检验各因素长短期外债的影响，将 Debt 替换为长期外债规模和短期外债规模。

本文将选择时间序列中的协整分析和因果检验方法验证上述因素对外债规模和结构的影响。

（二）样本及数据

本文样本数据范围为 1985—2018 年的年度数据。其中，为消除量纲影响，外债规模、进出口规模、储蓄余额、财政缺口、外汇储备均取对数。本文所使用的外债规模、外汇储备数据来源于国家外汇管理局，GDP、财政缺口数据来源于国家统计局，人民币汇率、存款余额、人民币贷款基准利率来源于中国人民银行，6 个月 Libor 来源于 CEIC 数据库。

（三）实证检验结果

1. 平稳性检验

采用 ADF 方法检验各序列的平稳性。单位根检验结果显示，全部数据的一阶差分序列均是平稳的，均为 I（1）序列（见表 2）。

表 2　单位根检验

变量	检验	ADF 值	1%临界值	5%临界值	P 值	结论
Debt	（C，T，1）	-6.975	-3.702	-2.98	0.0000***	平稳

续表

变量	检验	ADF 值	1%临界值	5%临界值	P 值	结论
Short	（C，T，1）	−5.85	−3.702	−2.98	0.0000***	平稳
Long	（C，T，1）	−3.978	−3.702	−2.98	0.0015***	平稳
GDP	（C，T，1）	−6.192	−3.702	−2.98	0.0000***	平稳
ExRate	（C，T，1）	−3.119	−3.696	−2.978	0.0252**	平稳
IntMargin	（C，T，1）	−3.71	−3.723	−2.989	0.0040***	平稳
Trade	（C，T，1）	−5.2	−3.702	−2.98	0.0000***	平稳
FinGap	（C，T，1）	−5.139	−3.702	−2.98	0.0000***	平稳
Reserve	（C，T，1）	−4.077	−3.702	−2.98	0.0011***	平稳
Save	（C，T，1）	−5.966	−3.702	−2.98	0.0000***	平稳

注：***p<0.01，**p<0.05，*p<0.1。

2. 协整分析

平稳性检验显示，本文所选取的数据是一阶单整的，因此采用 Johansen 的 MLE 方法变量进行协整分析，使用包含截距项的模型进行估计（见表3）。

表3 外债规模协整分析

变量	系数	标准差	Z 值	P 值	95%置信区间
Debt	1.000	—	—	—	—
GDP	7.495	0.407	18.420	0.000***	（6.697，8.292）
ExRate	−5.691	0.517	−11.000	0.000***	（−6.705，−4.677）
IntMargin	0.368	0.078	4.700	0.000***	（0.215，0.522）
Fingap	14.962	1.494	10.020	0.000***	（12.035，17.890）
Trade	1.216	0.344	3.530	0.000***	（0.541，1.891）
Reserve	2.318	0.221	10.500	0.000***	（1.886，2.751）
Save	−11.994	0.397	−30.200	0.000***	（−12.773，−11.216）
_ cons	−0.587	—	—	—	—

注：***p<0.01，**p<0.05，*p<0.1。

　　长期来看，我国外债规模与国内生产总值、利差水平、财政缺口、进出口贸易、外汇储备均正相关，与汇率水平、国内储蓄水平负相关。其中，对财政缺口的弹性为14.962，外债增长对财政缺口敏感度最高，说明财政平衡影响了外债规模，政府出现财政赤字时引入外债以平衡弥补缺口。外债规模对国内生产总值的弹性为7.495，说明我国外债规模对于经济增长较为敏感。外债规模与人民币汇率负相关，意味着人民币升值时，外债流入更多。外债与国内外利差正相关，说明在国内利率较高，境外利率较低时，外债规模更高。外债规模与进出口贸易规模正相关，弹性为1.216，说明进出口贸易的增长和企业间贸易信贷是导致外债增长的原因之一。外债与外汇储备呈正相关，说明在我国结售汇制度下，外债规模的增长导致了外汇储备的增加。外债与国内储蓄负相关，说明在国内储蓄不足时，外债作为利用外资的方式之一起到了补充作用。

　　关于长期外债规模的协整分析结果表明，长期来看，长期外债与经济增长正相关，且相比较而言，长期外债对 GDP 弹性更高，说明长期外债规模与经济增长间的相关性更高。长期外债对汇率变动不敏感。与总体相比，长期外债对财政缺口的弹性更大，且长期外债对进出口规模不敏感。长期外债的流入与储备呈现正相关关系（见表4）。

表4　长期外债协整分析

变量	系数	标准差	Z 值	P 值	95%置信区间
Long	1.000	—	—	—	—
GDP	11.086	1.766	6.280	0.000***	(7.626, 14.547)
ExRate	−0.125	0.111	−1.12	0.261	(−0.342, 0.093)
IntMargin	0.915	0.372	2.460	0.014**	(0.187, 1.644)
Fingap	15.619	5.975	2.610	0.009***	(3.909, 27.329)
Trade	0.155	1.545	0.100	0.920	(−2.873, 3.184)
Reserve	2.592	0.883	2.940	0.003***	(0.862, 4.322)
Save	−15.285	0.865	−17.680	0.000***	(−16.979, −13.590)
_cons	−3.776	—	—	—	—

注：*** $p < 0.01$，** $p < 0.05$，* $p < 0.1$。

与总体相比较，短期外债对经济增长的弹性下降。对汇率弹性上升，且对于利差弹性上升，意味着短期外债对于价格更加敏感，可能会出于逐利的动机流入，对跨境资金波动有较大影响。短期外债对于财政缺口不敏感，说明短期外债更多的是市场主体行为。短期外债对进出口规模弹性更大，说明近年来贸易规模和付款方式的改变是造成我国短期外债增长的重要原因（见表5）。

表5　短期外债协整分析

变量	系数	标准差	Z值	P值	95%置信区间
Short	1.000	—	—	—	—
GDP	1.098	0.370	2.960	0.003***	(0.371, 1.824)
ExRate	−2.461	0.422	−5.830	0.000***	(−3.289, −1.633)
IntMargin	0.469	0.078	6.010	0.000***	(0.316, 0.621)
Fingap	1.758	1.254	1.400	0.161	(−0.700, 4.215)
Trade	1.558	0.324	4.800	0.000***	(0.923, 2.194)
Reserve	0.508	0.185	2.740	0.006***	(0.145, 0.871)
Save	−3.771	0.181	−20.790	0.000***	(−4.127, −3.415)
_ cons	−0.312	—	—	—	—

注：***p<0.01，**p<0.05，*p<0.1。

六、政策建议

（一）加强外债管理政策与货币政策、财政政策协调配合

目前，我国外债中政府债务占比虽不高，但实证研究结果表明，外债对于政府财政缺口具有较高敏感性，政府外债是把"双刃剑"，借用外债固然推动了经济发展，风险也是不言而喻的。建议根据政府外债的总体规划、政策和目标以及国家宏观经济形势、国际收支形势和财政政策、货币政策、储备管理政策、外汇政策等现

状,加强外债管理政策和货币政策、财政政策的协调,加强逆周期宏观审慎管理和资本流动管理,结合政府债务的总体状况对政府外债进行及时的监测、分析和评价,并做出相应调整对策。

(二)加快发展金融衍生品市场,完善人民币汇率形成机制

我国以短期外债占主导地位的外债期限结构存在很大不安全因素,短期外债也更易受到汇率、利差等因素影响,在控制短期外债余额的同时,也应进一步完善人民币汇率形成机制,让汇率保持一定浮动范围内的相对稳定。同时,加快发展我国金融衍生品市场,为借债双方提供丰富的衍生品,合理管理自身外债风险,稳定市场预期。

(三)加强外债监测和预警,提高外债使用效率

一是建立外债监测管理协调机制,统一协调人民银行、国家外汇管理局、国家发展改革委等相关部门,实现部门间数据共享,从外债的借入、使用、偿还等各个环节实现外债高效统一的管理,合理控制外债总规模。二是加强外债使用的监测分析,按照借款人所属行业、借款类型等进行深入分析,追踪外债资金实际使用流向,严厉控制打击外债资金流向房地产、政府融资平台等政策禁止渠道,引导外债资金流向符合国家长期发展战略的行业和项目。进一步加强对短期外债的监测和风险防控,全口径跨境融资管理中应合理向短期外债监管方向倾斜。

(四)进一步推动人民币国际化,推动本外币外债一体化管理

本外币外债协调统一管理是保证监管和调控措施有效、可控的前提。相较外币外债,发展人民币外债既可消除因货币错配所面临的汇率风险,也可通过主动贬值手段清偿债务。因此,在遵从"市场驱动、水到渠成"的前提下,应从加强跨境人民币金融基础设施建设、加快金融市场开放步伐等方面进一步推动人民币国际化的发展,从而提高人民币外债的比率。

参考文献

[1] McFadden D, Eckaus R, Feder G, et al., "Is There Life after Debt? An

Econometric Analysis of the Credit Worthiness of Developing Countries ", World Bank, 1985.

［2］Detragiache, Enrica and Antonio Spilimbergo, "Crisis and Liquility—Evidence and Interpretation", IMF Working Paper, 2001.

［3］Cole H L and Kehoe T J, "Self-Fulfilling Debt Crises", *Review of Economic Studies*, Vol. 67, No. 1, 2000, pp. 91-116.

［4］Furman J, Stiglitz J E and Bosworth B P, et al., "Economic Crises: Evidence and Insights from East Asia", *Brookings Papers on Economic Activity*, No. 2, 1998, pp. 1-135.

［5］魏朗:《中国政府主权外债实证研究》,《西南民族大学学报（人文社科版）》2004 年第 4 期。

［6］黄鹤:《我国外债的影响因素分析》,硕士学位论文,吉林大学,2016 年。

［7］李研妮、冉茂盛:《我国外债规模及其影响因素的实证分析》,《预测》2011 年第 3 期。

［8］伍海华、焦继文:《经济发展与外债最优币种结构》,《金融教学与研究》1997 年第 4 期。

［9］杨大楷、陆虹:《中国外债结构的实证分析》,《广西财政高等专科学校学报》1999 年第 1 期。

［10］杨炘、温晓燕、程晓峰:《中国外债的最佳币种结构与期限结构》,《清华大学学报（自然科学版）》2002 年第 10 期。

［11］蒋江娇:《我国外债风险研究》,《现代经济》2008 年第 2 期。

［12］王红梅:《我国的外债及债务风险管理》,《上海行政学院学报》2009 年第 5 期。

［13］张彬、黄圆圆:《我国外债风险防范探析》,《山东工商学院学报》2011 年第 6 期。

［14］谭晓丽、郑磊、王默妍:《浅析我国外债风险管理》,《山东纺织经济》

2011 年第 9 期。

　　[15] 薛新宇、陈思萌：《基于"可能满意度"的外债风险评价模型及其应用》，《中国集体经济》2008 年第 4 期。

　　[16] 姚允柱、张国强：《中国外债规模与经济增长的相关性分析》，《经济师》2006 年第 8 期。

从北京、上海和粤港澳大湾区三地对比优势看如何深化北京科创中心建设

林晓东　等①

摘要：本文选取北京、上海和粤港澳大湾区三大科创中心，在对比国家层面差异化政策定位的基础上，从创新链、产业链、资金链和双创生态环境四个方面对其进行了优势对比，得出以下主要结论：北京顶尖人才、央地协同等科技创新资源优势明显，科研支出主要投向生产性服务业，原始创新对全国的辐射引领作用较强；深圳和上海创新主体以企业为主，科研支出主要投向制造业，深圳创新成果转化优势最为明显。双创生态环境方面，北京孵化器和众创空间带动优势明显，上海和深圳则主要依托所在经济区域相对成熟完善的产业链体系。在此基础上，进一步结合美国硅谷和日本筑波科创中心建设国际经验，围绕如何发挥比较优势，提出推动北京科创中心建设的政策建议。

一、引言

（一）研究背景

我国近年来将推动科技创新中心建设作为深入推进创新驱动发展的重大战略部

---

①　林晓东，中国人民银行营业管理部调查统计处处长。参与执笔人：陈莉莉、韩睿玺、魏韬、于庆蕊、王芳、阳丽、徐珊、孙安铭、李晓闻。其中，陈莉莉、韩睿玺、魏韬、于庆蕊、王芳、阳丽供职于人民银行营业管理部调查统计处；徐珊、孙安铭供职于人民银行营业管理部中关村中支；李晓闻供职于人民银行营业管理部货币信贷处。

注：本文仅为课题组学术思考，与供职单位无关。

署，通过发挥核心城市的集聚和示范效应，引领经济高质量发展和现代化经济体系建设。从全球范围看，近年来尤其是自 2008 年金融危机后，多个发达国家采取措施推动"再工业化"，以高新技术为依托，发展高附加值的制造业。同时，全球创新网络的枢纽性节点城市成为全球多个国家转变发展模式、提升综合国力的战略支点，如纽约发布"东部硅谷"发展计划；东京、巴黎等也相继提出创新中心建设的规划部署。

（二）文献综述

熊鸿儒（2015）认为，全球科技创新中心的兴起、更替及多极化，本质上是由科技革命、制度创新、经济长波等因素的历史性演变决定的，也是时间与空间要素相互交织的结果。孟祺（2018）通过对美国硅谷等地区的实践研究，认为金融支持对全球科创中心建设起到了举足轻重的作用。赵峥等（2015）通过对全球城市发展经验分析认为，北京科技创新资源密集，已经具有建设国家乃至全球科技创新中心的比较优势，但建设过程需要重新界定城市定位、挖掘发展内涵。谭慧芳和谢来风（2019）认为，粤港澳大湾区在基础研究、要素流动、知识产权保护、协同创新、发展理念和利益观念等方面存在一些问题，可借鉴旧金山湾区等国际一流湾区做法，助力大湾区国际科技创新中心建设。

二、国务院对三地科创中心建设顶层设计方案对比

对比党中央、国务院层面文件（见表 1），北京、上海、粤港澳大湾区三个城市（地区）① 定位设计上结合了各自的资源禀赋，较好体现了差异化协同发展特征。科创中心所担负的重要作用在于，如何有效发挥其核心城市的集聚和示范效应，加大所在经济区域以及跨区域的科学链、产业链和资金链合作，提升国家整体科创水平。

----

① 由于北京和上海都是单个城市，而粤港澳大湾区包含 11 个城市，为提升数据可比性，该部分内容主要选取北京、上海和深圳三个城市进行对比分析，深圳数据不可得时使用广东口径。

表 1　北京、上海和粤港澳大湾区三地科创中心建设国务院文件对比

	北京	上海	粤港澳大湾区
文件名称	《北京加强全国科技创新中心建设总体方案》（国发〔2016〕52 号印发）	《上海系统推进全面创新改革试验加快建设具有全球影响力科技创新中心方案》 （国发〔2016〕23 号印发）	《粤港澳大湾区发展规划纲要》（中共中央国务院 2019 年 2月 18 日印发）
政策依据	党的十八大、十九大精神，《国家创新驱动发展战略纲要》《中共中央　国务院关于深化体制机制改革加快实施创新驱动发展战略的若干意见》等		
科创中心名称	全国科技创新中心	全球有影响力的科技创新中心	国际科技创新中心
关键词	引领；支撑；原始创新；基础前沿；协同央地资源	先行先试；可复制可推广；市场导向；系统化；长效机制	开放；集聚国际；互联互通；成果转化
主要任务	1. 强化原始创新、超前部署基础前沿研究； 2. 实施技术创新跨越工程，加快构建"高精尖"经济结构； 3. 发挥北京全国科技创新中心的辐射引领作用，加强与其他地区的科技创新合作，形成全国高端引领型产业研发集聚区。 ……	1. 推进全面创新改革试验，形成一批可复制可推广的创新改革经验； 2. 打造高度集聚的重大科技基础设施群； 3. 建设关键共性技术研发和转化平台。 ……	1. 支持重大科技基础设施、重要科研机构和重大创新平台在大湾区布局建设； 2. 建立以企业为主体、市场为导向、产学研融合的技术创新体系； 3. 聚焦国际创新资源，着力提升科技成果转化能力。 ……
区域定位	发挥北京全国科技创新中心的辐射引领作用；打造京津冀创新发展战略高地	带动长三角区域、长江经济带创新发展	打造"一带一路"建设重要支撑区；以泛珠三角区域为广阔发展腹地

三、三地科创资源、产业创新、金融资源和"双创"生态环境对比

（一）科创资源方面

北京科技创新资源优势明显，顶尖人才云集、央地协同支持力度大，原始创新集聚力强。

（1）北京顶尖人才聚集效应强，高校和科研机构数量和实力居全国首位，在原始创新方面具有得天独厚的优势。2018年，北京高等学校（机构）授予研究生学位人数10.96万人，占全国比重为15.6%，位居各省市首位，比上海和广东（包含深圳，下同）占比分别高8.3%和11%，其中在京研究机构授予研究生学位人数占全国比重高达65.3%。

（2）得益于央地协同发展，北京R&D经费投入强度在全国各省市排名首位，基础研究经费规模和占比远高于上海和深圳。2017年，北京R&D经费投入强度为5.64，在全国各省市排名首位，高于全国平均水平3.52个百分点，上海和深圳分别为3.93和4.34。其中，北京基础研究投入表现突出，占R&D经费内部支出比重从2012年的11.8%稳步提升至2017年的14.7%，规模为232.4亿元，约占全国的1/4。基础研究经费支出中来自中央层面和科研机构的比重分别为94.3%和64.6%，主要得益于央地协同发力，尤其是央级科研机构云集。上海和深圳的基础研究经费分别为92.51亿元和30.63亿元，占全市R&D经费内部支出额的比例分别为7.7%和3.1%。

（3）央地两级财政对北京科技和教育投入最高，成为支撑科技创新的稳定资金来源。2017年北京的R&D经费投入资金来源于政府部门的为822.41亿元，占比52.1%，高于全国32.3个百分点，其中政府部门资金投入中来自中央的比重高达94.3%；上海和深圳的R&D经费投入中来源于政府部门的仅为429.4亿元和13.04亿元，占R&D经费规模的比重仅为38%和5.8%。教育方面，2018年，三地地方财政教育支出中，北京规模最大，为1025.5亿元，上海为918亿元，深圳为584.4亿元。

（4）北京重要科技创新成果在全国居绝对优势，科技成果转化合同额领先全国，为全国科技创新应用提供原动力。2012年以来，在京单位主持完成的国家科学技术奖累计达500余项，约占全国的1/3；北京连续三年获国家自然科学奖一等奖；2018年度"中国科学十大进展"中，北京主导和参与的占6项。上述成果的取得在很大程度上得益于央地协同对原始创新提供的长期强有力支持。我国通过国家科学技术奖评审的三大奖项，从立项到结题的研究平均时间为11.4年，其中近一成的项目经历了超过 20 年的攻关和积累。2018 年，北京技术合同成交额 4957.8 亿元，较 2012 年翻了一番，约占全国的三成，其中 60.8% 流向外地，为全国科技创新应用提供原动力。

（二）产业创新方面

北京科研投入主要集中在符合首都功能定位的科技服务业、软件业等生产性服务业，与地区生产总值产业结构匹配度高；深圳和上海科研投向集中于制造业，创新主体以企业为主，深圳创新成果转化产出优势最为明显。

（1）北京地区生产总值中第三产业占比最高，R&D 经费支出行业投向结构与之匹配；上海和深圳 R&D 经费支出主要投向制造业，深圳近九成规上工业企业有研发活动或设有研发机构。2017 年，从 R&D 经费支出按行业分类看，北京制造业支出占比仅为 16.5%。北京企业 R&D 经费支出中，非工业企业占比超半数为 56.5%，且增速为 14.3%，高于工业企业增速 8.7 个百分点。而上海和深圳①工业企业占企业 R&D 经费支出比重分别高达 77.2% 和 86.1%。

（2）上海和深圳战略性新兴产业增加值和高新技术产品外贸产出均高于北京，其中深圳科技创新转化能力最强。虽然深圳 GDP 规模在三地中最小，但战略新兴产业增加值显著高于北京和上海，占其经济增加值的比重高达 37.8%，同比增长 9.1%，在一定程度上说明深圳科创转化能力最强；北京和上海占比分别为 16.1% 和 16.7%（见表 2）。2018 年北京、上海、深圳三地高新技术产品出口情况如表 3 所示。

表 2　2018 年京、沪、深三地战略性新兴产业增加值情况

	北京	上海	深圳
战略性新兴产业增加值（亿元）	4893.4	5461.9	9155.2
战略性新兴产业增加值占 GDP 比重（%）	16.1	16.7	37.8
战略性新兴产业增加值增速（%）	9.2	8.1	9.1

---

① 由于数据可得性问题，在计算深圳数据时，以规上企业口径近似替代企业口径。

表3　2018年京、沪、深三地高新技术产品出口情况

	北京	上海	深圳
高新技术产品出口总额（亿元）	1006.7	5740.1	8255.0
高新技术产品出口总额占地区出口比重（%）	20.6	42	50.7
高新技术产品出口总额占地区 GDP 比重（%）	5	17.6	34.1

（3）上海和深圳研究经费支出执行主体和资金来源均以作为市场主体的企业为主，是两地科研成果转化产出高于北京的重要原因之一。2017 年，北京、上海和深圳三地企业 R&D 经费支出分别为 618.39 亿元、747.54 亿元和 976.94 亿元，北京规模最小。其中上海和深圳企业研究经费支出分别占全市研究经费支出的 62% 和 94.2%，而北京占比仅为 39.2%，低于全国平均水平 37.3 个百分点。

（三）金融资源方面

北京对科创企业的创投基金以及股权投资等个性化融资需求满足度高，上海金融体系完备程度和活跃度优于北京和深圳，深圳背靠粤港澳大湾区将发挥多样性特色金融优势。

（1）北京市企业在新三板、创业板上市数量居首位，科创板上市企业数量上海暂时领先。截至 2019 年 8 月底，已上市的 29 家科创板企业中，上海的科创板企业为 7 家，高于北京的 5 家和深圳的 2 家；北京的新三板挂牌企业为 1235 家，高于上海的 751 家和深圳的 520 家；北京的创业板企业为 103 家，高于上海的 47 家和深圳的 92 家。

（2）北京在创业投资基金（VC）募资方面优势突出，为独角兽企业发展提供了资本聚集优势。2018 年，北京 VC 募资额 3865 亿元，占全国比重约三成，居全国首位；上海为 1775.4 亿元，深圳为 623 亿元，均与北京存在较大差距。红杉资本、IDG 资本等全球顶尖风险投资机构进驻北京，2018 年北京市独角兽企业家数和总估值全国占比分别为 46% 和 42%，均居全国首位[①]。

（3）上海金融体系完备程度和活跃度优于北京和深圳，深圳背靠粤港澳大湾

①　数据来源于中国恒大研究院发布的《中国独角兽报告 2019》。

区将发挥多样性特色金融优势。2018 年，上海金融市场成交总额 1645.8 万亿元，同比增长 15.2%，全国直接融资总额中 85% 以上来自上海金融市场。而据港交所公布的《粤港澳大湾区金融发展报告》，大湾区金融市场在股权、债权、外汇与跨境人民币等领域的融合日渐成熟，未来将在绿色发展及科技成果的原创、转化等方面形成多样性特色金融。

（四）"双创" 生态环境方面

北京孵化器和众创空间带动优势明显，上海和深圳则主要依托所在经济区域相对成熟完善的产业链体系。

（1）北京科技企业孵化服务机构的规模和成果均高于上海和深圳。2017 年，在国家级科技企业孵化器、众创空间和大学科技园方面，北京优势明显。截至 2018 年末，北京市高新技术企业 2 万家，深圳市 1.4 万家，上海市 0.8 万家。北京平均每日新增科技型企业约 200 家；新创企业中科技型企业占比达 39.2%，较 2012 年提高 10.3 个百分点。

（2）辐射引领方面，中关村国家自主创新示范区作用明显。无论在企业数量、从业人员、总收入方面还是实缴税费方面，中关村示范区较上海张江示范区和深圳高新区均处于明显优势（见表 4）。2018 年，中关村科学城区域内单位主持完成的国家奖获奖项目达 59 项，占全国通用项目授奖总数的 26.3%①。

表 4　2017 年京、沪、深三地高新区主要指标对比

	企业数 （家）	从业人员 （万人）	总收入 （亿元）	实缴税费 （亿元）
中关村示范区	22013	262	53025.8	2598.4
上海张江示范区	5345	106.3	19258	1147.5
深圳高新区	2091	48.7	7271.2	477.4

资料来源：《中关村国家自主创新示范区发展数据手册（2018）》。

①　市科委计划处、北京市科学技术奖励工作办公室，http：//kw.beijing.gov.cn/art/2019/1/8/art_1421_76011.html。

（3）区域协调发展方面，北京依托的京津冀协同内部经济发展差异性大，发展潜力大；上海和深圳分别依托的长三角和珠三角区域发展起步早、产业体系完备，集群优势明显，其中上海优势最为明显。

我们使用人均生产总值的标准差变异系数来衡量京津冀城市群、长江三角洲城市群和珠江三角洲城市群城市经济的相对差异，系数越小，说明其一体化程度越高。2017 年，三大城市群人均生产总值标准差变异系数分别为 0.5558、0.3464 和 0.3858，长三角城市群系数值最小，区域经济一体化程度相对最高；而京津冀城市群系数值最大，城市经济相对差异较大。主要原因如下：

一是京津冀协同发展相对起步晚、站位高，为北京发挥科创中心引领辐射作用提供广阔空间。河北与北京和天津经济发展差异性较大，三地制造业也处于不同发展阶段，影响了北京科研成果对天津和河北的辐射度，五成北京技术主要流向了长江经济带等地。2014 年，京津冀一体化才正式上升为国家战略，但考虑到雄安在承载了疏解北京非首都功能的同时，还将培育全国创新驱动经济增长新引擎，集聚效应潜力十分巨大。

二是长江经济带和长江三角洲城市群是我国最具经济活力的资源配置中心，上海科创中心建设示范带动作用显著。长江三角洲城市群发展综合实力强且相对均衡，人口仅占全国的 2%，而地区生产总值占比接近两成。上海市科学学研究所发布《2019 长三角一体化区域协同创新指数》报告显示，长三角区域产业发展生态逐步优化，基本实现了细分领域的错位发展格局。上海科创中心建设的创新改革经验可较好复制并推广至长三角城市群乃至整个长江经济带。

三是依托粤港澳大湾区整体布局建设，提升湾区建设软实力，促进生产要素和创新资源在区域内的自由流动和优化配置，提升各地区产业合作的广度和深度。虽然 2017 年粤港澳大湾区才首次被上升至国家战略层面，但自改革开放以来，广东省即利用邻近香港、澳门的地理优势，奠定了世界制造中心地位。珠三角九市制造业基础雄厚，形成了先进制造业和现代服务业双轮驱动的产业体系。通过构建粤港澳大湾区差异互补机制设置，发挥粤港澳地域相近、文脉相亲的优势，有助于进一步提升科技创新对经济的引领作用。

四、国际经验借鉴

(一) 美国硅谷模式

硅谷模式的本质就是通过相互作用的运行机制,激活创新主体资源与创新要素,并在外部环境驱动力及其内部相互作用下得到持续激发。主要特点如下:

(1) 得益于完善的风险投资体系,在不同技术发展阶段,均保持全球创新领先。美国硅谷在发展中大致经历了萌芽期、成长期、快速发展以及成熟期、最新发展五个阶段。自1951年成立斯坦福大学工业园,聚集了大批电子企业,进入快速发展期。20世纪70年代,硅谷地区的风险投资作为一种投资形式已经发展得非常完善,随着互联网时代发展,形成了从高校到风投再到企业的完善创新体系(见图1)。

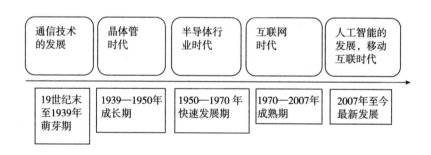

图1 美国硅谷发展阶段

资料来源:根据公开资料整理。

(2) 硅谷模式虽然以市场为导向但政府也发挥了重要作用。主要体现在以下方面:一是高度重视教育和研究投入,构建"产学研"一体化发展模式。第二次世界大战时期的政府采购对硅谷高新技术产业发展起到了极大促进作用,长期以来斯坦福大学以及政府的直接赞助对硅谷企业成长发挥了巨大作用。二是通过搭建完善的法律、制度、基础设施体系，营造良好创新生态环境。《小企业法》《小企业投资法》《中小企业技术创新法案》等一系列法规出台；小企业管理局（SBA）为中小企业提供全面的贷款担保；设立"国家技术转让中心"（NTTC）和6个区域技术转让中心，支持加快推进科研成果向企业界转移。三是实施人才激励政策，为科创中心发展提供人才保障。如长期实施宽松的技术移民签证政策，对企业遵循国民待遇原则。此外，州政府和地方政府也采取了加大技术教育资金投入、推动与其他地方政府机构资源共享等积极措施。

（3）金融与科技良性互动，有效推动科创中心建设。硅谷金融支持体系层次丰富，满足不同类型和阶段高技术企业资金需求。一是形成了较为成熟的风险投资机制，很多投资主体以协助搭建管理团队等方式深度参与经营。二是成熟的资本市场为企业发展助力。谷歌等知名企业最初都选择在纳斯达克上市，原因是其门槛和上市费用低。三是传统银行业通过创新融资模式，对高技术企业尤其是初创期难以获得银行贷款支持的小企业给予支持。

（二）日本筑波模式

筑波科学城是政府主导型科创中心的典型案例，目前已成为世界重要科研中心。与我国雄安新区在地理位置、发展模式和功能定位上具有相似性，具有较强的借鉴意义。

（1）日本筑波科学城建立以来，四个主要发展阶段均由政府主导，经历了从学术科研到综合都市圈和产学研一体化的转变。初建于20世纪60年代的筑波科学城，主要为解决首都东京的"大城市病"，疏解首都功能。但由于许多科研成果与市场脱节，投入产出严重不成比例。日本政府自20世纪90年代对其重新定位，推动技术的产业化应用。筑波已成为日本七个"国际战略综合特区"之一（见图2）。

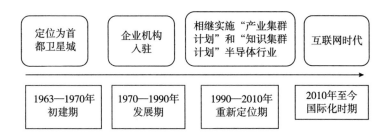

图2　日本筑波发展阶段

资料来源：根据公开资料整理。

（2）在发展策略、法律体系和资金支持各方面均体现了政府主导性。一是政府提供巨额资金支持，吸引机构及科研人员入驻。2004 年，日本政府投入筑波科学城的预算经费占全国科研经费投入的 50%。同时，日本开发银行、北海道东北开发公库等政策性银行提供长期低息贷款。二是构建科学城独立的法律体系，促进产学研结合。日本出台了《筑波研究学园城市建设法》《高技术工业聚集地区开发促进法》等一系列法规，确定了中央投资和管理的园区运营模式，提供多种优惠政策措施。三是实施"产业集群计划"和"知识集群计划"，实现产业的不断整合升级，为产学研人员提供对接服务，对产业集聚发展形成良性生态环境。四是提升国际化水平，实现技术、资源、人才国际化共享机制。设立官方主导的技术转移中介机制，即"筑波全球技术革新推进机构"（TGI），主动借助各种国内外渠道共享科学城内的技术成果、产业发展需求信息，拓展国际联系渠道，吸引更多的海外企业入驻。

（3）市场化金融对科创中心支持有限，影响企业后续发展活力。因缺乏市场化的配资模式，且日本投资者较为谨慎，许多初创期企业难以通过证券市场等市场化方式融资。

五、对建设北京科创中心的政策建议

习近平总书记在全国创新大会上指出，创新是一个系统工程，创新链、产业链、资金链、政策链相互交织、相互支撑，改革必须全面部署，并坚定不移地推进。建议充分发挥北京高端人才集聚、央地协同的资源禀赋优势，以疏解北京非首都功能为"牛鼻子"，构建京津冀区域协同创新共同体，加强京津冀区域内以及跨经济区域的优势互补和协调合作，有力支撑国家创新驱动发展战略实施。

（一）发挥北京科研资源集聚优势，带动提升京津冀地区创新链前端基础研究水平，辐射增强我国原始创新能力

一是围绕首都"四个中心"功能定位，吸引顶尖人才集聚扎根北京。提升科技创新对城市管理的精细化、数字化、智能化管理水平的技术支撑，吸引顶尖人才集聚扎根北京。二是引导企业加大科技投入，加快构建产学研一体化投入体系。发挥市场在资源配置中的决定性作用，鼓励高等学校、科研院所和大型骨干企业开展联合研究。三是加大跨区域创新链上下游协同发展，发挥北京对全国的辐射引领作用。

（二）以科技创新为助推力，优化京津冀协同发展产业布局

一是抓住疏解北京非首都功能疏解的"牛鼻子"，发挥北京、天津和河北产业比较优势，构建京津冀协同发展的梯次布局。二是充分发挥北京"一核"作用，围绕十大高精尖产业优化细分京津冀区域内产业链布局，增强京津冀地区协同发展的内生动力。协同发展的关键是提升产业融合度，依托北京在人工智能等方面的技术优势，增加北京科技成果在京津冀区域内转化力度，推动京津冀地区产业结构升级调整。

（三）借助创新链和产业链优势，进一步完善多层次的资金支持体系

一是充分发挥政府财政引导作用，进一步培育发展天使投资人和创投机构，引导信贷资金、创业投资资金及各类社会资本加大投入。二是加快构建多层次金融体系。建议加快金融市场的培育和发展，积极构建多层次、广覆盖、有差异的金融机构体系。三是鼓励金融机构依托创新链和产业链，创新金融产品，提升对全链条企

业的资金支持力度。四是完善金融监管模式，提升金融科技创新积极性。

（四）进一步优化创新体制机制，形成持续创新的系统能力

一是制度设计层面，进一步营造鼓励协作创新的机制体制。合理划分政府和市场、中央与地方权责、创新链和产业链上不同环节利益分配制度。二是进一步完善配套法律制度。加大对知识产权的保护力度，提升企业对研发投入的积极性。三是政府牵线、鼓励市场主体参与，为科技创新提供优化服务和应用平台。加快推进以平台化、集成化、综合化等为特征的科技服务业模式创新。

参考文献

［1］杨秋宝：《新时代中国现代化区域经济协调发展体系的理论与战略》，人民出版社 2018 年版。

［2］亚洲开发银行技术援助项目 9042 咨询专家组：《京津冀协同发展研究》，中国财政经济出版社 2018 年版。

［3］谢德荪：《重新定义创新》，中信出版集团 2018 年版。

［4］朱舜：《行政区域经济学》，经济科学出版社 2017 年版。

［5］韩增林、杨文毅、郭建科：《供给侧视角下中国生产性服务业集聚对城市全要素生产率的影响》，《首都经济贸易大学学报（双月刊）》2018 年第 3 期。

［6］盛垒、洪娜、黄亮、张虹：《从资本驱动到创新驱动》，《城市发展研究》2015 年第 10 期。

［7］熊鸿儒：《全球科技创新中心的形成与发展》，《学习与探索》2015 年第 9 期。

［8］刘清、李宏：《世界科创中心建设的经验与启示》，《智库理论与实践》2018 年第 8 期。

［9］孟祺：《金融支持与全球科创中心建设：国际经验与启示》，《科学管理研究》2018 年第 3 期。

［10］赵峥、刘芸、李成龙：《北京建设全国科技创新中心的战略思路与评价体系》，《中国发展展望》2015 年第 6 期。

［11］谭慧芳、谢来风：《粤港澳大湾区：国际科技创新中心的建设》，《开放导报》2019 年第 4 期。

［12］张懿：《上海为什么要建全球科创中心》，人民网，2015 年 5 月 23 日。

［13］国家统计局、科学技术部、财政部：《2018 年全国科技经费投入统计公报》，国家统计局网站，2019 年 8 月 30 日。

［14］雷嘉：《我国领跑世界技术中 55.7% 来自北京》，北京青年报，2019 年 8 月 23 日。

［15］市科委计划处：《北京市科学技术奖励工作办公室．首都科技 70 年创新发展谱新篇》，北京市人民政府网，2019 年 8 月 23 日。

［16］盖博铭、李犇：《节能环保科技成京津冀技术交易主力》，新华网，2019 年 9 月 22 日。

［17］杨拓、邵邦、周寂沫：《全球科创中心的发展实践与运行机制研究——基于对北京建设全球科创中心的启示思考》，《理论周刊》2016 年第 9 期。

［18］闫磊、陈苏：《参考硅谷、筑波发展经验，打造雄安全球科技创新高地》，平安证券，2018 年 5 月 20 日。

［19］市科委计划处、北京市科学技术奖励工作办公室：《北京 69 项获奖成果献礼改革开放 40 周年"硬科技"提升科技创新中心全球影响力》，北京市科学技术委员会，2019 年 1 月 8 日。

［20］张志昂：《科技成果转化是科创中心建设的关键》，《学习时报》2019 年 2 月 20 日。

［21］陈璠：《答好新时代的新考卷京津冀协同发展开创新局面》，天津工业和信息化局网站，2019 年 10 月 9 日。

"一带一路"倡议对中国上市企业经营绩效和融资成本的影响研究

周 丹 等①

一、引言

习近平主席提出的"一带一路"重大倡议，是我国经济新常态下对外开放政策的重要组成部分。自 2013 年倡议提出以来，我国与沿线国家贸易和投融资往来逐年增长。2013—2018 年，我国企业对"一带一路"沿线国家直接投资超过 900 亿美元，年均增长 5.2%；在沿线国家新签对外承包合同超过 6000 亿美元，年均增长 11.9%。"一带一路"倡议通过经济自由化和市场规模的相互影响和作用，使沿线国家形成一个巨大的新市场。我国"走出去"企业可以借助其特定竞争优势和与沿线国家互补的产品优势，进一步推动企业国际化经营，占据"一带一路"区域价值链高附加值环节，并最终对企业经营绩效产生积极影响。

然而，机遇往往与风险并存。"一带一路"沿线国家的政治制度、经济水平、金融环境等与我国存在较大差异，导致我国企业参与沿线国家建设面临着政治、法律、项目评估和融资等诸多隐患。这些外部不确定性很可能对企业的投资带来巨大的财务和经营压力。同时，由"一带一路"战略所带动的投资，很大一部分集中在基础设施投资领域。而大多数基础设施投资都具有投资金额高、期限长、收益率偏

---

① 周丹，中国人民银行营业管理部跨境办处长。参与执笔人：陈岩、安飒、朱琳琳、潘洋帆、马艺铭、刘瑾。其中：陈岩、安飒、朱琳琳、潘洋帆供职于中国人民银行营业管理部跨境办；马艺铭、刘瑾供职于中国人民银行中关村中心支行。

注：本文仅为课题组学术思考，与供职单位无关。

低的特点。机场、高铁、高速公路、港口、电力设施、水电站等基础设施，都要靠自身收费来收回投资相关本息，均需很长的时间。因此，"一带一路"投资的不确定性可能影响企业经营绩效和融资成本。

基于以上分析，本文从"一带一路"倡议这一特殊视角入手，以2009—2017年度沪、深两市A股上市公司作为研究样本，分析参与"一带一路"倡议对企业经营绩效和融资成本的影响，其次进一步区分企业的所有权性质，考察不同类型企业经营绩效和融资成本的差异，研究并探索以下两个问题：①"一带一路"倡议对我国"走出去"企业的经营绩效是否有影响，如果有，那么这一影响是正面的还是负面的？②"一带一路"倡议下，所有权性质是否同样影响了企业的融资成本？进一步而言，参与"一带一路"倡议是否能够降低民营企业融资成本？研究发现，一方面，对全样本的回归结果显示，参与"一带一路"建设能够提高企业经营绩效，并降低企业融资成本，但在计量上并不显著。另一方面，对参与"一带一路"建设企业的回归结果显示：首先，参与"一带一路"建设能够提高企业经营绩效，且这一正面影响在2013年"一带一路"倡议提出后更为显著；其次，参与"一带一路"建设并未提高企业的融资成本。一是由于民营企业参与"一带一路"建设可以理解为其积极参与我国提出的重大倡议，能够有效帮助参与沿线国家建设的非国有企业降低融资成本；二是"所有制歧视"现象仍然存在，参与"一带一路"倡议的国有企业，其融资成本较非国有企业更低。

本文的主要贡献为：①以"一带一路"倡议为切入点，研究参与倡议对企业经营绩效和融资成本的影响，为微观主体积极、主动参加"一带一路"倡议提供了实证支持；②研究参与"一带一路"倡议对民营企业融资成本的相关影响。

文章后续部分安排如下：第二部分为文献综述和研究假说，主要为企业经营绩效、融资成本的影响因素及企业参与"一带一路"建设风险、融资需求等的相关文献的总结。此外，通过分析"一带一路"倡议与企业经营绩效和融资成本的逻辑框架，提出本文的研究假说。第三部分和第四部分为研究设计及实证结果分析。第五部分为结论及建议。

二、文献综述与研究假说

(一) 文献综述

1. 企业经营绩效的影响因素

企业经营绩效的影响因素各异,国内外学者的研究也较为深入。从国际化经营角度看:张晓涛和陈国媚(2017)的研究发现,中国企业缺乏海外投资经验,跨国经营和多国管理能力较弱,因此多元化经营反而对企业绩效产生负面影响。从控股股东性质看:Boubakri 等(2005)的研究发现,民营化和私有化能够提高企业效率,提高企业盈利水平;而付宝森等(2015)的研究则发现,国家持股比例和企业绩效呈"U"型关系,国有持股比例在一定水平之下时,能够有效提升企业绩效。从企业资本结构看:高磊和庞守林(2017)对我国上市公司的研究发现,企业的资产负债率和企业绩效显著负相关。此外,公司治理水平、研发支出等因素也会影响企业的经营绩效。

2. 企业融资成本的影响因素

目前,国内外学者从内部影响和外部影响两方面对企业融资成本展开研究。从内部影响因素看:规模较大的公司更容易获得融资,且其债务成本相对更低。此外,不同债务结构也会影响企业的融资成本(王凯强,2018)。从外部影响因素看:Ball 等(2008)的研究发现,货币政策影响企业的债务融资成本。余明桂和潘红波(2008)则发现,政治关系有利于提高民营企业贷款可得性和降低贷款成本。此外,一国的宏观经济状况等因素也会影响企业的融资成本。

3. 企业参与"一带一路"相关研究

目前,学者对"一带一路"倡议对企业经营的影响的研究主要集中在经济层面和国家风险层面。由于"一带一路"沿线国家经济发展不平衡、贸易往来存在较多壁垒,因此我国政府投资和民间投资均面临较大风险(张茉楠,2015;汤敏,

2015）。作为"一带一路"倡议的"五通"政策之一，资金融通也受到了国内学者的高度关注。陈燕鸿和杨权（2015）的研究发现，传统融资机构对沿线国家基础设施建设的支持力度不足。李建军和李俊成（2018）研究了主要金融要素对"一带一路"倡议沿线国家经济发展的影响。他们发现，降低融资风险和融资成本，以及提高融资效率将成为金融支持"一带一路"建设的突破口。

（二）研究假说

1. "一带一路"倡议与企业经营绩效和融资成本

自"一带一路"倡议提出以来，国内外学者就"一带一路"倡议推进中面临的挑战和风险进行了相关研究。王辉（2015）指出，"一带一路"沿线国家投资环境尚不完善、经济发展差异较大等因素都对"走出去"中资企业经营状况产生一定影响。但值得注意的是，尽管"一带一路"沿线国家的国家风险和经济风险相对较高，但我国企业在基建行业具有相对优势，企业在进行对外投资决策时已经进行了充分的风险预估和测量。此外，考虑到参与"一带一路"倡议的企业，其自身经营状况和盈利能力本就处于行业较高水平，也是银行的优质客户，因此参与"一带一路"沿线建设而导致其贷款规模及债务期限的提高，可能也不会提高其债务成本。

基于此，我们提出以下两个研究假说：

研究假说 1：参与"一带一路"倡议对企业经营绩效并无显著正面影响，但在参与"一带一路"的企业中，其经营绩效在倡议提出后有所提高。

研究假说 2：参与"一带一路"倡议并未显著降低企业的融资成本。此外，在参与"一带一路"的企业中，长期债务占比的提高并未显著提高其债务成本。

2. 所有权性质对企业融资成本的影响

目前，随着我国金融体系的逐步完善，民营企业的融资约束已经得到一定程度的改善。但是，间接融资依然是我国最重要的融资渠道之一，金融资源的分配更多地依靠政府和国有金融机构发挥作用。现有研究已经表明，我国银行体系仍普遍存在"所有制歧视"（张杰等，2013）。考虑到"一带一路"倡议是从国家层面推动的重要政策，参与"一带一路"建设可能被理解为民营企业具有一定的经济实力，从而能够在一定程度上降低民营企业资金可获得性和融资成本。基于此，我们提出以下研究假说：

研究假说 3：在参与"一带一路"倡议的企业中，国有产权属性企业的融资成本相对更低；相较于未参与"一带一路"建设的民营企业，参与"一带一路"建设的民营企业其融资成本相对更低。

三、研究设计

（一）样本选取及数据来源

本文以中国沪、深两市 A 股上市公司为研究样本，剔除金融类上市企业、ST 和 *ST 上市公司以及相关数据缺失的样本。文中原始数据均来源于 RESSET 数据库。鉴于我国上市公司在 2007 年后才开始采用《企业会计准则》，且 2008 年金融危机的爆发也可能在一定程度上影响企业的经营绩效。因此，本文的研究时间为 2009—2017 年，数据取自上市公司公布的年报数据。同时，为保证研究结果不受极端数据影响，我们根据描述性统计结果对主要变量进行了 1% 的 winsorize 处理。

（二）主要变量释义

1. 被解释变量

经营绩效（ROE）：将企业的经营绩效定义为净资产收益率，即净利润与本期加权股东权益之比。

债务融资成本（Debtc）：将企业的融资成本定义为净财务费用与总负债的比例。其中，净财务费用包括利息支出、手续费支出和其他财务费用支出。数据来源于上市公司财务报表附注中的财务费用明细部分。

2. 解释变量

企业是否参与"一带一路"倡议（OBOR）：虚拟变量。根据 Wind 中国上市公司数据库中"一带一路"板块和截至 2018 年 12 月末已发行"一带一路"专项债券的企业名单，共筛选出 84 家 A 股上市企业。将这些企业赋值为 1，其余企业为 0。

所有权性质（State）：虚拟变量。按照公司实际控制人经济性质进行分类处理。其中，将公司实际控制人经济性质为中央企业和地方国有企业的上市公司定义为国有企业，并赋值为 1，其余类型的均定义为非国有企业，赋值为 0。

3. 相关控制变量

相关控制变量释义如表 1 所示。

表 1 控制变量释义

变量定义	符号	变量释义
债务期限	Dterm	长期性金融债务占企业全部金融性债务的比重
市净率	PE	年末公司市价（即上市公司年末收盘价）与所有者权益的比重
销售增长率	Growth	本期营业收入与上期营业收入的差额除以上期营业收入
流动比率	Liquid	流动资产除以流动负债
资产负债率	Lec	期内平均负债除以期内平均资产
企业规模	Size	公司年末总资产，取对数
企业年龄	Age	公司成立年限与样本期之差，取绝对值
违约风险	Zscore	基于 AltmanZ 得分计算得出的违约概率测度，ZScore = A×1.2＋B×1.4＋C×3.3＋D×0.6＋E×0.99。其中，A 为营运资金/总资产，B 为留存收益/总资产，C 为息税前利润/总资产，D 为股票总市值/负债账面价值，E 为营业收入/总资产
年度	Year	样本属于某一年度取 1，否则为 0
行业	Industry	根据证监会 2012 年行业分类标准设置。样本属于某一行业取 1，否则为 0

（三）研究模型

采用面板分析方法，分别使用模型（1）来检验假说 1，使用模型（2）来检验假说 2 和假说 3，回归软件为 STATA15.0。

$$ROE_{i,t} = \beta_0 + \beta_1 \times OBOR_{i,t} + \beta_2 \times State_{i,t} + \beta_3 \times Age_{i,t} + \beta_4 \times Size_{i,t} + \beta_5 \times Growth_{i,t} + \beta_6 \times Liquid_{i,t} + \beta_7 \times PE_{i,t} + \beta_8 \times Lec_{i,t} \tag{1}$$

$$Debtc_{i,t} = \beta_0 + \beta_1 \times OBOR_{i,t} + \beta_2 \times State_{i,t} + \beta_3 \times Dterm_{i,t} + \beta_4 \times Z_{i,t} + \beta_5 \times Growth_{i,t} + \beta_6 \times Liqui\text{-}$$
$$d_{i,t} + \beta_7 \times Lec_{i,t} + \beta_8 \times Size_{i,t} + \beta_9 \times Age_{i,t} + \beta_{10} \times PE_{i,t} \tag{2}$$

四、实证结果及结论

(一) 参与"一带一路"建设对企业经营绩效的影响

参与"一带一路"建设对企业经营绩效的影响见表2。此外，为进一步分析参与"一带一路"建设对企业的具体影响，本文构建了两个虚拟变量 DYear 以及 OBOR×DYear。其中，DYear 为时间虚拟变量，DYear=1 表明时间段在 2013 年之后（含 2013 年）的企业样本；OBOR×DYear 为两个虚拟变量的乘积，OBOR×DYear=1 表明在 2013 年后参与"一带一路"建设的企业样本（下同）。

表 2　参与"一带一路"建设对企业经营绩效的影响

	(1) ROE	(2) ROE：OBOR=1	(3) ROE：State=0
OBOR	0.733 (1.01)		0.687 (0.95)
State	-2.108 *** (-4.16)	0.815 * (1.65)	
Age	0.152 *** (4.30)	0.186 ** (2.13)	0.179 *** (3.84)
Size	1.879 *** (8.59)	1.360 ** (2.42)	1.921 *** (7.58)
Growth	0.019 * (1.71)	0.017 ** (2.81)	0.012 * (1.69)
Liquid	0.229 *** (4.30)	0.132 * (1.65)	0.209 *** (3.92)
PE	0.015 * (1.64)	0.022 * (2.18)	0.024 * (1.67)

续表

	（1）	（2）	（3）
Lec	−0.043*	−0.082*	−0.027*
	（−1.82）	（−1.65）	（−1.71）
DYear		2.200***	0.805***
		（4.73）	（4.06）
OBOR×DYear			1.459***
			（3.37）
N	17378	651	13379

注：***p<0.01，**p<0.05，*p<0.1；括号中为 t 值。

从全样本回归结果看（表2列（1））：企业参与"一带一路"建设（OBOR）对其经营绩效的影响为正，但在计量结果上并不显著。这表明参与"一带一路"建设并不是影响企业经营绩效的常规因素之一。

从参与"一带一路"建设的子样本回归结果看（表2列（2））：一是在倡议提出后，参与"一带一路"建设对企业的经营绩效具有一定正面影响。二是对于最终控制人性质为国有的企业而言，参与"一带一路"建设也能够提高其经营绩效，这一点与全样本回归结果有所差别。"一带一路"倡议提出后，越来越多的国有企业通过积极参与沿线国家建设，使海外布局逐步扩大，其国际化经营能力也不断提高，国际化经营对企业经营绩效带来了正面影响。

从企业所有权性质来看（表2列（3））：一是从非国有企业样本回归结果看，参与"一带一路"建设对企业经营绩效具有一定正面激励作用，但并不显著；二是在倡议提出后，参与"一带一路"建设对企业的经营绩效具有一定正面影响，且这种正面效应对于最终控制人性质为非国有的企业经营绩效的影响更为显著。

（二）参与"一带一路"建设对企业融资成本的影响

"一带一路"建设对企业融资成本的影响见表3。此外，为进一步分析参与"一带一路"建设对企业的具体影响，本文构建了两个虚拟变量 DYear×Dterm 以及 OBOR×Dterm。

表3　参与"一带一路"建设对企业融资成本的影响

	（1）	（2）	（3）
	Debtc	Debtc：OBOR=1	Debtc：State=0
OBOR	−0.087		−0.021
	（−1.43）		（−1.09）
State	−0.091**	−0.122**	
	（−2.17）	（−2.30）	
Dterm	0.017*	0.014	0.018*
	（1.65）	（1.02）	（1.78）
Zscore	0.041*	−0.029	0.075*
	（1.74）	（−1.58）	（0.66）
Growth	−0.010***	−0.026***	−0.089**
	（−2.88）	（−3.26）	（−2.37）
Liquid	−0.055***	0.034*	−0.071***
	（−7.09）	（2.34）	（−7.63）
Lec	0.079*	0.041*	0.093*
	（1.68）	（1.64）	（2.36）
Size	−0.094***	−0.018*	−0.085***
	（−5.37）	（−1.72）	（−4.08）
Age	−0.145***	−0.266*	−0.184**
	（−3.75）	（−1.71）	（−3.16）
PE	−0.011*	−0.020**	−0.034*
	（1.78）	（−2.00）	（−1.91）
DYear		−0.089*	
		（−1.79）	
DYear×Dterm		−0.022*	
		（−1.88）	
DYear×OBOR			−0.026*
			（−1.72）
Dterm×OBOR	−0.009		−0.015**
	（−1.21）		（−2.43）
N	17378	651	13379

注：***p<0.01，**p<0.05，*p<0.1；括号中为t值。

从全样本回归结果看（表3列（1））：一是参与"一带一路"建设并未显著降低企业的融资成本；二是对于参与"一带一路"建设的企业，其中长期贷款占比与贷款成本负相关，但在计量结果上并不显著（Dterm×OBOR）；三是信贷规模的"所有制歧视"依然存在，最终控制人性质为国有控股的企业，融资成本显著降低。

从参与"一带一路"建设的子样本回归结果看（表3列（2））：一是在参与"一带一路"建设的企业中，其债务成本在倡议提出后有所降低，且其中长期贷款占比的提升并未提高其债务成本；二是在参与"一带一路"建设的企业中，最终控制人性质为国有产权的企业，其融资成本相对更低。

从企业所有权性质来看（表3列（3））：一是参与"一带一路"建设并未显著降低最终控制人为非国有资本属性企业的融资成本；二是对于参与"一带一路"建设的非国有企业而言，其融资成本在2013年倡议提出后有所降低，且中长期贷款占比的提升并未提高其债务成本。这表明，非国有企业参与"一带一路"建设，是积极支持国家重大政策，政府关系使这些民营企业在贷款可得性和贷款成本上更具一定优势。因此，参与"一带一路"建设在一定程度上减少了非国有企业的债务成本，特别是中长期债务成本。

（三）分位数回归

为了进一步分析参与"一带一路"建设对不同经营业绩和融资成本企业的影响，我们分别使用模型1和模型2进行面板分位数回归。具体来看，我们将样本分为经营绩效最好的25%的企业和经营绩效最差的25%的企业，以及债务成本最高的25%的企业和债务成本最低的25%的企业，以分析比较参与"一带一路"建设是否对其经营绩效和融资成本产生影响。

表4的回归结果显示：一是参与"一带一路"建设无论是对业绩最好的25%的企业（表4列（1））或对业绩最差的25%的企业，都有一定的促进作用，且其对业绩最好的25%企业的经营绩效影响更大，但均在计量结果上并不显著；二是最终控制人为国有属性的企业其经营绩效相对更低，且这在业绩最差的25%的企业中表

现得更为明显;三是参与"一带一路"建设对债务成本最低的 25% 的企业(表 4 列(4))具有正面作用,能够进一步降低其债务成本,但对债务成本最高的 25% 的企业作用并不显著;四是对于债务成本最低的 25% 的企业,其中长期债务占比并未显著提高其融资成本,但这一点在融资成本最高的 25% 的企业中表现得相对明显。

表 4 参与"一带一路"建设对企业经营绩效和融资成本的影响:分位数回归

	(1) ROE q=0.25	(2) ROE q=0.75	(3) Debtc q=0.25	(4) Debtc q=0.75
OBOR	0.463 (0.16)	0.321 (0.63)	-0.034 (-0.49)	-0.045*** (-6.24)
State	-0.667*** (-8.83)	-1.264*** (-5.76)	-0.081** (-3.18)	-0.060* (-1.84)
Age	0.044*** (6.06)	0.047*** (3.65)	-0.175** (2.40)	-0.138*** (-5.73)
Size	1.552* (1.87)	0.531* (1.69)	-0.014*** (-2.58)	-0.029*** (-6.24)
Growth	0.011** (2.30)	0.021** (2.52)	-0.012* (-1.84)	-0.014* (-1.72)
Liquid	0.213* (1.82)	0.216* (1.66)	-0.011* (-1.65)	-0.003* (-1.71)
PE	0.036* (1.72)	0.028** (2.12)	-0.026* (-1.73)	-0.019** (-2.09)
Lec	-0.012* (-1.82)	-0.023* (-1.65)	0.035* (1.78)	0.019** (2.15)
Dterm			0.016* (1.81)	0.012 (1.07)

续表

	（1） ROE q = 0.25	（2） ROE q = 0.75	（3） Debtc q = 0.25	（4） Debtc q = 0.75
Zscore			0.010* （1.66）	0.013** （1.97）
N	17378	17378	17378	17378

注：***p<0.01；**p<0.05；*p<0.1；括号中为 t 值。

五、结论与建议

"一带一路"倡议对企业经营绩效的影响在实践中存在一定争议。"一带一路"沿线国家多为发展中国家，经济基础薄弱、政局相对震荡等问题确实对"走出去"企业在当地经营造成一定影响。但与此同时，参与"一带一路"建设为我国企业带来了巨大机遇。通过参与"一带一路"建设，我国企业加快了自身国际化进程，国际化经营能力和水平进一步提升，为中国产品和中国制造"走出去"创造了广阔的市场空间。本文以 2009—2017 年我国 A 股上市公司为研究样本，实证研究了参与"一带一路"建设对企业经营绩效和融资成本的具体影响，并进一步区分了不同所有权属性、不同盈利水平和不同融资成本下，参与"一带一路"建设对企业的影响程度。研究发现：第一，从全样本回归结果来看，参与"一带一路"建设能够提高企业经营绩效，并降低企业融资成本，但其在计量结果上均不显著；第二，参与"一带一路"建设能够提高企业经营绩效，且这一正面影响在 2013 年倡议提出后更为显著。需要指出的是，由于本文的研究主体为上市公司，其经营业绩和债务成本相对于非上市公司而言，本就具有一定优势。因此，对于参与"一带一路"建设的非上市企业，特别是民营企业而言，其情况可能产生一定偏差，也需要我们进一步开展研究。

基于上述研究及相关研究结论，我们提出以下三点建议：

一是搭建沿线国家风险提示机制，避免信息不对称。建议相关部门建立对沿线国家特别是敏感国家（地区）的风险提示机制，及时向市场主体发布沿线国家最新情况及敏感地区相关政策变动和潜在风险点。在一定程度上帮助企业降低投资目的地国别风险对其经营绩效的不确定性影响。

二是提供多元化融资渠道，为参与"一带一路"建设企业提供长期、可持续的金融支持。目前，我国企业在沿线国家的投资多集中于交通、水电、建筑等基础设施行业。鉴于基建行业具有初始成本高、流动性差、项目周期长等特征，企业在前期一般难以形成稳定的现金流以偿还贷款。因此，建议鼓励金融机构提供更多创新型融资工具，为更多有竞争实力、有发展潜力的企业提供长期资金支持。

三是鼓励企业充分利用境内外资本市场，开展直接融资业务。2018 年 3 月，为进一步促进"一带一路"资金融通，沪深交易所联合发布《关于开展"一带一路"债券试点的通知》，明确了企业主体发行用于"一带一路"建设的公司债券的项目条件及资金使用。但截至 2019 年 4 月，仅 8 家企业发行了"一带一路"债券或发行债券用途明确用于"一带一路"沿线项目建设，企业开展直接融资的广度和深度仍有较大发展空间。建议通过资本市场融资，吸引私人资本参与"一带一路"建设，增强沿线项目的商业性，以达到可持续发展。

参考文献

［1］Anjos F，"Costly Refusing, the Diversification Discount, and the Pervasiveness of Diversified Firms"，*Journal Corporate Finance*，No. 16，2010，pp. 276-287.

［2］Ball R，Bushman R M and Vasvari F P．"The Debt-contracting Value of Accounting Information and Loan Syndicate Structure"，*Journal of Accounting Research*，Vol. 46，No. 2，2018，pp. 247-287.

［3］Chen M，"Ownership Structure and the Cost of Corporate Borrowing"，*Journal of Financial Economics*，Vol. 100，No. 1，2011，pp. 1-23.

［4］陈燕鸿、杨权：《亚洲基础设施投资银行在国际发展体系中的定位：互补性与竞争性分析》，《广东社会科学》2015 年第 3 期。

［5］陈明利、梅世云、伍旭川：《融资效率对融资约束与融资效率的影响——基于沪深两市的实证研究》，《上海财经研究》2018 年第 4 期。

［6］付宝森、和军、廖丹纯：《国有股权比重与公司绩效——基于我国上市公司的实证研究》，《辽宁大学学报（哲学社会科学版）》2015 年第 9 期。

［7］高磊、庞守林：《基于风险承担视角的资本结构与企业绩效研究》，《大连理工大学学报》2017 年第 3 期。

［8］李广子、刘力：《债务融资成本与民营信贷歧视》，《金融研究》2009 年第 12 期。

［9］廖红伟、丁方：《产权多元化对国企经济社会绩效的综合影响——基于大样本数据的实证分析》，《社会科学研究》2016 年第 6 期。

［10］李建军、李俊成：《“一带一路”基础设施建设、经济发展与金融要素》，《国际金融研究》2018 年第 2 期。

［11］李若琼、肖璐、赵远方、徐小林：《产权性质对债务融资的影响——来自中国沪深 A 股上市公司的经验证据》，《南大商业评论》2018 年第 3 期。

［12］宋哲、于克信：《资本结构、动态能力与企业绩效——基于西部资源型上市公司数据的研究》，《经济问题探索》2017 年第 10 期。

［13］汤敏：《“一带一路”战略呼唤“大国心态”》，《中国发展观察》2015 年第 1 期。

［14］王辉：《“一带一路”：全面优化我国发展战略》，《中国经济时报》2015 年 5 月第 5 版。

［15］王金秋、蔡荣、黄承捷：《政治资本、集体声誉与民营企业融资约束》，《宏观经济研究》2019 年第 1 期。

［16］余明桂、潘红波：《政治关系、制度环境与民营企业银行贷款》，《管理世界》2008 年第 8 期。

［17］郑军、林钟高、彭琳：《金融发展、内控质量与银行贷款——来自中国上市公司的经验证据》，《财贸研究》2013 年第 6 期。

［18］张茉楠：《全面提升"一带一路"战略发展水平》，《宏观经济管理》2015 年第 2 期。

［19］张晓涛、陈国媚：《国际化程度、OFDI 区位分布对企业绩效的影响研究——基于我国上市制造业企业的证据》，《国际商务》2017 年第 2 期。

［20］王凯强：《中小板上市公司债务融资成本控制研究》，硕士学位论文，沈阳大学，2018 年。

最优金融结构与经济增长的关系研究

——一个文献综述

韩　芸　等[①]

自戈登史密斯（Goldsmith，1969）提出金融结构理论以来，金融结构与经济增长的内在联系一直是学界与业界研究的焦点，至今相关研究仍未给出一致的结论。当前我国经济发展进入新常态，经济增长的动力由要素驱动、投资驱动向创新驱动转变，金融结构如何适应经济增长方式的转变，最优金融结构受到何种因素的影响，随着经济增长方式、要素禀赋等因素的转变应当如何做出调整，研究清楚这些问题具有重要的理论和现实意义。从长远来看，提升直接融资比重，推动更多金融资源，通过资本市场进行配置是全球金融体系发展的趋势。然而，各国资源禀赋、法律环境、人均收入等多种因素存在差异，尚不存在"放之四海而皆准"的统一金融结构安排。本文通过对金融结构与经济增长的关系、最优金融结构的影响因素、主要研究方法、研究结论等进行梳理，以期为进一步研究提供思路。

一、金融结构的概念及衡量指标

（一）金融结构的概念

戈登史密斯（1969）认为，一国的金融结构是指金融机构、金融工具以及它们之间的相对规模和联系。戈登史密斯将金融结构的变动总结为三个趋势：一是通过

---

① 韩芸，中国人民银行营业管理部支付结算处处长。参与执笔人：李伟、盖静、王军只、王晓甜、冯凤荻、周珺星。其中，李伟、盖静供职于中国人民银行营业管理部支付结算处；王军只供职于中国人民银行营业管理部会计财务处；王晓甜供职于中国人民银行营业管理部办公室；周珺星供职于中国人民银行营业管理部反洗钱处；冯凤荻为北京大学经济学院在读博士。

注：本文仅为课题组学术思考，与供职单位无关。

金融相关比率这一指标衡量金融结构的规模及其与经济基础之间的变化关系，金融相关比率越高，经济体的金融系统越发达；反之，则表示金融系统相对于实体经济发展相对滞后。二是金融工具种类的变化，如果金融工具种类越多，那么债券凭证在金融工具总额中所占的比率就越小，这会促进股权凭证在金融工具总额中所占据的比例不断提高。三是随着金融机构结构的不断变化，金融机构的种类越是齐全，非银行金融机构占金融资产总额的比重就越高，这将削弱银行体系在整个金融系统中的垄断地位。

继戈登史密斯后，最具有影响力的金融结构理论就是两分法金融结构理论，该理论是在 20 世纪 90 年代基于内生增长理论基础发展而来，主要理论观点是将金融体系划分为银行主导型和金融市场主导型两种模式，国外大多数的学者认为金融中介和金融市场都可以促进经济增长，所以大家的争论主要集中在银行主导型和市场主导型金融结构的优劣以及哪一种对经济增长的促进作用更大。随着经济全球化的发展和科学技术的进步，传统意义上的两种金融结构在金融证券化的作用下也开始互相融合和转化。

（二）金融结构的衡量指标

戈德史密斯（1969）通过构建金融相关率（FIR）来衡量一国金融发展的程度，该指标是一种数量化衡量金融结构的形式。金融结构可以用金融相关比率来衡量，即一国的全部金融资产价值与该国经济活动总量的比值，与总体金融上层结构的相对规模同样重要的是它的构成，主要反映在金融资产总额和各类金融工具余额在各个经济部门之间的分布。白钦先（2005）认为，金融结构并不限于数量化的形式，其应当还包括金融相关要素的组成以及相互关系。

二、金融结构与经济增长关系

金融结构与经济增长的关系经历了一个逐渐演化的过程。早期理论认为，经济增长与金融发展无关，利率决定了投资机会，但是随着经济的快速发展，人们开始认识到银行和股票市场在优化资源配置、推动经济发展等方面发挥作用。Luintel 等（2018）认为，既有研究忽略了国家间的个体差异的影响，从而低估了金融结构对经济增长的影响，金融中介和金融市场可以通过多种共享信息和风险的方式来缓和市场冲击。

（一）金融结构与经济增长之间没有必然的联系

早期的学者认为，通过建立良好的法律和制度规则，推动金融体系最大程度发挥作用，金融就能够支持实体经济的发展，因而经济增长与金融结构无关。也有学者认为，在完美的资本市场中，利率决定投资机会，尤其与一国经济相关的是金融深化，而不是金融结构。

（二）银行主导型金融结构更能够促进经济增长

银行主导型金融机构的支持者认为，银行在动员储蓄、选择项目或者监督企业以及风险管理等方面具有积极作用，因而更有利于经济增长，特别是在法律、制度不完善的欠发达国家，银行具有更好的资金监督作用（Bolton 和 Freixas，2015）。银行作为中介能通过抵押和清算制度强制企业及时披露信息并按时归还贷款。Diamond（1984）认为，银行可以降低投资者搜集信息和处理管理者信息的成本，因而有利于资源的有效配置和企业控制。Allen 和 Gale（1999）认为，金融中介能够帮助投资者进行资本集中管理，减少分散化的交易成本，同时金融中介具备专业的技术人员和管理来满足投资者多样化投资需求，减少跨期风险和流动性风险。Zingales（1994）认为，金融市场的信息公开机制会降低投资者信息搜寻动力，且分散的股权结构容易导致"搭便车"行为，金融市场在事前搜集信息和事后监督方面不如银行业金融机构。相比直接融资，间接融资投资者不会直接暴露在市场之下，发生金融危机的概率要更低；间接融资在动员资金、形成规模经济、吸收和割裂风险、保障金融稳定等方面有着独特的作用。

（三）金融市场主导型金融结构更能够促进经济增长

金融市场主导型结构倡导者认为，金融市场在激励创新、强化公司治理能力、提升风险管理水平和促进投资组合优化等方面具有明显的优势，因而更有利于经济增长。具体而言，一是在激励创新方面，金融市场由于具有利益共享、风险共担的特点，在推动中小企业和创新型企业成长壮大方面具有优势。而银行由于谨慎性高，倾向于向大型企业或者相对成熟的产业发放贷款，不确定性高且缺乏可供抵押资产的高新技术企业难以从银行获得贷款，因而会降低公司从事创新活动的激励。二是在公司治理方面，密切的银企关系容易使得银行伙同公司管理层来反对外部投资者，从而不利于公司治理的改善。三是在风险管理方面，银行导向型的金融体系，倾向于提供基本的标准化风险管理服务，而金融市场能够提供多样化的风险管理产品，投资者可以进行多样化的投资组合来分散风险，因而更有利于提升风险管理水平。有研究者认为，金融市场更有利于推动创新和促进研发（Bhattacharya，2001），且更有活力，能够提供更加丰富的投资和风险管理工具，为企业创新和增长提供有效的金融支持，促进经济增长。此外，相关的研究认为，银行的规模过大会导致企业需要让渡更多的利益来获得融资，削弱企业生产及创新的激励，进而不利于经济增长（Hellwig 等，1993）。

（四）不同的经济发展阶段需要不同的金融结构相匹配

有学者认为，银行与金融市场在提供金融服务方面是互补的，不同的经济发展阶段需要不同的金融结构与之相匹配。相对于金融市场，银行在标准化、短期、低风险和抵押充分的项目融资上具有优势，而金融市场能为长期、高风险的创新项目提供有效的资金支持（Acemoglu 和 Zilibotti，1997）。银行与金融市场具有不同的制度特性，因而适用于不同的实体经济发展阶段，脱离了特定的实体经济发展阶段，单纯地比较银行与金融市场的制度优势将难以理清金融机构与经济增长之间的内在联系。曾繁清和叶德（2017）认为，当金融体系与自身服务的产业结构相适应时便达到了最优状态。Allen 等（2014）认为，银行的规模和服务的客户具有一定的相对性，大银行能够为大企业提供更好的服务，不仅局限于资金方面的支持，而且体现在信息服务、业务咨询等方面，而小银行能够为中小企业提供更好的支持。

三、最优金融结构的影响因素

世界各国的金融结构之间存在较大差异，即使处于经济高度发达的国家，其融资方式也并不相同，典型的如美国实行以直接融资为主的金融体系，而德国、日本等则实行以间接融资为主的金融体系，不同国家金融体系之间有其自身的形成原因。同一个国家随着时间推移，其金融结构也会逐渐发生变化。各种不同类型的金融结构有其各自的制度优势和劣势，金融结构往往内生于社会体制变化，必须与改革所处的历史发展阶段、实体经济需要、制度体制环境、金融消费习惯以及传统文化相适应。

（一）要素禀赋结构

部分学者如 Lin 和 Rosenblatt（2012）认为，实体经济要素禀赋结构会对最优金融结构产生影响，在经济发展的不同阶段，要素资源禀赋结构不同，要素的相对富裕程度决定该国的最优行业结构、企业的规模和风险属性，进而决定了实体经济对特定的银行和金融市场服务组合的需求，因而金融结构应随经济发展阶段的要素禀赋结构发生动态变化。新结构经济学的核心假说认为，一个经济体的每一个点上产业、技术、"硬"的基础设施以及各种"软"的制度安排都是内生的，内生于那个时点上的要素禀赋和结构。要素禀赋和结构在每一个时点上都是给定的，但是随着时间的推移是可变的。林毅夫教授认为，从规模来看，中小银行越多，劳动密集型产业发展越快；而从所有制观来看，非国有银行的比重越大，非国有企业发展越快。即金融结构应当随着不同的发展阶段的要素禀赋结构而动态变化。

（二）产业结构升级

有观点认为，产业结构的升级要求最优金融结构也随之演化。最优的金融结构要与产业的融资需求相适应。杨子荣和张鹏杨（2018）认为，金融结构只有与产业结构相互适应，才能促进产业增长；而金融结构只有与特定发展阶段的要素禀赋以及结构内生决定的产业结构相互适应时，才能够促进经济增长，更好地服务于实体经济。龚强等（2014）认为，随着经济发展、产业结构不断升级，金融结构也必将随着产业结构的变化而变迁。随着中国经济转型和产业升级，许多产业不断接近世界技术前沿，金融市场的重要性将逐步显现，但良好的市场投资环境是金融市场有效发挥作用的前提条件。

（三）企业的发展阶段

有观点认为，金融结构的演化应当与企业的发展阶段相关。在企业建立之初，资金来源主要依赖自有资金，等到企业成长到一定的阶段，其融资方式就会变成银行贷款，也就是间接融资。等到企业发展到更大规模之后，企业的融资方式即由间接融资转化为直接融资。因而，不同发展阶段的企业所占的比重决定了一个国家的最优金融结构。张一林等（2016）从金融体系支持技术创新的角度对金融结构的转型进行了分析，认为银行缺少激励为创新企业提供融资，而创新企业的高回报使得股权融资与投资者追求高回报、承担高风险的激励相容，因此股权融资能更好地支持创新企业发展。

（四）法律因素

世界各国，法律对于投资者的保护力度不同，通常法律对股东以及投资者保护得越好，其市场就会越发达，这样国家的金融结构通常由金融市场主导。如果法律能改变市场中信息的不对称，那么这一改变的程度越高，带来投资的效率也越高。最后，法律的完善会降低证券发行的成本，并减少机会主义行为，从而促进金融市场的发展。

（五）技术因素

随着经济发展日渐迅速，技术给金融业的发展带来了巨大的变化。技术是金融创新最基本的前提，也是最重要的辅助力量，技术越先进，金融发展越快，由此创新保证了金融工具的发展，使得一些新型金融机构不断涌现。技术成熟的国家，金融通常由市场来主导；技术不成熟的国家，金融通常由银行主导。另外，技术的进步也促进了人们对于技术的接受能力，使得需求不断上升，由此促进该结构的演变。最后，因为技术发展需要进行不断创新，但创新本身的风险比较高，而这种风险一般银行是无法进行承担的，这就促进该结构不断向市场主导的方向发展。

（六）政策因素

一般金融市场中的信息失灵，政府部门就可以采取一定的措施进行干预，将市场发展存在的不足予以弥补，从而优化该结构的演变。另外，政府一般的开放程度会给金融资源的有效配置带来一定的影响，因为金融资源本身是结构发展的条件，所以就会促进结构的演变。最后，政府会对一些既得利益的企业进行保护，一般该政策都会对该企业的利益产生影响。因此，在进行金融改革的过程中，将其资源进行有效配置是必须要做的一件事情。总的来说，政府会对金融结构的演变、未来的发展带来一定的影响，其政策的实施也会对其运行机制带来影响。

（七）人口的年龄结构

余静文和姚翔晨（2019）认为，人口的年龄结构是影响宏观经济的重要因素，不仅可以通过人口红利来影响经济增长，也能通过金融资产需求作用于金融结构，进而影响经济增长。老年人占比越高，家庭参与股票或者基金投资意愿及比重越低，对于已持有风险资产的家庭，老年人口占比提高，家庭风险资产持有比重降低。人口的年龄结构会对金融市场的发展产生影响，融资市场的发展不仅依赖于金融资产的供给，还取决于金融资产的需求。老年人为消耗储蓄的群体，会售出金融资产以平滑消费，金融资产价格由此出现下降（Poterba，1998）。易祯和朱超（2017）认为，微观主体的风险偏好也与年龄有着紧密联系，这也将影响金融资产的需求。Davis（2006）认为，人口年龄结构变化影响金融市场发展，进而会对金融结构产生影响。

四、最优金融结构理论的主要研究方法

Law 和 Singh（2014）运用动态面板阈值模型分析了金融结构与经济增长之间的关系后，发现金融结构对经济增长的影响存在一个阈值。当金融发展程度低于该阈值时，金融发展将促进经济增长；而一旦超过该阈值，金融发展将会抑制经济增长，因此，从经济增长的角度而言存在一个最优的金融发展水平。

张成思和刘贯春（2015）从金融结构内生的视角构建了金融结构与经济增长关系的新古典分析框架，发现伴随着资本形成，需要一个与实体经济发展阶段相匹配的最优金融结构。

杨子荣和张鹏杨（2018）使用面板门限模型，利用中国2001—2008年的面板门限模型，分别检验了金融结构、产业结构与经济绩效之间的关系。研究结果认为，金融结构只有与产业结构相互适应时，才会促进产业增长；而金融结构只有与特定发展阶段的要素禀赋及其结构内生决定的产业机构相适应时，才能够促进经济增长，更好地服务于实体经济。最优的金融结构，不仅要与产业的融资需求相适应，还应当与特定发展阶段的要素禀赋结构以及内容决定的产业结构相适应。

李国平和王柄权（2018）采用面板分位数回归技术验证了中国各发展阶段最优金融结构的存在性，并进一步分析了中国最优金融结构的演化路径。

李奇璘（2019）在金融结构内生的视角下，通过构建两部门内生经济增长模型分析金融边界与金融过度化发展的内在机制，并运用全球217个经济体近50年的面板数据验证了各经济体金融发展的结构演化效应以及金融边界的存在性。

五、主要发达经济体的实践

（一）英美国家由金融市场主导

英美两国的金融市场发展较早，历次工业革命中，股票和债券市场成为推动新兴产业发展的重要动力。1920—1929年，美国的普通股十年间增长了8.12倍，而同期有6000家银行退出市场。但是由于缺乏金融中介的风险吸收和隔离，其市场风险暴露的冲击力和破坏力往往更大，1929—1931年大危机开始于股市的崩盘，也可归因于融资结构的过度倾斜。

（二）德日市场由银行业主导

德国、日本两国的金融市场发展起步较晚，在 19 世纪中叶和"二战"后 20 年两次出现赶超，一定程度上归功于其全能的银行体系和银行主导型规模化资金动员能力，以及对于普通投资者更高的抗风险冲击能力。但在信息技术革命、创投体系建设等方面，德国、日本又明显反应不够。

（三）各国金融结构内生于企业规模结构

从银行构成来看，2015 年，美国、英国、日本、德国四国前五大银行资产占比分别为 46.53%、71.42%、62%、83.77%。美国因为具有大量极具创新活力的中小企业，小银行的广泛存在能更好地为这些企业提供金融服务，满足其融资需求；而德国等国家则以大型企业和财团为主，大型企业在服务大客户方面具有更高的效率。各国银行体系的状况也充分说明金融结构适应性的重要程度。

金融集中度也不是越高越好，太高容易形成垄断，降低资源配置的效率，同时也会导致风险过于集中，市场分散风险的功能弱化；太低又会导致出现风险面广，增加金融系统的脆弱性，同时不利于集聚各种生产要素，产生规模经济和范围经济。市场活跃度，取决于金融体系主体的丰富性以及竞争程度，一般来说，开放的金融体系往往活跃度更高，但风险的传染和传播速度也快，且容易形成风险的叠加和共振。

六、关于我国最优金融结构的探讨

（一）金融市场将更加有利于支持我国企业创新发展

金融结构作用的发挥依赖于经济发展阶段，在改革开放初期，金融系统初步建立、社会融资体系处于萌芽阶段，传统的银行业金融机构在风险识别以及资源配置等方面更有优势。因此，以间接融资为主的融资体系对经济增长以及帮扶国有经济转型升级等方面发挥了积极作用。随着我国经济发展程度的提升，未来经济主要依靠技术创新，而与技术创新以及产业升级相适应的金融体系和金融中介机构是能够与市场共担风险的金融市场，对中小企业的发展可以起到很好的作用。

（二）银行业结构的改善有助于缓解中小企业融资难、融资贵问题

张一林等（2019）认为，尽管我国的经济总量已经超过了绝大多数的发达国家，但是从人均收入、人均资本存量、产业结构等方面来看，我国与发达国家之间仍然存在较大差距，中小企业仍然是推动经济增长和就业的重要引擎。要从根本上解决中小企业面临的融资难、融资贵问题，关键在于改善银行业结构，补足短板，发展善于甄别企业"软"信息的中小银行，并对中小银行实施严格的资本金要求。同时，发挥大银行在支持大企业和大规模投资方面的比较优势，适当减少大银行承担的支持中小企业发展的政策性负担。

（三）是否与发达国家的金融结构一致不是评判国内金融结构合理性的标准

张杰（2008）认为，在中国市场化改革的过程中，金融控制与金融市场之间存在一种"两难困局"。从金融发展历程来看，一国的金融市场化改革往往始于发达国家的金融发展示范效应，并在发达国家的金融规则中进行。同时，结合本国国情，经过本国金融制度结构内部的多方利益博弈之后，逐渐形成了较为固定的金融体系模式，而这一模式与最初参考的西方发达国家的标准模式渐行渐远。林毅夫等（2009）认为，评价一国的金融结构是否有效的标准，不是该国金融结构与发达经济金融结构是否一致，而是本国金融结构是否与本国现阶段的要素禀赋结构所决定的实体经济结构相适应，不存在适用于所有经济体的最优金融结构。

参考文献

［1］Goldsmith, *Financial Structure and Economic Development*. New Haven： Yale University Press，1969.

［2］Luintel K B，Khan M and Arestis P， "Financial Structure and Economic

Growth", *Journal of Development Economics*, Vol. 86, No. 1, 2018, pp. 181−200.

　　［3］Bolton P and X Freixas, "Equity, Bonds, and Bank Debt: Capital Structure and Financial Market Equilibrium under Asym? Metric Information", *Journal of Political Economy*, No. 2, 2000, pp. 324−351.

　　［4］Diamond D W, "Financial Intermediation and Delegated Monitoring", *Review of Economic Study*, Vol. 51, No. 3, 1984, pp. 393−414.

　　［5］Allen and Gale D, "Diversity of Opinion and Financing of New Technologies", *European Economic Review*, Vol. 39, 1999, pp. 179−209.

　　［6］Zingales L, "The value of the Voting Right: A Study of the Milan Stock Exchange Experience", *Review of Financial Studies*, Vol. 7, No. 1, 1994, pp. 125−148.

　　［7］Bhattacharya S, "Comparing Financial Systems", *Journal of Economics*, No. 2, 2001, pp. 209−215.

　　［8］Acemoglu D and Zilibotti F, "Was Prometheus Unbound by Chance? Risk, Diversification, and Growth", *Journal of Political Economy*, Vol. 105, No. 4, 1997, pp. 709−751.

　　［9］Allen N Berger, William Goulding Tara Rice, "Do Small Businesses still Prefer Community Banks?", *Journal of Banking & Finance*, No. 44, 2014, pp. 264−278.

　　［10］Lin J Y and Rosenblatt D, "Shifting Patterns of Economic Growth and Rethinking Development", *Social Science Electronic Publishing*, Vol. 15, No. 3, 2012, pp. 1−24.

　　［11］Poterba J M, "Popilation Age Structure and Asser Returns: An Empirical Investigation", NBER Working Paper, No. 6774, 1998.

　　［12］Davis E P, *"How Will Ageing Affect the Structure of Financial Markets?" in Christopher Kent and Anna Park and Daniel Rees eds.*, RBA Annual Conference Volume, Reserve Bank of Australia, 2006.

　　［13］Law S H and Singh N, "Does too Much Finance Harm Economic Growth?", *Journal of Banking & Finance*, Vol. 41, 2014, pp. 36−44.

［14］白钦先：《金融结构、金融功能演进与金融发展理论的研究历程》，《经济评论》2005 年第 3 期。

［15］曾繁清、叶德：《金融体系与产业结构的耦合协调度分析：基于新结构经济学视角》，《经济评论》2017 年第 3 期。

［16］杨子荣、张鹏杨：《金融结构、产业结构与经济增长——基于新结构金融学视角的实证检验》，《经济学（季刊）》2018 年第 1 期。

［17］龚强、张一林、林毅夫：《产业结构、风险特性与最优金融结构》，《经济研究》2014 年第 4 期。

［18］张一林、龚强、荣昭：《技术创新、股权融资与金融结构转型》，《管理世界》2016 年第 11 期。

［19］余静文、姚翔晨：《人口年龄结构与金融结构——宏观实时与微观机制》，《金融研究》2019 年第 4 期。

［20］易祯、朱超：《人口结构与金融市场风险结构：风险厌恶的生命周期时变特征》，《经济研究》2017 年第 9 期。

［21］张成思、刘贯春：《最优金融结构的存在性、动态特征及经济增长效应》，《管理世界》2016 年第 1 期。

［22］李国平、王柄权：《中国最优金融结构演化路径分析》，《北京理工大学学报（社会科学版）》2018 年第 20 期。

［23］李奇璘：《金融边界与金融过度化发展——基于金融结构内生的视角》，《广东社会科学》2019 年第 4 期。

［24］龚强、张一林、林毅夫：《产业结构、风险特性与最优金融结构》，《经济研究》2019 年第 4 期。

［25］张杰：《市场化与金融控制的两难困局：解读新一轮国有银行改革的绩效》，《管理世界》2008 年第 11 期。

［26］林毅夫、孙希芳、姜桦：《经济发展中的最优金融结构理论初探》，《经济研究》2009 年第 8 期。

银行外汇衍生品业务实需管理方法研究

卓　萍　等①

摘　要：本文聚焦银行代客外汇衍生品业务，对 10 家中资银行、2 家外资银行全国层面代客外汇衍生品业务开展情况进行了深入调研，发现银行代客外汇衍生品业务的实做与市场主体的实需并未完全匹配，这是由市场主体自身层面、政策层面以及银行层面的三方面制约导致。针对这一现状，本文提出了相关政策建议，为更好地满足不同市场主体的汇率避险需求，同时防范恶意投机套利提供参考。

一、研究背景及意义

外汇管理改革开放 40 多年来，管理理念不断发展完善，市场开放程度不断提升，人民币汇率形成机制改革不断深化，汇率更加明显的双向波动使得市场主体面临更大的汇率风险。外汇衍生品作为避险工具，其作用和交易需求凸显。

2019 年全国外汇管理工作会议明确提出，将"完善人民币外汇衍生产品交易实需管理"作为统筹平衡外汇管理"促开放"和"防风险"的一项重要举措。通过完善人民币外汇衍生产品交易实需管理，建设开放、有竞争力的外汇市场，能够更好地满足不同主体汇率避险需求，同时防范恶意投机套利风险。因此，外汇衍生

---

① 卓萍，中国人民银行营业管理部外汇综合业务处副处长。参与执笔人：杨玲、杨超凡、刘东坡、陈阳、侯帅圻、魏辰皓。其中，杨玲、杨超凡：供职于中国人民银行营业管理部外汇综合业务处；刘东坡、陈阳、侯帅圻供职于中国人民银行营业管理部国际收支处；魏辰皓供职于中国人民银行营业管理部金融研究处。
注：本文仅为课题组学术思考，与供职单位无关。

品业务实需管理的现状以及制约实需管理的因素，值得我们深入研究和思考。

二、银行代客外汇衍生品业务开展情况

（一）银行代客外汇衍生品交易量

一是交易总量，2015—2019 年银行代客外汇衍生品交易总量一波三折，呈现"降—增—降"趋势。2019 年 1—7 月，我国银行代客外汇衍生品交易量为 3883.62 亿美元，同比减少 24.09%。分产品来看，远期同比减少 50.13%，期权和掉期小幅增长，但涨幅小于远期降幅。远期与整体走势相同，掉期大幅下降后保持平稳，期权则逐年增长，表明外汇市场参与者对期权的接受度逐步提高（见图 1）。

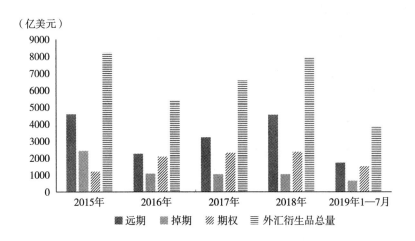

图 1 银行代客外汇衍生品交易量

二是交易量占比，远期结售汇占比最大，近年来一直保持在 40% 以上。期权次之，掉期较低，但近期有上升趋势（见图 2）。

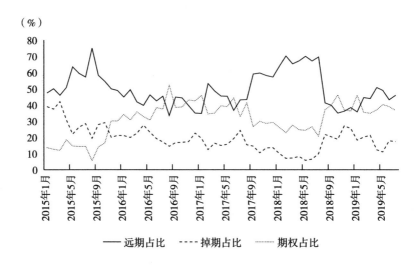

图2 各类衍生品占比

（二）交易量变动影响因素

一是政策因素，主要影响远期售汇、期权与掉期。远期售汇受汇改、风险准备金等政策影响较大。近一年来，远期售汇与期权、掉期呈现互替关系。这是由于2018年8月远期售汇重新加征20%风险准备金，交易成本提高，而期权的准备金按本金的1/2计算，为同规模远期售汇的一半，近端结汇掉期则不需要缴纳准备金，故许多客户选用两者替代远期售汇。

二是汇率因素，主要影响远期结汇。远期结汇交易量与汇率变动趋势大致相同，表现出明显的顺周期性。

三是利率因素，主要影响掉期。2015年，掉期以近端售汇为主，近端售汇与远端售汇的比值约为10.40。2016年起，随着美联储加息与国内降准，中美利差缩窄，掉期点下行，近端售汇掉期减少，近端结汇掉期增加，2019年近端售汇与远端售汇的比值约为0.11。

（三）银行代客外汇衍生品结构

一是期限结构，我国外汇衍生产品普遍以中短期为主。以远期结售汇为例，3个月（含）以下、3个月至1年（含）两类产品约占90%，1年以上产品占比较低。一方面是由于长期汇率走势不确定性更大，客户接受度有限；另一方面则由于长期衍生品流动性较差，银行报价和交易意愿不足。自 2018 年 9 月起，由于美元兑人民币汇率波动加剧，3 个月（含）以下的占比明显超过 3 个月至 1 年（含）的（见图 3）。

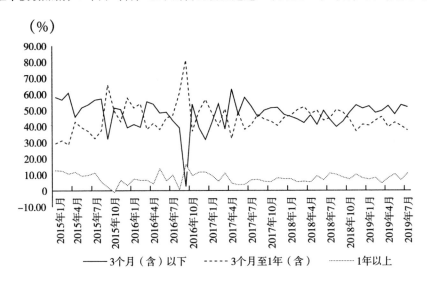

图 3　远期结售汇期限占比

二是方向结构，期权买入卖出差额逐渐减少。2015 年期权买入卖出差额占交易总额的比重为 15.38%，2017 年降至 4.89%，2019 年 1—7 月则降至 0.79%，表明我国外汇衍生品交易者日趋理性成熟（见图 4）。

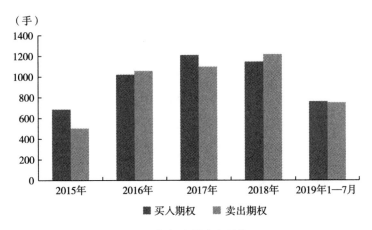

图 4　期权交易方向结构

三、银行代客外汇衍生品业务、汇率、进出口贸易额之间的动态关系研究

（一）数据处理

本文采用汇率、进出口贸易额与银行代客外汇衍生品交易额数据构建结构向量自回归模型，分析三者之间的动态响应关系。为保证建模的平稳性，对原始数据进行去趋势处理。模型采用美元对人民币月均汇率、全国进出口贸易总额、银行代客外汇衍生品交易总额的月度数据，数据来自 Wind 数据库，区间为 2015 年 1 月至 2019 年 7 月。

数据的去趋势处理如下：①对进出口贸易额和外汇衍生品交易额数据的处理。首先，对进出口贸易额和外汇衍生品交易额数据进行 X-12 季节调整，以去除数据中明显的季节周期性波动；其次，进行对数处理，在去量纲的同时消除异方差的影响；再次，通过 HP 滤波方法提取进出口贸易额和外汇衍生品交易额的潜在增长趋势；最后，将取对数的数据序列减去通过 HP 滤波提取的趋势数据，由此去除原始数据的长期增长趋势，仅保留数据的波动部分。②对汇率数据的处理。由于汇率数据本身就是比率形式，因此在去趋势的过程中直接用原始数据扣减汇率在 2015 年 1 月至 2019 年 7 月的均值，以此作为汇率波动部分。

我国进出口贸易额和银行代客外汇衍生品交易额在时间趋势上表现出较为紧密的相关关系，2015 年 1 月至 2019 年 7 月的大部分月份中均保持着较为一致的波动趋势，并且衍生品交易额相对于进出口贸易额具有更大的波动性。但汇率数据的波动与两者并不一致，这意味着我国外汇衍生品交易额的波动并没有与汇率保持高度相关。上述数据波动趋势分析为进一步实证建模提供了方向。

（二）Sign-SVAR 建模

为识别汇率波动和进出口贸易形势对银行代客外汇衍生品交易的作用，考虑到三者间存在跨期相互作用的关系，本文通过构建三变量符号限制结构向量自回归模

型（Sign-SVAR）刻画三者的关系。相较于以往 SVAR 模型的常用识别方法，如递归约束方法、叙事法、制度法等参数约束方法等，符号限制的识别策略可以一定程度上放松模型的假设条件，从而较好避免先验假设的干扰。符号限制的结构向量自回归模型不对模型参数施加约束，而是对冲击效应本身做方向上的设定，通过蒙特卡洛抽样方法（Monte Carlo Method）将符合符号约束的冲击保留，从而得到政策效应的脉冲响应。本文建立包含汇率、进出口贸易额、银行代客外汇衍生品交易额三变量的 SVAR 模型，分别考虑 1 单位汇率和进出口贸易额冲击后，外汇衍生品交易额的脉冲响应。

考虑到建模要求，首先对处理完成的数据进行平稳性检验。应用 Augmented Dickey-Fuller（ADF）方法对去趋势后的各序列进行平稳性检验。如表 1 所示，汇率、进出口贸易额、外汇衍生品交易额数据均平稳，符合建模要求。

表 1　变量的平稳性检验

	ADF 统计量	平稳性
汇率	-4.376^{***} (-3.560)	平稳
进出口贸易额	-3.808^{***} (-3.562)	平稳
衍生品交易额	-4.576^{***} (-3.557)	平稳

注：$***p>0.01$，$**p<0.05$，$*p<0.1$。

采用 Johansen Cointegretion Test 方法对三个数据序列进行协整检验。如表 2 所示，无论是迹统计量还是最大特征值统计量，均拒绝了变量间不存在协整关系的原假设，表明汇率、进出口贸易额、外汇衍生品交易额三变量的数据序列在 5% 的置信水平上存在唯一的协整关系。因此，使用去趋势的数据波动序列，基于将三变量系统中的每一个内生变量作为系统中所有内生变量滞后值函数的 SVAR 模型，分析动态随机系统针对当期和历史随机冲击的响应是适当的。

表 2 变量之间的协整关系检验

零假设	迹统计量	5%临界值	最大特征值统计量	5%临界值
None	45. 353***	29. 797	28. 438***	21. 131
At most 1	16. 916**	15. 494	11. 637	14. 264
At most 2	5. 277**	3. 841	5. 278**	3. 841

注: ***$p<0.01$, **$p<0.05$, *$p<0.1$。

为满足模拟要求,对 SVAR 模型的最优滞后阶数进行检验,结果如表 3 所示。可见,AIC 准则和 HQ 准则的最优阶数均为 2 阶,SC 准则为 1 阶,因此本文采用 2 阶滞后。

表 3 SVAR 模型滞后阶数检验

滞后阶数	AIC	SC	HQ
0	−5. 545	−5. 430	−5. 501
1	−7. 671	−7. 211*	−7. 496
2	−7. 878*	−7. 075	−7. 572*

注: ***$p<0.01$, **$p<0.05$, *$p<0.1$。

(三) 脉冲响应

采用 Matlab 2014a 对符号限制的 SVAR 模型进行实证模拟。模拟过程中分别施加 1 单位汇率和进出口贸易总额的正向冲击,在模拟过程中分别对冲击变量本身施加正向限制,对衍生品交易额不施加任何符号限制,脉冲响应结果如图 5、图 6 所示。

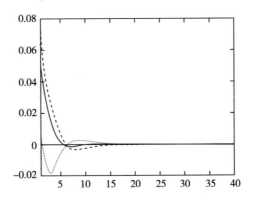

图5 衍生品交易对进出口贸易冲击的脉冲响应

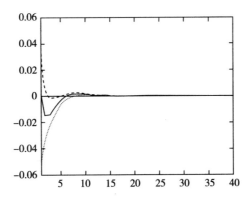

图6 衍生品交易对汇率冲击的脉冲响应

由图5、图6可见，衍生品交易额在进出口贸易冲击和汇率冲击后表现出明显差异。进出口贸易总额在发生较大波动时，会刺激外汇衍生品交易额增加，企业在进行外汇衍生品交易时会充分考虑当期进出口贸易形势的变化。汇率冲击后，由脉冲响应结果可见，衍生品交易额在短期细微下降，但结论并不显著，说明汇率形势的变化并没有对企业的外汇衍生品交易产生显著作用。

（四）方差分解

为更好地分析外汇衍生品交易的驱动因素，本文在SVAR脉冲响应的基础上进行方差分解,结果如图 7 所示。

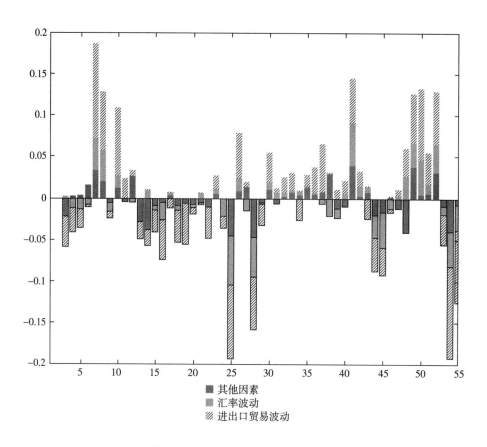

图中图例:

其他因素
汇率波动
进出口贸易波动

图 7 衍生品交易波动趋势方差分解

由图 7 可见,在 2015 年 1 月至 2019 年 7 月共 55 个模拟区间内,外汇衍生品交易额围绕稳态均值发生了较为明显的上下波动趋势。进出口贸易和汇率大部分时间都可以解释外汇衍生品的波动,并且两者在模拟期内对外汇衍生品交易的作用方向均保持一致。其中,进出口贸易占方差分解比重较高,表明进出口贸易形势的变化是影响外汇衍生品交易的主要因素;汇率因素占比较低,表明企业在进行外汇衍生品交易的过程中会受到汇率变化因素的影响,但并不显著。

（五）实证分析结论

通过对我国 2015 年 1 月以来银行代客外汇衍生品交易额、进出口贸易额以及汇率的数据进行建模分析后，得到以下结论：

一是企业外汇衍生品的交易行为会受进出口贸易以及汇率形势影响，国际贸易形势发生变化时企业避险需求较强。通过对原始数据的去趋势处理可以发现，外汇衍生品交易额与进出口贸易的波动较为一致，并且前者的波动幅度明显大于后者。意味着当国际贸易形势发生变化时，国内企业采用外汇衍生品工具进行避险的需求明显增加。

二是进出口贸易形势是影响企业外汇衍生品交易的首要因素。通过结构向量自回归模型的实证模拟可以发现，当进出口贸易额发生上涨时，外汇衍生品交易会呈现显著的上升趋势，表明贸易形势是影响外汇衍生品交易的决定性因素。

三是银行代客外汇衍生品交易行为并没有锚定汇率波动因素。SVAR 模型的脉冲响应显示，汇率波动冲击不会对外汇衍生品交易带来显著影响。方差分解的结果表明，汇率因素能够解释一部分衍生品交易的变化，但不起主导作用，甚至在一些时期明显小于其他因素的影响。换言之，企业在进行外汇衍生品交易时没有将汇率因素作为首要因素。

四、银行代客外汇衍生品业务实需管理现状

（一）不同业务项下市场主体对外汇衍生品种类的需求存在差异

目前，市场主体使用外汇衍生品进行风险管理的需求主要集中在经常项下进出口贸易收付款，资本项下直接投资、跨境融资及资产负债表上存量外汇敞口的套保等，但不同业务项下的需求存在差异。

一是经常项下货物贸易、服务贸易类客户往往以远期结售汇为主。此类客户通常有固定频率的结售汇需求，以锁定未来汇率成本为目的，大多更倾向于需做简单灵活的衍生品交易。个别交易经验丰富、外汇衍生品接受程度高的客户，也会选用

期权及相关产品组合。

二是资本项下直接投资、跨境融资客户更加青睐掉期产品，且大多为近端结汇远端售汇。直接投资类客户一般资金量较大，会产生较多的外币资金沉淀，对外币保值增值、结汇汇率的套期保值有较高要求，涉及本金、投资收益的本外币互换，而跨境融资类客户则希望锁定整体外币融资成本。

（二）银行代客外汇衍生品业务的实做与市场主体的实需未完全匹配

一是从对银行和市场主体调研的反馈情况来看，现阶段无论银行还是市场主体在开展外汇衍生品业务时均趋于保守，且不同市场主体使用外汇衍生品进行汇率风险管理的比例和方式差异较大。其一，在银行层面，所调研的 12 家中外资银行均表示，代客外汇衍生品业务的实需管理一直以从严的标准来执行。其二，在市场主体层面，所调研的 12 家中外资银行中，有 5 家明确表示目前多数市场主体使用外汇衍生品进行避险的比例较低，其中更是有 2 家通过数据表明其客户使用外汇衍生品进行避险比例不足 30%。其余 7 家银行也均通过案例描述或签约代客衍生品业务客户数量等方式，表明现阶段市场主体并未充分使用外汇衍生品进行汇率避险。因此可以认为，银行代客外汇衍生品业务的实做与市场主体的实需并未完全匹配，市场主体存在一定的风险敞口。

二是从我国银行代客外汇衍生品交易额相较于银行代客结售汇交易额的比例情况来看。2015 年 9 月前，银行对客户外汇衍生品交易额占银行代客结售汇交易额比重较高，一度达到 35%；随后受"8.11 汇改"、外部市场环境扰动等因素叠加影响，2015 年 9 月后该比例大幅下滑，于 11 月降至 6%。此后该比例呈波动特征，有所回升，总体位于 15%~25%（见图 8）。可见，当前我国银行代客外汇衍生品业务量的增长速度远低于代客结售汇的业务量。尤其是近年来随着外汇调控政策的调整（如外汇准备金上调导致企业远期售汇成本上升），进一步降低了外汇衍生品市场交易的活跃程度，意味着当前国内银行代客外汇衍生品业务的开展可能与真实需求并未完全匹配。

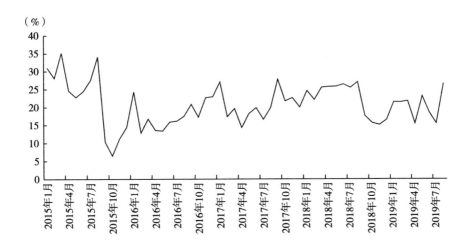

图8　我国银行代客外汇衍生品交易额占代客结售汇比重变化情况

五、银行代客外汇衍生品业务实需管理的制约因素分析

（一）市场主体自身层面的制约因素

一是认识不足和理念偏差。部分企业对外汇衍生品认识不足，不愿使用外汇衍生品，或更倾向于使用远期结售汇等简单的外汇衍生品，对复杂外汇衍生品和期初要付出期权费的期权产品的接受程度较低；部分企业对风险中性理念理解存在偏差，管理层难以接受真实的套期保值理念，倾向于将外汇衍生品的锁定价格与到期市场价格相比较，评估单笔套保交易的盈亏结果，而忽视了其避险本质。

二是财务制度和决策机制不合理。多数企业未采取套保会计，使外汇衍生品交易成为"裸敞口"，估值损益的波动会直接体现到财务报表中，使企业面临衍生业务估值亏损的风险；一些大型国企、央企内部制度对外汇衍生品业务有所限制，企业章程不允许做外汇衍生品业务，或是决策流程过长，财务人员不具备决策权限，需高层领导或国资委等上级部门批准。

（二）政策培育层面的制约因素

一是受监管政策或者上级组织机构的限制。财政部、民政部等部委对各级事业单位、慈善组织等有明文规定，禁止购买金融衍生品类产品。但科研院所、医院、学校、媒体单位在进口设备、原材料、医药、数据库、版权等方面，确有使用外汇衍生品进行汇率风险管理的实需。

二是远期售汇风险准备金上调使得市场主体的套期保值成本上升。银行目前将20%的远期售汇风险准备金通过价格转移的方式由市场主体承担，使市场主体远期售汇业务的成本上升，限制了较多中小企业、民营企业的套期保值实需。

三是差额交割政策适用场景受限，实需交易背景审核把握较难。一方面，差额交割政策目前仅适用于 5 类场景，适用的目标客户群在客户总量中的占比较小。另一方面，差额交割与全额交割在提交背景材料及审核要求方面并无区别，但差额结算并未实际发生结售汇行为，银行在真实性审核后难以把控企业重复套保和超期套保的问题，使得银行面临较大的合规风险。

（三）银行层面的制约因素

一是业务门槛较高。银行代客外汇衍生品业务需履约保障，要占用企业的授信额度或缴纳保证金，但中小企业在银行授信普遍不足，而保证金又增加套保成本，对客户资质要求较高。

二是服务的精细化水平不足。一方面，银行提供的外汇衍生品业务同质化程度严重，现有的产品无法完全满足企业需求。随着中国改革开放进程的不断深化，越来越多的中国企业走出国门，特别是"一带一路"倡议的推行使不少企业面临更多小币种敞口风险和外汇管制风险，但银行层面无法满足这些需求。例如，5 年甚至15 年的长期掉期受制于中长期掉期市场流动性不足，而巴基斯坦、印度、安哥拉等国货币的远期结售汇则受相关货币未挂牌影响。另一方面，代客业务专业水平未跟上汇率市场化改革的进程，表现在交易辅导能力不足上，出于合规考虑和担心承担责任，往往不愿意给出明确可执行的交易建议和交易方案，导致企业操作上无从下手。

六、银行代客外汇衍生品业务实需管理方法建议

（一）引导企业树立"风险中性"意识，培育正确的套期保值理念

随着人民币汇率市场化形成机制的不断完善，人民币汇率弹性不断增强，汇率的双向波动将成为常态。对此，建议外汇局通过多种渠道和方式继续加强市场宣传引导，同时督促银行做好对客户的风险教育，积极引导、帮助企业树立"风险中性"意识，培育正确的套期保值理念：汇率风险不等于汇率损失，衍生产品也不必然带来汇率收益，风险管理的目标在于平滑损益、减少波动。

（二）加强部门之间的政策协调，建立科学的绩效考核评估机制

建议外汇局与财政部、国资委、证监会等管理部门会商，在政策层面加强套期保值会计制度的使用推广，提升会计师事务所等会计专业机构的专业性及作用，引导企业建立科学的绩效评估机制，结合保值标的对企业进行综合评估考核，更科学地反映衍生品业务在降低风险方面的保值效果，减少不合理的考核制度对企业开展衍生品保值业务的制约。

（三）细化远期交易外汇风险准备金政策要求，适度降低风险准备金比例

目前，外汇风险准备金政策在售汇期限和企业适用性上均未做区分，使得不同类型企业各个期限下的远期购汇套保成本均显著上升，从而抑制了企业进行远期购汇套保的积极性。例如，不少具有短期限套保需求的客户囿于外汇风险准备金成本而选择持有汇率敞口至最终支付日，因而要承担较大的汇率波动风险。因此，建议进一步细化外汇风险准备金政策要求，对不同期限设置差别化的准备金缴存期限或缴存比例，对于重点支持的企业类型可以适度降低准备金缴存比例。

（四）明确外汇衍生产品展业和合规审查原则，给予银行实需管理一定的自主把握权

目前，制约人民币对外汇衍生品业务开展的主要原因在于银行对于实需交易背景的审核较难把握，面临较大的合规风险。为此，建议外汇局通过专题调研和座谈了解外汇衍生品展业审核工作中存在的具体问题，进一步明确外汇衍生产品展业和合规审查的原则和具体要求，在实需背景审核上提供更多确定性的指导意见。可考虑引入负面清单管理，在不出现恶意炒作等风险事件的前提下，给予银行实需审核上一定的自主把握权。

（五）进一步丰富市场交易主体，建设有竞争力的外汇市场

目前，我国外汇批发市场上的交易主体仍然是以银行为主，其外汇业务总体上仍存在粗放经营、变革迟缓，汇率定价能力、交易人员配置、制度建设和基础设施滞后于市场需求等诸多问题。建议在推进资本市场对外开放的过程中能够进一步丰富市场交易主体，逐步放开券商、基金、外资机构等多元化的主体进入境内银行间市场和开展对客交易，以增强竞争、推动变革，提高市场运行效率和服务实体经济能力。

（六）鼓励银行人民币对外汇衍生产品创新，提供更加丰富的套保工具

鼓励银行针对企业特点，创新性地推出灵活度更高或者量身定制的人民币对外汇衍生产品，以提升产品性价比和客户吸引力，为企业提供更加丰富的套保工具。一是进一步丰富人民币对外汇掉期业务的期限结构，以满足客户不同期限的套保需求；二是在条件成熟时适时推动人民币对外汇期货产品，逐步放开人民币对外汇奇异期权，以满足企业多元化的套保需求；三是从国家层面出台相关配套措施，针对企业"一带一路"相关的外汇风险提供相应的外汇风险对冲方案。

参考文献

［1］Uhlig H，"What Are the Effects of Monetary Policy on Output？ Results from an Agnostic Identification Procedure"，*Journal of Monetary Economics*，Vol. 52，No. 2，2005，pp. 381–419.

［2］李刘阳：《人民币汇率双向波动格局下的外汇衍生品发展》，《新金融》2019 年第 6 期。

［3］刘竞先：《外汇衍生品市场发展须坚持实需原则》，《中国外汇》2017 年第 6 期。

［4］刘文财、朱钧钧、黎琦嘉：《人民币国家化与外汇期货市场建设研究》，中国金融出版社 2013 年版。

［5］胡潇予：《中国外汇衍生品市场现状、问题及发展建议》，《西南金融》2018 年第 9 期。

［6］胡潇予：《外贸企业如何运用外汇衍生品应对汇率风险》，《金融理论与实践》2018 年第 2 期。

［7］马泽昊、廖慧、刘奕辰：《全球金融危机下的银行贷款供给冲击研究——基于符号限定 SVAR 的实证分析》，《金融评论》2013 年第 4 期。

［8］斯文：《我国外汇衍生品市场发展及国际贸易效应分析》，《国际金融》2015 年第 5 期。

［9］孙国峰：《发展外汇衍生品市场的要义》，《金融市场研究》2017 年第 6 期。

［10］王大贤：《汇率波动、银行外汇掉期业务发展研究》，《中国信用卡》2018 年第 9 期。

货币政策工具、货币供应量与固定资产投资

李　伟　等①

　　国际金融危机以来，世界发达经济体复苏缓慢，发展中国家和新兴市场增速放缓，只有我国尚能维持一定程度的高速增长。这中间，固定资产投资所起的作用不可忽视。货币供应量是否要考虑固定资产投资的需要，使之符合企业固定资产投资的需求，以充分发挥固定资产投资的乘数效应，将成为一项紧迫的课题。

一、文献综述

　　目前，对货币政策工具与固定资产投资关系研究的文献较少，下面分别对货币政策工具、固定资产投资的文献加以综述。

（一）货币政策工具的文献综述

　　多数研究货币政策工具的文献以货币政策的有效性为着力点，以货币政策的有效性对货币政策工具的运用进行判断取舍。如何评判货币政策的有效性呢？西方经济学理论认为，货币政策有效性问题就是指货币政策能否影响产出等真实经济变量。1995 年《中华人民共和国中国人民银行法》第三条也明确规定："货币政策目标是保持货币币值的稳定，并以此促进经济增长。"故货币政策能否保持物价稳定和能否影响产出，是决定货币政策有效性的主要标准。一般而言，货币中介目标有

---

　　① 李伟，中国人民银行营业管理部会计财务处。参与执笔人：卜国军、孙昱、杨小玄。其中，卜国军供职于中国人民银行营业管理部国际收支处；孙昱供职于中国人民银行营业管理部货币信贷处；杨小玄供职于中国人民银行营业管理部金融研究处。
　　注：本文仅为课题组学术思考，与供职单位无关。

货币供应量和利率，货币政策正是通过这两个中介目标对物价和产出产生作用的。大多数文献也是围绕这两个中介目标构建模型，对货币政策的有效性进行评价，进而对货币政策工具进行判断取舍（分为数量型货币政策工具和价格型货币政策工具）。如夏斌（2001）认为，由于基础货币和货币乘数的较大波动性，央行难以控制货币供应量，数量型目标并不宜作为我国的中介目标。张晓慧（2011）认为，随着利率市场化改革的深入，货币供应量的可控性、可测性和相关性越发不能满足中介目标的要求。周小川（2013）认为，价格型工具的信号功能愈发凸显，货币政策工具正在从偏重于数量型工具向偏重于价格型工具转变。但也有学者提出不同意见：盛天翔和范从来（2012）认为，在取消贷款规模控制后，通过数量型工具调节商业银行资金来源、改变贷款创造能力、控制贷款供给比通过价格型工具调控信贷总量更有效。刘喜和等（2014）认为，如果货币政策的目标是治理通货膨胀，数量型与价格型货币政策工具的作用效果差异不大；如果货币政策的目标是解决经济增长问题，那么数量型货币政策工具的效果强于价格型货币政策工具。卞志村（2015）认为，数量型货币政策工具更有利于通货膨胀的稳定。陈丽英和乐明浚（2018）认为，常备借贷便利、中期借贷便利、抵押补充贷款等创新型货币政策工具对货币供应量的作用要大于对利率的作用。郝东东等（2018）认为，数量型货币政策工具调控的有效性要优于价格型货币政策工具。就此，本文拟通过构建包括进出口贸易、消费和投资同货币供应量的方程，计算出投资与货币供应量的相关系数，同货币政策工具所能提供的货币供应量进行比较，判断我国现阶段的货币政策是否符合实际。

（二）固定资产投资的文献综述

由于本文主要研究的是货币政策工具、货币供应量与固定资产投资之间的关系，货币供应量与固定资产投资是否应维持一个适当的比例，货币供应量能否满足固定资产投资的需要将成为文献综述关注的焦点所在。究其原因，固定资产投资是财政政策着力的范畴，但是我国财政融资主要是通过银行信贷而进行的，这种信贷扩张主要不是通过增加基础货币来实现，而是通过改变货币乘数来实现，财政扩张刺激信贷投放，滞存在银行体系的货币减少，超额准备金率下降，从而货币乘数上升，相应地，货币供应量增加以支持财政扩张。关于此点，陈耀先（1995）曾指出，投资总量必须与社会信用总量相适应。李健生（1988）也指出，开放长期资金市场后，一定会造成固定资产投资规模的扩张，但如果企业不能对边际投资效率、风险等因素进行有效控制，这种扩张极其容易失控。

有经济学家提出，应加大投资，提振经济。如徐诺金（2012）认为，从柯布—道格拉斯生产函数来看，投资对经济增长有着直接的作用；相反，消费对经济增长的贡献有限。因此，为了维持一定速度的经济增长，必须维持一定比例的投资，而维持一定比例的投资，则需提供一定数量的货币予以支持。

二、货币供应量与固定资产投资的配比及后果

货币主义的观点认为，货币发行的价值总量不能大于商品价值总量，否则会引起物价全面上涨。在实践中也是如此。早在货币主义产生的 30 年前，我国经济学家薛暮桥在山东抗日根据地主持经济工作时，为排挤伪币、法币，建立单一的抗币本币制度，规定每发行 1 万元的抗币，必须有 5000 元用来购存粮食、棉花、棉布、花生等物资，作为货币发行的锚，建立货币与物资的配比关系，由此保证了抗币的币值稳定，取得了山东抗日根据地的货币战争胜利。

三、模型的设立与估计

（一）模型的设立

根据前述薛暮桥的经济实践和货币主义"货币发行的价值总量不能大于商品价值总量"的观点，应使得货币供应量不能大于商品价值。在现代经济学中，通常用 GDP 表示按市场价格计算的一个国家（或地区）所有常驻单位在一定时期内（一般指 1 年）生产活动的最终成果，即所谓的商品（含服务）价值总量；用 M2 表示

货币供应量，为现金+单位活期存款+准货币（单位定期存款+居民储蓄存款+其他存款+证券公司客户保证金+住房公积金中心存款+非存款类金融机构在存款类金融机构的存款），大致为所有银行中的存款，即所谓的货币发行的价值总量。如何判断 M2 是否适当呢？一般用 M2/GDP 进行衡量。M2/GDP 实际衡量的是在全部经济交易中，以货币为媒介进行交易所占的比重。总体上看，它是衡量一国经济金融化的初级指标。通常来说，该比值越大，说明经济货币化的程度越高。但是，M2 是一个存量指标，即时点数，GDP 为流量指标，即时期数。用 M2/GDP 判断 M2 是否适当，有可能得出错误的结论，即 M2 是适当的，但是 M2/GDP 过高，从而采取了信贷紧缩的政策。因此，需要用每年新增的 M2 与当年 GDP（因为 GDP 是当年新增的商品及服务价值总量）进行比较，即用 ΔM2/GDP 判断货币供应量是否适当。也就是说，ΔM2 与 GDP 有着稳定的函数关系，而 GDP 按支出法计算包含最终消费、投资、净出口金额。就此构建方程如下：

$$\Delta M2 = \alpha + \alpha_1 C + \alpha_2 I + \alpha_3 IM + \varepsilon \tag{1}$$

其中，ΔM2 为当年新增货币供应量，即所有银行中的存款，C 为最终消费，I 为投资，IM 为净出口金额，ε 为随机扰动项。

（二）模型的估计

现对方程进行实证检验，样本数据时间范围为 1989—2018 年的年度数据，对所有数列进行稳定性检验。经检验所有数列均为一阶单整，ADF 检验结果如表 1 所示。

表 1　稳定性检验结果

单位根检验	T 统计量	相伴概率	是否平稳
ΔM2	-0.4810	0.8812	不平稳
D（ΔM2）	-6.5461	0.0000*	平稳
C	3.4247	1	不平稳
D（C）	-4.7970	0.0055***	平稳

续表

单位根检验	T 统计量	相伴概率	是否平稳
I	1.5942	1	不平稳
D（I）	-3.7060	0.0416**	平稳
IM	-1.4384	0.9996	不平稳
D（IM）	-3.9923	0.0210**	平稳

注：***p<0.01，**p<0.05，*p<0.1。

所有数列均为同阶单整，通过 EGLE GRANGER 协整检验发现数列间存在长期稳定关系，故对 $\Delta M2$、C、I、IM 进行协整回归，结果如表2所示。

表2　回归结果

变量	系数	标准误	T 统计量	P 值
I	0.828431	0.135741	6.103036	0
C	-0.417246	0.11793	-3.538086	0.0016
IM	1.34924	0.305883	4.410972	0.0002
α	8134.598	2994.617	2.716407	0.0118
R-squared R^2	0.949021	因变量均值		62579.12
调整 R^2	0.942903	因变量标准差		56443.81
回归的标准误	13487.19	残差平方和		4.55E+09
长期方差	83606033			

方程拟合优度为 0.9490，I 系数非常显著，明确显示两者具有显著的正相关关系，即当投资增加 1 单位，将增加 0.828431 单位的 M2 投放（根据"IS-LM"模型，投资=储蓄，储蓄增加也就导致投资，而 M2 就是所有银行中的存款）。其余系数也非常显著：消费每增加 1 单位，将减少 0.417246 单位的 M2 投放，消费具有回收货币的功能（导致存款也即储蓄减少）；净出口增加 1 单位，将增加 1.34924 单位的 M2 投放，因为净出口将带来外汇收入，将其转为人民币，将扩大 M2。

四、政策建议

一是建议为改善企业和居民的债务杠杆率,加大基础货币投入,扩大货币供应量,满足固定资产投资和消费端的需要。目前,我国计算债务杠杆率指标多用债务余额/GDP 计算得出,但是这样得出的指标有不合理之处,首先债务余额是存量指标,GDP 是流量指标,两者比较容易得出错误结论;其次债务余额与 GDP 无直接的因果关系。从经济运行过程中来看,债务总额与资产总额具有内在的因果关系(资产=负债+所有者权益),且资产负债率与金融危机密切相关。故使用资产负债率衡量债务杠杆率更为恰当,即债务杠杆率=债务/(债务+自有资金)。根据该公式,可采取扩大企业和居民的自有资金,有效降低债务杠杆率。而货币供应量=基础货币(通货+银行现金库存+存放在央行的准备金)×货币乘数,故可通过增加科研工作者、教师、军人等人员的薪金收入,实现收入倍增,同时提高低收入群体的补贴力度,增加其货币收入,双管齐下,提高居民的消费能力。国家发行基础货币成立战略物资储备联合体,专门用来收购基础农产品和资源品进行储备,并面向铁总、中国建筑集团有限公司等大国企采用再贷款、再贴现等方式发行基础货币,用来建设铁路、学校、医院等公共福利设施,增加社会上关联企业的收入并降低其运营成本。从居民和企业两方面着手,可有效改善债务杠杆率,进而消化过剩产能,促进经济持续循环健康发展。

二是建议在审慎研究的基础上,由国家发行专项债或运用专项再贷款政策,建立专项研发基金,用于支持芯片等战略新兴产业的固定资产投资,实施重点突破,夯实我国科技行业健康发展的基础。2018 年,我国芯片进口额达到 3120.58 亿美元,已超过 2018 年石油进口额(2402.62 亿美元)①,我国未来移动支付、无人驾驶、物联网等建设至关重要,必须要下定决心、花大力气,完成芯片等战略新兴产业的突破性发展,为我国经济发展创造有利条件。

---

① 数据来源于海关总署。

参考文献

［1］夏斌：《货币供应量已不宜作为我国货币政策唯一中介目标》，《经济研究》2001年第8期。

［2］张晓慧：《国际收支顺差下货币政策工具的选择》，《中国金融》2011年第9期。

［3］周小川：《新世纪以来中国货币政策的主要特点》，《中国金融》2013年第2期。

［4］刘喜和、李良建、高明宽：《不确定条件下我国货币政策工具规则稳健性比较研究》，《国际金融研究》2014年第7期。

［5］盛天翔、范从来：《信贷调控：数量型工具还是价格型工具》，《国际金融研究》2012年第5期。

［6］卞志村、胡恒强：《中国货币政策工具的选择：数量型还是价格型——基于DSGE模型的分析》，《国际金融研究》2015年第6期。

［7］陈丽英、乐明浚：《我国创新型货币政策工具有效性研究》，《浙江金融》2018年第2期。

［8］郝冬冬、王晓芳、郑斌：《数量调控还是价格调控——新常态下货币政策调控方式选择研究》，《财贸研究》2018年第6期。

［9］陈耀先：《投资总量必须与社会信用总量相适应》，《金融研究》1995年第9期。

［10］李健生：《论开放长期资金市场与固定资产投资规模的扩张和控制》，《金融研究》1988年第3期。

［11］徐诺金：《当前要稳增长就必须稳投资》，《中国中小企业》2012年第10期。

地方政府债务风险识别与
预警机制研究

翟盼盼　等①

摘　要：在近年来的实践中，对地方政府债务规模的估算差异极大，压缩债务规模引发新的风险。研究认为，我国现阶段的地方政府债务可以分为直接显性债务、直接隐性债务、或有隐性债务三类，而债务风险包括资金无效风险、债务偿付风险、政策外溢风险。对于地方政府隐性债务，资金无效风险相比于债务偿付风险更关键。同时，构建了涉及三类风险的 14 个一级识别指标和 30 个二级识别指标，并认为人民银行国库收支数据是识别指标数据的重要来源。

一、地方政府债务风险的再认识

对地方政府债务风险再认识是避免政府债务"妖魔化"的基础。目前，对于政府债务的风险到底是什么，没有一个明确的定义和范围。

（一）地方政府债务风险不等于地方政府债务规模，也很难仅用债务规模数据来识别

地方政府债务规模和地方政府债务风险密切相关，债务风险随着债务规模的增加而增加。但是，绝不能仅以债务规模来识别债务风险的大小，也绝不能将防范和化解债务风险等同于压缩债务规模。

---

① 翟盼盼，中国人民银行营业管理部国库处。参与执笔人：朱雨萌、王鹏。其中，朱雨萌供职于中国人民银行营业管理部法律事务处；王鹏供职于中国人民银行营业管理部办公室。

注：本文仅为课题组学术思考，与供职单位无关。

这是因为，一方面，地方政府债务主要用于政府投资，政府投资的重要特征就是规模巨大，如公路、铁路、机场等基础设施投资规模与企业投资规模是无法相比的；另一方面，关于地方政府债务规模的大小无法测定，尤其是大量的地方政府隐性债务规模尚没有一个权威的数据。地方政府债务全口径数据底数不清，披露的显性债务规模难以代表政府债务的全貌，而隐性债务规模没有权威数据参考，估算数据差异巨大。这对于仅通过赤字率、负债率、债务率、偿债率等规模指标及其组合来识别和预警地方政府债务风险是致命性的挑战。也就意味着，仅通过规模指标及其组合对地方政府债务风险进行识别和预警的基础极其薄弱。

（二）地方政府债务风险不限于债务违约风险，更重要的是债务引致风险和使用效益风险

1. 地方政府债务风险重点不在债务违约，更在债务之外的引致风险

地方政府债务的主体是政府，而我国并不存在政府破产制度。因此，从根本上来说，我国地方政府债务不会出现"违约"情况。而备受关注的城投债违约、融资平台债务违约等基本都不属于政府项目债务违约。从引发广泛关注的 2018 年新疆建设兵团六师城投债"17 兵团六师 SCP001"来看，债券本息在一天后得到兑付，且对于该笔债券是否属于城投债争议较大。地方政府债务风险不应只通过各种比率的测算来评估政府债务是否能够按期兑付风险，因为政府总有"办法"寻找偿付资金。地方政府债务风险的重点正在于这些"办法"，如上级乃至中央政府兜底、加大税收征缴增加财力、挤占金融资源、期限错配、债务货币化等带来的债务之外的引致风险。总而言之，认识地方政府债务风险要更多关注的是政府（包括地方政府和中央政府）为了偿还债务而采取各种"办法"引致的风险，需要将政府债务风险放在经济、财政、金融的系统中考量。

2. 地方政府债务风险重点不在债务规模，更在于债务资金使用效益

地方政府作为主体举借大量显性和隐性债务为政府投资活动提供支持，而债务资金的使用效益就体现为政府投资的有效性。由于债务资金使用的目的不同，各类

债务资金的使用效益要区别来看。地方政府一般债务的使用目的在于弥补年度一般公共预算赤字,其使用效益体现为一般公共预算支出的效果;地方政府专项债务的使用集中在收费公路、土地储备、棚户区改造等基础设施建设上,其使用效益重在项目自身现金流状况、对"稳投资"的拉动、经济增长后劲形成等方面;通过国有企业、融资平台、PPP 项目公司等渠道形成的地方政府隐性债务的使用与专项债比较接近,其使用效益需要关注项目投资的合理性、必要性,项目现金流、经济拉动效果等。

二、地方政府债务类别比较与现阶段分类

地方政府债务的形成有其特定的历史因素,是在不同时期的经济社会发展、制度法律约束等因素的共同作用下形成的,而债务资金的用途也是各有差异。因此,对于地方政府债务的风险不能按照一个总的数量规模进行判断分析,而是需要将地方政府债务进行分类,进行有针对性的识别。

(一) 政府债务在国内和国外分类差异

对于政府债务风险的分类,应用最为广泛的是世界银行经济学家 Brixi 等(2000)提出的财政风险矩阵(Fical Risk Matrix),即将政府债务风险分为直接显性债务、直接隐性债务、或有显性债务、或有隐性债务四类。

但是,我国对于政府债务的分类却不是采用这一国际分类方法。国家审计署公告将地方政府性债务划分为三类,分别是负有偿还责任的债务、负有担保责任的或有债务、可能承担一定救助责任的债务。财政部在《2009 年政府性债务报表》,将我国地方政府债务分为三类,分别为政府负有直接偿债责任的显性债务、政府负有担保责任的显性或有债务、政府负有兜底责任的隐性或有债务(即政府可能承担一定救助责任的债务)。

(二) 隐性债务在国内和国外概念不同

我们现在称为地方政府隐性债务的是,地方政府在法定债务限额以外存在着的

并且按照相关规定属于违法违规融资形成的变相举债、担保举债等债务余额。这些债务绝大部分是有明确的合同或函证的，是以地方政府的担保函、慰问函、人大决议等形式通过融资平台公司、国有企业等形成的债务，或者是通过 PPP、政府股权投资基金、政府购买服务、融资租赁等渠道形成的"明股实债"。

因此，国内所说的地方政府隐性债务和国际上称为的隐性债务有着根本的差异，是完全不同的两个概念。国际上显性和隐性的划分是以是否有明确的法律或合同约定为标准，而国内对显性和隐性的划分是以是否合法合规、是否被披露统计为标准的。国外按 Hana Polackova Brixi 财政风险矩阵分类的政府隐性债务范围要宽泛得多。而国内对地方政府隐性债务的研究实质上是违法违规未被披露出来的地方政府显性债务。

（三）现阶段我国地方政府债务类别

2014 年修改后的《中华人民共和国预算法》实施后，在限额内发行地方政府债券是地方政府唯一合法的举债渠道。但是，由于政府投融资行为惯性和巨大的融资缺口难以满足，在近五年又衍生了许多违法违规的融资方式，这部分融资形成的政府债务加上 2014 年之前未披露出来的融资形成的政府债务构成了现阶段地方政府的隐性债务。尤其是 2014—2017 年所形成的隐性债务规模迅速膨胀。

在矩阵分类的方法下，我们将现阶段地方政府债务进行分类，形成三个类别。这是因为，我国《中华人民共和国担保法》第八条明确规定："国家机关不得为保证人，但经国务院批准为使用外国政府或者国际经济组织贷款进行转贷的除外。"地方政府在法律上不具备合法担保资格。因此也就不会形成合法、公开的或有显性债务。

如表 1 所示，现阶段我国地方政府债务主要包括直接显性债务（一类债务）、直接隐性债务（二类债务）、或有隐性债务（三类债务）。

表 1 现阶段我国地方政府债务类别

债务类别	直接债务（任何条件）	或有债务（特定条件）
显性债务（合法、公开）	1. 地方政府新增债券（包括一般债券和专项债券）； 2. 地方政府再融资债券（包括一般债券和专项债券）； 3. 地方政府置换债券（包括一般债券和专项债券）； 4. 上级财政转贷（外债转贷、国债转贷、地方政府债券转贷、农业综合开发借款、其他财政转贷）	
隐性债务（违法违规、未披露）	1. 地方政府通过融资平台公司、国有企业、经费补助事业单位等相关主体举借的明确由财政性资金偿还但被未纳入预算安排的债务； 2. 地方政府对企业和个人的拖欠款（主要是拖欠工程款）； 3. 通过政府购买服务名义等违规举债	1. 通过出具政府担保函、承诺函、保底函、人大决议等方式，通过融资平台公司、国有企业、经费补助事业单位等相关主体举借的债务（以财政资金担保）； 2. 通过 PPP、政府股权投资基金等渠道形成的"明股实债"

资料来源：笔者整理。

三、地方政府债务风险特征及分类识别预警

如前文所述，现阶段我国地方政府债务可以划分为三个类别，而三类地方政府债务所具备的风险特征是不相同的。防范和化解地方政府债务风险应该着眼于不同类别地方政府债务的风险特征进行分别识别。

（一）地方政府债务风险内涵与划分

关于地方政府债务的风险，不管是理论探讨、监管实践还是市场研究，目前主要的焦点都集中于地方政府债务规模过大带来的偿付风险，存在着大量对测算地方政府债务规模，尤其是隐性债务规模的报告。但如前文所述，除了偿付风险，地方政府债务更大的风险是债务偿付之外的风险。

本文认为，地方政府债务风险包括三个类别：一是地方政府债务资金使用没有

达到预期效果，带来的资金无效风险；二是债务主体不能按时偿付到期债务，带来的债务偿付风险；三是政府为偿付债务而采取进一步行动，带来的政策外溢风险。并且，这三类风险是环环紧扣的，如果债务资金使用高效，债务到期偿付风险就会较小，而到期债务能够按期偿付，那么政府就不会为偿付债务而被迫采取行动。

（二）各类政府债务的风险匹配

如上，我们认为现阶段我国地方政府债务类型包括直接显性债务（一类债务）、直接隐性债务（二类债务）、或有隐性债务（三类债务）；政府债务风险包括资金无效风险、债务偿付风险和政策外溢风险。不同类别的地方政府债务存在的债务风险各不相同。

1. 直接显性债务的风险特征

一般政府债券（包括新增、置换、再融资）主要用于公共服务，资金无效风险与财政资金支出进度、财政资金投向、民生改善状况相关；债务偿付风险与政府一般债务限额（总限额和新增限额）、到期债务规模、一般公共预算收入、税收收入、国库库存等相关；政策外溢风险与债务规模、债券利率等相关。

专项政府债券（包括新增、置换、再融资）主要用于土储、收费公路、棚改、环保等专项具体工程，为收益性项目，是稳投资、增后劲的抓手，资金无效风险与项目可行性、资金支出进度、资金投向、项目现金流、固定资产投资增速、地区生产总值等相关；债务偿付风险与政府专项债务限额（总限额和新增限额）、到期债务规模、政府性基金预算收入、国库库存等相关；政策外溢风险与债务规模、债券利率、社会融资规模、LPR 等。

由于我国省级以下地方政府债券发行由省级地方政府代发，然后转贷。因此，省级以下地方政府债券的风险同上。而外债转贷、国债转贷、农业综合开发贷款等规模较小，其风险主要是偿付风险，与地方政府财政收入相关。

2. 直接隐性债务风险特征

直接隐性债务主要是指地方政府未披露、未置换、未纳入预算的 2014 年之前的债务，以及 2014 年后地方政府通过违法违规方式新增的直接具有偿付责任但未纳入预算的债务。以垫资款形式存在的地方政府对企业或个人的工程拖欠款、以政府购买服务名义进行变相举债等都是直接隐性债务的一部分。

直接隐性债务主要用于公益性项目，资金投入项目产生较少的现金流。公益性项目的资金无效风险较难评估，尤其是对于隐性债务投入的公益性项目，资金进展难以度量，而民生改善的状况需要调查。对于纯公益行业，投资有效性需看对民众的服务质量满意程度，需建立民主评价程序。民众对政府投资项目满意程度越高，投资越有效。债务偿付风险与一般公共预算收入、税收收入、国库库存等相关。

3. 或有隐性债务的风险特征

或有隐性债务是 2014 年后规模扩张最快、风险隐患最大的政府债务。或有隐性债务的出现主要是由于新增的地方政府债券发行规模远远不能满足地方政府的融资需求。而 PPP 项目、融资平台公司、政府购买服务等方式存在很大的变通空间，因此成为了地方政府补充融资需求的主要渠道。

或有隐性债务主要有两种形式：一是政府的违规担保（包括担保函、承诺函、慰问函、人大决议等），即政府承诺在未来某个时间段内以财政资金对项目债务进行偿还。二是明股实债（主要存在于 PPP 项目、政府产业投资基金中）。

或有隐性债务涉及的规模大、主体多、方式多，变化的空间大，其规模很难测定，但这部分债务却具有明显的特征。一是债务资金用途主要用于收益性的基础设施项目，不是纯公益性项目，具有一定的现金流。二是债务本息不是确定由财政资金偿还，更多的是财政资金的担保。也就是说，这部分债务的偿还首先是通过项目的收益来偿还，在项目收益未产生或者不能覆盖本息时，财政资金予以偿还。三是这部分债务的项目主要通过融资平台公司、PPP 项目公司、基础设施建设公司等主体实施。基于以上特征，我们可以重新对或有隐性债务风险进行审视。

本文认为，或有隐性债务风险首先是资金无效风险，提高债务资金使用效率，提高投资项目现金流回报是更为重要的防风险方式。

或有隐性债务资金无效风险的识别和监测，与收益性基础设施项目的领域分布、当前收益状况、未来收益预期、现金流、还本付息期限等相关。如果或有隐性债务的使用是有效的，那么项目自身的现金流可以覆盖其债务本息，那么触及财政性资金偿付的风险就会很小，同时还会拉动投资和经济的增长。如果或有隐性债务投入的项目尚未产生现金流但已经需要还本付息，或者现金流不能覆盖债务本息，此时的债务偿付风险就会提高。或有隐性债务的政策外溢风险主要是这部分债务资金的使用（政府的投资）对私人投资资源的挤出，在债务资金出现偿付风险后政府提高税收征缴、举借新债、信用下降，甚至通过增发货币进行弥补的行为风险。

（三）地方政府债务风险分类识别指标

1. 风险识别指标的要求

识别地方政府债务风险需要结合各类债务的风险特征，寻找合适的指标。这些指标需要满足以下几个条件：一是可量化。风险是无影无踪的，而构建指标的目的就是将无形的风险刻画出来。因此，选取的指标必须是可以观察的、可以统计量化的。二是高频率。风险的变化是动态的，对风险的观察也必须是动态的。因此，选取的指标要具有一定的高频性，如果指标的频次为一年，那么对于识别和防范风险无疑是失效的。理想的风险识别指标至少应为月度指标。三是精准性。数据的精准是识别指标有效性的前提，否则计算指标比率就丧失了意义。此外，相关指标还应该相对客观、权威。

2. 中国人民银行（本文中以下简称人民银行）国库数据是风险识别指标的重要来源

人民银行具有经理国库的职责，财政收支解纳大部分都通过国库实现。国库TIPS、TCBS（TBS）、TMIS产生或处理大量的数据。这些数据包括财政的税收收入、非税收入、债券收入、债券支出、国库库存、预算支出等主要指标，而且数据可量化、每天更新频率高、核算精准、客观权威。

同时，国库是财政政策与货币政策的桥梁、纽带，而政府债务也涉及财政政策与货币政策，债务风险主要就是财政风险和金融风险。因此，从大量的国库数据中挑选合适的指标对地方政府债务风险进行识别是可行和必要的。

3. 地方政府风险识别指标的构建

通过以上分析，本文对不同类别的地方债务风险构建了有针对性的债务风险识别指标（见表2）。

表2　地方政府债务风险指标体系

债务风险类型	风险识别指标（一级）	具体识别指标（二级）
资金无效风险	资金支出进度	实际一般公共预算支出/年度一般公共预算支出计划
		实际政府性基金预算支出/年度政府性基金预算支出计划
	专项债支出进度	土储专项债支出/土储专项债收入
		棚改专项债支出/棚改专项债收入
	民生支出规模	（教育支出+社保和就业支出+卫生健康支出+住房保障支出）/同期一般公共预算支出规模
	公益性项目收益	公益性基础设施项目满意度评估
	稳投资效果	地区全社会固定资产投资增速
	稳增长效果	地区GDP增速
	专项债项目收益	土储专项债券项目收入/土储专项债券余额
		棚改专项债券项目收入/棚改专项债券余额
	收益性项目收益	收益性基础设施项目现金流评估
		收益性基础设施项目收益率
债务偿付风险	债务负担率	地方政府债务余额/地区GDP
	债务率	地方一般债券余额/地方一般公共预算总收入
		地方专项债券余额/地方政府性基金预算总收入
	国库支付能力	地方政府债务余额/国库库存余额
		一年内到期地方政府债务本息/国库库存净额

续表

债务风险类型	风险识别指标（一级）	具体识别指标（二级）
政策外溢风险	债务规模	地方政府债务余额/核定地方政府债务限额
		再融资债券余额/地方政府债务余额
	融资挤占	地方政府专项债券余额/社会融资规模存量
		新增地方政府专项债券发行规模/新增社会融资规模
		城投债余额/社会融资规模存量
		新增城投债发行规模/新增社会融资规模
		地方政府一般债券发行平均利率
		地方政府专项债券发行平均利率
		城投债券发行平均利率
	政府信用	地方政府债券发行平均利率-同期国债利率
		区域政府债券发行平均利率-全国地方政府债券发行利率
		地方政府融资平台债务违约事件个数
		地方政府融资平台债务违约规模

资料来源：笔者整理。

（四）地方政府债务风险预警

防范地方政府债务风险需要在识别相关指标基础上建立风险预警机制。我国对地方政府的风险预警机制的研究较早，但直到 2008 年金融危机后，大规模的政府投资带来地方政府债务呈"井喷式"增长，地方政府债务风险加剧，地方政府债务风险预警机制才得以广泛建立。

但现有的地方政府债务风险预警机制存在一些实践中的问题。一是地方政府债务风险识别与预警标准各自为政，未设立统一的风险预警机制。二是地方政府债务风险的预警主要是对直接显性债务的预警，对直接隐性债务和或有隐性债务缺乏识别和预警手段。三是地方政府债务风险的预警标准多参考的是国外相关指标阀值，而且是以部分宏观性指标为主，操作实效性较差。如赤字率不超过《马斯里赫特条约》规定的 3%；债务负担率不超过《马斯里赫特条约》规定的 60%；债务率参照美国、新西兰经验阈值100%~150%等。三是以财政部门为主，其他部门参与较少，联合有效监测不足。

地方政府债务风险绝不局限于地方政府债务本身，风险的识别和预警也绝不是财政部门单独可以承担的。综合地方政府债务风险识别指标，本文认为应建立由多部门联合的定期风险预警机制。

一是地方政府债务风险预警机制需要多部门共同参与。地方财政部门、地方发展改革部门、人民银行分支机构、地方财政监管部门、银行保险监督管理部门等应组成地方政府债务风险识别预警委员会，对政府债务融资、投资、项目建设、资金回收、项目评估等全流程环节进行风险数据收集和研判。

二是地方政府债务风险预警应在宏观风险和微观风险上同时着力。地方政府债务风险预警不能仅以宏观指标为依据，风险总是起源于微观项目。因此，对于地方政府债务风险的识别预警，尤其是对收益性项目涉及的或有隐性债务风险的识别和预警必须精确掌握项目资金流的变动，以资金无效风险预警为核心。

三是地方政府债务风险预警有无必要对识别指标进行综合加权需要进行讨论和测算。通过综合加权风险识别指标，得到一个风险总指标（评分制），并测算出预警阈值，设立风险区间（如哥伦比亚的信号灯模式，将地方债务分为红灯区、黄灯区、绿灯区）是较为直观和通用的方法。但这种综合加权中各个指标权重的设定和综合指标的敏感度存在一定难度。而且识别指标权重还需要根据具体情况进行调整，否则会造成总指标的不可比。在没有明确加权论证的条件下，更有效的风险预警应是通过委员会对系列风险指标进行逐一研判，防范结构性风险。

参考文献

[1] Brixi H P, Shatalov and Zlaoui L, "Managing fiscal Risk in Bulgaria", *Policy Research Working Paper Series*, 2000.

现金清分社会化过程中的
竞争与效率初探
——以北京地区为例

祝　艳　等[①]

作为货币流通体系的重要组成部分，现金清分业务泛指对现金进行区分归类、真伪鉴别、数量清点和统计，按统一规格进行捆扎包装等一系列处理过程。近年来，随着货币金银业务转型发展的深入推进，现金清分业务也逐步在社会化进程上进行了许多有益探索，在产业竞争和市场监管方面遭遇到前所未有的挑战。对现金清分社会化进程进行实地调研和理论分析，有助于中国人民银行（本文中以下简称人民银行）在转型过程中准确定位监管方向、发挥引导和规范的作用。

一、北京地区现金清分社会化的发展现状

（一）历史背景

20 世纪 90 年代，银行业金融机构开始尝试将现金押运工作交由保安服务公司完成，开创了现金清分社会化实践的先河。2007 年，北京市政府发布了《关于加快首都金融后台服务支持体系建设的意见》，提出了关于金融后台服务区的建设规划。2009 年 1 月，国务院办公厅发布了《关于促进服务外包产业发展问题的复函》，同意将包括北京在内的 20 个城市确定为中国服务外包示范城市。2009 年 9

① 祝艳，中国人民银行营业管理部钞票处理中心。参与执笔人：卫宏泽、王雷、胡月，供职于中国人民银行营业管理部货币金银处。

注：本文仅为课题组学术思考，与供职单位无关。

月，人民银行联合多部门联合发布《关于金融支持服务外包产业发展的若干意见》，鼓励金融机构作为发包方积极探索将非核心后台业务外包给有资质的服务外包企业。2013 年人民银行发布了《中国人民银行办公厅关于银行业金融机构对外误付假币专项治理工作的指导意见》，明确要求纸币现金应逐步实现全额清分，并允许银行业金融机构自主选择全额清分的实现方式，社会化外包服务机构由此开始参与现金清分业务，业务涵盖金库现金清分、ATM 机清分和加钞等多项内容。2017 年，人民银行在货币金银工作会议上再次明确，货币金银业务转型发展的路径之一就是继续将部分现金业务交由现金外包服务机构进行处理。到 2019 年上半年，北京市辖区内共有 69 家现金服务中心，9 家社会化外包服务机构与 19 家中资商业银行共同参与现金清分业务，形成了以驻场式为主的商业银行自行清分、委托社会化外包服务公司清分以及两者相结合三种清分模式共存的格局。

（二）发展现状

1. 商业银行视角

选取了现金收付量较大的 19 家中资商业银行，通过问卷和座谈两种形式开展了调查①，结果如表 1 所示。

调查显示，目前辖区内仅有恒丰银行北京分行、中国邮政储蓄银行北京分行和中国民生银行北京分行 3 家仍采取本行自行清分的方式开展现金清分；其余 16 家银行先后引入了社会化外包服务公司作为第三方参与现金清分。其中，北京银行、兴业银行北京分行和中国工商银行北京市分行 3 家银行已完全实现了现金清分业务的社会化转变，其余 13 家银行则采取了本行自行清分和社会化外包公司相结合的方式逐步推进社会化进程。除了渤海银行北京分行之外，绝大多数银行采用了驻场式外包清分，即清分场地由作为发包方的商业银行提供，承接外包服务的社会化公司仅负责提供相应的人员和管理。开展社会化外包服务之后，多数商业银行

---

① 北京市辖区内，除上述 19 家中资银行之外的城市商业银行和外资银行现金业务规模较小，通常采用委托他行代理的方式开展现金清分。

表示现金清分效率有所提高，差错率出现不同程度的下降。

表1　2019年19家中资银行现金清分方式调查情况汇总

序号	银行业金融机构名称	现金清分方式	外包模式	外包公司数量	外包开始时间	外包后本行管理人员数量	外包后差错率下降幅度
1	恒丰银行	本行自行清分					
2	中国邮政储蓄银行						
3	中国民生银行						
4	北京银行	委托社会化外包公司	驻场式	2	2016年	8	持平
5	兴业银行			1	2019年	1	持平
6	中国工商银行			2	2011年	31	大幅
7	中国光大银行	本行自行清分与委托社会化外包公司相结合	驻场式	1	2012年	1	大幅
8	交通银行			1	2013年	4	大幅
9	北京农商银行			3	2016年	0	小幅
10	中信银行			2	2013年	2	小幅
11	招商银行			1	2018年	2	小幅
12	浦发银行			1	2017年	2	持平
13	平安银行			1	2014年	0	大幅
14	华夏银行			1	2015年	0	持平
15	广发银行			1	2013年	0	持平
16	中国建设银行			3	2011年	0	大幅
17	中国银行			2	2015年	2	小幅
18	中国农业银行			1	2013年	4	大幅
19	渤海银行		离场式	1	2014年	2	持平

2011年，中国建设银行北京市分行和中国工商银行北京市分行开始最早尝试现金清分社会化并引入了多家第三方公司开展现金清分服务。外包服务的新增需求从2013—2016年的每年2至4家到2017—2019年的每年1家，呈稳定上升态势，

现金清分量逐年攀升。

2. 社会化外包服务公司视角

对辖区内现有的 9 家社会化外包服务公司进行问卷式摸底调查，结果如表 2 和表 3 所示。

表 2　当前 9 家现金清分社会化外包服务公司业务概况

序号	单位名称	主要服务客户	是否跨区域	是否提供清分设备	是否提供清分款项运输
1	中信外包服务集团有限公司	中信银行、浦发银行	是	否	否
2	四川金投科技股份有限公司	中国农业银行、中国建设银行、北京农商银行、广发银行	是	否	否
3	北京民融昌泰科技有限公司	中国工商银行、兴业银行	是	否	否
4	湖南丰汇银佳科技股份有限公司	中国工商银行、中国银行、交通银行、中信银行、招商银行、北京银行、北京农商银行	是	是	否
5	聚龙股份有限公司	中国建设银行	是	否	否
6	北京振远护卫中心清分营业部	渤海银行	否	是	是
7	北京银联商务有限公司	中国光大银行、北京银行、华夏银行	否	否	否
8	北京建银劳务派遣有限责任公司	中国建设银行、平安银行	否	否	否
9	北京银河润天科技有限公司	中国银行、北京农商银行	否	否	否

注：跨区域是指除北京地区外，还承接国内其他省市的现金清分外包业务。

表3　当前9家现金清分社会化外包服务公司经营概况

序号	单位名称	注册资本（万元）	辖区内外包合同总额（万元）	占全国业务比重（%）	辖区内合同执行额（万元）	辖区内合同执行进度（%）	辖区内从业人数	占全国人数比重（%）	人力成本占总成本的比重（%）	设备成本占总成本的比重（%）	近三年是否盈利
1	中信外包服务集团有限公司	25900	1650	25.25	809	49.03	129	23.63	78	0.50	是
2	四川金投科技股份有限公司	13500	574	6.63	274	47.74	70	13.21	90	0	是
3	北京民融昌泰科技有限公司	5000	1786	27.68	15.51	0.87	27	8.49	74	0	是
4	湖南丰汇银佳科技股份有限公司	6600	25000	40.32	5104	20.42	404	28.61	91	1.10	是
5	聚龙股份有限公司	54956.4	400	8.33	400	100.00	18	2.09	90	0	是
6	北京振远护卫中心清分营业部	10000	3200	—	3200	100.00	279	—	85	0.10	是

续表

序号	单位名称	注册资本（万元）	辖区内外包合同总额（万元）	占全国业务比重（%）	辖区内合同执行额（万元）	辖区内合同执行进度（%）	辖区内从业人数	占全国人数比重（%）	人力成本占总成本的比重（%）	设备成本占总成本的比重（%）	近三年是否盈利
7	北京银联商务有限公司	10000	231	—	231	100.00	16	—	85	0	是
8	北京建银劳务派遣有限责任公司	200	以实际工作量结算	—	—	—	31	—	76	0	是
9	北京银河润天科技有限公司	3000	以实际工作量结算	—	—	—	120	—	95	0	否

注：序号6~9的外包公司仅承接北京辖区内业务，无全国数据。

    调查显示，截至2019年上半年，北京市现金清分行业中，有5家公司在全国范围内承接跨区域外包项目，另有4家仅在北京辖区内开展外包业务。由表2可见，当前的社会化外包服务市场业务模式存在明显的同质化趋势，除个别情况外，一般不提供运输服务（北京振远护卫中心清分营业部除外），不提供专用机器设备（湖南丰汇银佳科技股份有限公司和北京振远护卫中心清分营业部除外）。商业银行与社会化外包服务公司之间并非简单的发包、承包一一对应的关系，而是一对一、一对多和多对一并存且时有变化的复杂动态关系。如表2所示，除北京银河润天科技有限公司1家情况特殊之外，其余8家社会化外包服务公司近三年来均处于盈利状态，虽然具体经营状况各不相同，但普遍人力成本占比较高、设备成本占比较低。

二、现金清分社会化服务市场的寡头垄断特征分析

本文运用 SCP 理论框架，从市场结构（Structure）、市场行为（Conduct）、市场绩效（Performance）三个方面分析北京地区现金清分社会化外包服务市场的经济活动模式，如图 1 所示。

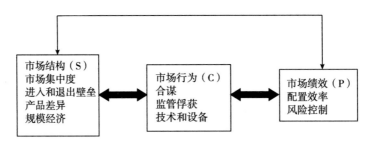

图 1 哈佛学派 SCP 理论三大要素传导机制

（一）市场结构（Structure）分析

1. 市场集中度

当前，北京地区有 9 家现金清分社会化外包服务公司为 69 家现金中心服务，占据全部市场份额。按照贝恩的市场结构划分标准（见表 4），以规模最大的前 4 家公司的相关数值（主要选取 2018 年现金清分捆数）占整个行业的份额进行测算，得出北京市现金清分社会化外包服务行业的集中度指数 CR_4 为 95.49%，其产业结构为寡占 I 型，属于极高寡占型。

表 4 贝恩市场结构分类标准

集中度 市场结构	CR_4 值（%）	CR_8 值（%）
寡占 I 型	$CR_4 \geq 85$	—
寡占 II 型	$75 \leq CR_4 < 85$	$CR_8 \geq 85$
寡占 III 型	$50 \leq CR_4 < 75$	$75 \leq CR_8 < 85$
寡占 IV 型	$35 \leq CR_4 < 50$	$45 \leq CR_8 < 75$

集中度 市场结构	CR$_4$ 值（%）	CR$_8$ 值（%）
寡占V型	30≤CR$_4$<35	40≤CR$_8$<45
竞争型	CR$_4$<30	CR$_8$<40

2. 进入和退出壁垒

进入壁垒主要表现在必要资本量、技术优势两方面。现金清分专业性强、风险点多、初期投入大，进入这个行业需要较高的初始成本，商业银行也倾向于与相对熟悉的承包商合作，无形中提高了该行业的进入难度。已有的现金清分社会化外包服务公司凭借"先行者优势"，很容易相互之间形成利益同盟，从而不断巩固和加强这种优势地位，联合排斥其他潜在竞争者。退出壁垒主要是由现金清分所用的机器设备专用性较强、运营和维护费用较高而造成的巨额沉没成本对退出构成阻碍。

（1）产品差异。产品差异小、同质化特点显著。除个别外包服务公司之外，绝大多数承接的服务内容都是对商业银行回笼完整券进行清点、挑残、剔假、分类、捆扎、销毁等操作部分，只负责操作人员的日常操作和人事管理，不承担场地、运输、设备以及业务质量等责任。

（2）规模经济。具有明显的规模经济效应，初始成本高、边际成本低，长期平均成本曲线呈明显下降趋势。

（二）市场行为（Conduct）分析

1. 合谋

少数几家大公司占据了绝大部分的市场份额，公司之间隐含着某种价格方面的默契，在一定程度上影响操控该行业的定价权。市场价格不能完全由供需关系决定，商业银行作为外包服务的需求方也无法通过价格手段选择最能满足自身需求的供给方。即使商业银行在竞标阶段选择了报价最低的社会化外包服务公司，在后续服务过程中考虑到现金清分工作连续性和稳定性的要求，很容易对现金清分外包公司产生依赖性风险，从而在后续阶段被社会化外包服务公司"敲竹杠"。

2. 监管俘获

外包服务公司一般规模较大、资金实力雄厚，与商业银行存在长期合作关系，具有俘获监管者的动机和实力。而商业银行作为现金清分业务的直接监管者，其自身的最终目标是利润最大化，外包服务质量控制只追求满足上级监管机构（人民银行）的最低监管要求即可。与此同时，现金清分业务社会化外包之后，商业银行驻场管理的人员大多是库管员兼任，既缺乏严格监管的动力，也缺乏严格监管的能力和技术。一旦商业银行被社会化外包服务公司"俘获"，为逃避来自监管机构的惩罚，维护自身的声誉，极易成为外包服务公司的同盟，陷入"俘获—妥协—被俘获"的恶性循环，从而损害监管绩效和公众利益。

（三）市场绩效（Performance）分析

1. 资源配置效率低下

该市场的集中度较高、竞争较弱，存在明显的供给方缺陷，资源配置效率低下。从社会福利角度看，市场的外部性也会使潜在的帕累托改进无法实现。以人员培训为例，假定现金清分外包服务公司进行培训带来的私人利益为 V_p，培训不仅有利于外包服务公司自身，随着人员流动也有利于提升整个现金清分行业的业务水平，由此产生的社会利益为 V_s。由于存在外部经济，因此 $V_p < V_s$。如果现金清分外包服务公司进行培训的私人成本 C_p 大于 V_p 而小于 V_s，那么该公司就不会对员工进行培训，但从社会角度看，开展培训却更为有利。在这种情况下，资源配置偏离了帕累托最优状态。

2. 多重代理导致的风险控制问题

该市场存在多个参与者，包括公众、人民银行、商业银行、现金清分外包服务公司等。每个参与者都有自己的目标和策略选择。如图 2 所示，不同参与者之间的信息不对称和目标冲突加剧了委托代理关系的复杂性，极易导致价值目标的错位和监管的失灵。

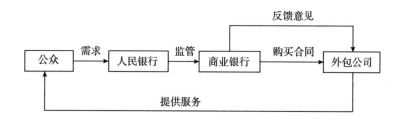

图 2　商业银行现金清分社会化外包服务过程的简化图

在实际运行过程中，人民银行作为监管机构，实现监管目标的动因是复杂的，提高公众的满意度并非唯一的目标，满足上级部门的考核要求、降低监管成本等也是其考虑因素。目前的检查手段和检查指标的设置远远不能适应有效监管的需求。按照"谁委托，谁负责"的原则，人民银行对现金清分质量的监管、问责，主要由商业银行来承担，无法对现金清分外包服务公司产生直接影响。因此，在利润目标的驱使下，现金清分外包服务公司的机会主义行为可能无法被及时发现并制止，从客观上增加了现金清分过程中的各类风险。

三、现金清分社会化服务产业的竞争力实证分析

（一）产业竞争力评价指标体系的构建

参照总行拟对现金清分企业开展的评级管理思路，本文尝试运用主成分分析法原理，从微观层面初步构建一个定性指标与定量指标相结合的竞争力评价指标体系，包含 2 个一级指标、6 个二级指标和 27 个三级指标，如表 5 所示。

（二）产业竞争力评价过程

利用 SPSS 统计软件，对现有的指标数据进行拟合，以期提炼出几个具有独立性和代表性的重要指标，然后通过加权计算得出竞争力综合评价指标 F，并依据该指标对 9 家社会化外包服务企业进行排序。

表5　现金清分社会化外包产业竞争力评价指标体系

一级指标	二级指标	三级指标	指标性质	影响方向	变量
经营规模	资本状况	注册资本	定量	正	X1
		是否跨地区经营	定性	正	X2
		服务外包合同总额	定量	正	X3
		辖区内外包合同总额	定量	正	X4
		辖区内外包合同执行额	定量	正	X5
	人力状况	全国从业人数	定量	正	X6
		全国人均工资	定量	正	X7
		辖区内从业人数	定量	正	X8
		辖区内人均工资	定量	正	X9
		辖区内人力成本占比	定量	正	X10
		员工文化水平	定性	正	X11
	设备状况	是否提供清分设备	定性	正	X12
		是否提供运输设备	定性	正	X13
		全国设备投入成本	定量	正	X14
		辖区内设备投入成本	定量	正	X15
		设备技术问题解决能力	定性	正	X16
服务质量	行业口碑	从事现金清分行业年限	定量	正	X17
		商业银行满意度	定性	正	X18
	业务绩效	当前客户数量	定量	正	X19
		市场份额	定量	正	X20
		差错率下降程度	定性	正	X21
		监管部门评价	定性	正	X22
		客户关系管理能力	定性	正	X23
		现场管理效率	定性	正	X24
	抗风险能力	是否设立风险防控制度	定性	正	X25
		是否设立商业保险	定性	正	X26
		是否设立应急处置预案	定性	正	X27

　　首先，就指标体系中13项定性指标开展广泛研讨，同时听取现金清分企业评级委员会的意见，根据各指标对整体产业和监管要求的重要性程度，采用1~3之

间的数值及其负数进行打分标度①、予以一定程度的量化，如表6所示。

表6　现金清分社会化外包产业定性评价指标标度

定性指标	指标变量	指标标度		
		是/高于平均水平	否/平均水平	否/低于平均水平
是否跨地区经营	X2	2	1	0
员工文化水平	X11	2	1	−2
是否提供清分设备	X12	3	1	−1
是否提供运输设备	X13	2	1	−1
设备技术问题解决能力	X16	2	1	−2
商业银行满意度	X18	3	1	−3
差错率下降程度	X21	3	1	−3
监管部门评价	X22	3	1	−3
客户关系管理能力	X23	3	1	−3
现场管理效率	X24	3	1	−3
是否设立风险防控制度	X25	2	0	−2
是否设立商业保险	X26	2	1	−1
是否设立应急处置预案	X27	2	0	−2

其次，在 SPSS 软件环境下分析各指标之间的相关关系，得出相关系数矩阵，如表7所示；引入 KMO 检验，进行去相关和降维处理，开展主成分分析，得出主成分特征值分布情况，如表8和图3所示。

表8表明，前六个特征根的累计方差贡献率为99.821%，说明这六个主成分提供了原始数据约99.821%的信息，能够完全充分地描述北京市辖区内现金清分社会化外包产业的竞争发展情况，且前六个主成分对应的特征根值均大于1，则取特征根值 $\lambda_1 = 8.254$，$\lambda_2 = 5.739$，$\lambda_3 = 4.317$，$\lambda_4 = 3.965$，$\lambda_5 = 2.993$，$\lambda_6 = 1.732$。在图3中，横坐标代表主成分个数，纵坐标代表特征值，从碎石图可以看出，第一主成分的特征根值最大，对原有变量的解释程度最大，后面主成分的特征值及对解释变

---

① 各项指标在标度区间进行打分评价，可以取小数点后两位数。

表 7　27 项指标的相关系数矩阵

	X1	X2	X3	X4	X5	X6	X7	X8	X9	X10	X11	X12	X13	X14	X15	X16	X17	X18	X19	X20	X21	X22	X23	X24	X25	X26	X27
X1	1.000	0.309	-0.272	-0.324	0.355	0.901	-0.104	-0.333	-0.053	0.354	-0.650	-0.274	-0.199	0.093	-0.092	-0.199	0.324	-0.170	-0.459	-0.246	0.084	-0.121	-0.645	0.324	0.310	-0.421	0.284
X2	0.309	1.000	0.359	0.226	0.426	0.494	-0.863	0.291	-0.732	0.000	-0.426	0.062	-0.645	0.361	-0.243	-0.645	-0.258	-0.372	0.277	-0.298	-0.155	-0.576	0.217	-0.258	-0.091	-0.091	-0.258
X3	-0.272	0.359	1.000	0.986	0.303	-0.389	-0.417	0.292	-0.432	0.506	0.097	0.792	-0.201	0.117	0.029	-0.201	0.135	-0.872	0.873	-0.410	-0.592	0.203	0.797	0.135	0.397	0.495	-0.992
X4	-0.324	0.226	0.986	1.000	0.271	-0.480	-0.319	0.204	-0.349	0.497	0.224	0.848	-0.073	0.102	0.122	-0.073	0.142	-0.854	0.827	-0.306	-0.639	0.295	0.764	0.142	0.400	0.508	-0.993
X5	0.355	0.426	0.303	0.271	1.000	0.277	-0.173	-0.285	0.026	-0.036	-0.065	0.537	-0.275	0.896	0.526	-0.275	0.432	-0.292	0.165	-0.021	-0.787	0.043	0.162	0.432	0.042	-0.139	-0.275
X6	0.901	0.494	-0.389	-0.480	0.277	1.000	-0.356	-0.046	-0.290	0.119	-0.747	-0.189	-0.225	0.107	-0.130	-0.225	0.156	0.053	-0.495	-0.196	0.258	-0.264	-0.632	0.310	-0.054	-0.320	0.447
X7	-0.104	-0.863	-0.417	-0.319	-0.173	-0.356	1.000	-0.523	0.966	-0.060	0.306	-0.011	0.240	0.231	0.232	0.232	0.310	0.363	-0.026	0.051	-0.040	0.292	-0.213	0.066	0.309	-0.304	0.310
X8	-0.333	0.291	0.292	0.204	-0.285	-0.046	-0.523	1.000	-0.615	0.195	-0.438	-0.171	-0.356	0.195	-0.066	-0.066	0.066	0.400	-0.517	0.518	-0.885	0.129	0.485	0.288	-0.250	0.736	-0.221
X9	-0.053	-0.732	-0.432	-0.349	0.026	-0.290	0.966	-0.615	1.000	-0.203	0.319	0.259	0.150	-0.233	0.114	0.088	0.167	-0.615	-0.026	0.051	-0.754	-0.148	-0.195	0.288	0.255	-0.449	0.335
X10	0.354	0.000	0.506	0.497	-0.036	0.119	-0.060	0.195	-0.203	1.000	-0.475	0.405	-0.463	0.033	-0.264	0.000	0.540	-0.778	0.386	-0.723	0.000	0.450	0.130	0.540	0.764	0.382	-0.540
X11	-0.650	-0.426	0.097	0.224	-0.065	-0.747	0.306	-0.438	0.319	-0.475	1.000	0.405	0.231	0.231	0.488	0.403	-0.403	0.159	-0.026	-0.458	0.090	0.090	0.172	-0.403	-0.233	-0.052	-0.147
X12	-0.274	0.062	0.792	0.848	0.537	-0.189	-0.011	-0.171	0.259	0.405	0.405	1.000	0.430	0.626	0.240	0.240	0.320	-0.615	0.558	0.051	-0.885	0.528	0.565	0.320	0.113	0.510	-0.801
X13	-0.199	-0.645	-0.201	-0.073	-0.275	-0.225	0.240	-0.356	0.150	-0.463	0.231	0.430	1.000	-0.233	0.631	0.631	0.167	0.240	0.032	0.320	-0.754	0.737	-0.336	0.167	-0.354	0.471	0.167
X14	0.093	0.361	0.117	0.102	0.896	0.107	0.231	0.195	-0.233	0.033	0.231	0.626	-0.233	1.000	0.597	-0.233	0.115	0.033	0.032	0.320	-0.148	0.564	0.149	0.317	-0.271	-0.271	-0.082
X15	-0.092	-0.243	0.029	0.122	0.526	-0.130	0.232	-0.066	0.114	-0.264	0.488	0.240	0.631	0.597	1.000	0.631	0.317	-0.196	0.607	-0.688	-0.081	0.564	-0.081	-0.425	-0.425	0.246	-0.034
X16	-0.199	-0.645	-0.201	-0.073	-0.275	-0.225	0.232	-0.066	0.088	0.000	0.403	0.240	0.631	-0.233	0.631	1.000	0.167	0.240	-0.387	0.534	-0.040	0.737	-0.336	0.167	-0.354	0.471	0.167
X17	0.324	-0.258	0.135	0.142	0.432	0.156	0.310	0.066	0.167	0.540	-0.403	0.320	0.167	0.115	0.317	0.167	1.000	-0.240	0.179	-0.462	0.723	0.056	0.056	0.354	0.354	0.354	-0.167
X18	-0.170	-0.372	-0.872	-0.854	-0.292	0.053	0.363	0.400	-0.615	-0.778	0.159	-0.615	0.240	0.033	-0.196	0.240	-0.240	1.000	-0.644	0.542	0.462	-0.174	-0.457	0.179	0.358	-0.283	0.881
X19	-0.459	0.277	0.873	0.827	0.165	-0.495	-0.026	-0.517	-0.026	0.386	-0.026	0.558	0.032	0.032	0.607	-0.387	0.179	-0.644	1.000	-0.596	-0.343	0.120	0.960	0.179	0.358	0.505	-0.863
X20	-0.246	-0.298	-0.410	-0.306	-0.021	-0.196	0.051	0.518	0.051	-0.723	-0.458	0.051	0.320	0.320	-0.688	0.534	-0.462	0.542	-0.596	1.000	-0.226	-0.044	-0.391	-0.462	-0.620	-0.252	0.400
X21	0.084	-0.155	-0.592	-0.639	-0.787	0.258	-0.040	-0.885	-0.754	0.000	0.090	-0.885	-0.754	-0.148	-0.081	-0.040	0.723	0.462	-0.343	-0.226	1.000	0.072	0.072	-0.085	-0.085	-0.085	0.600
X22	-0.121	-0.576	0.203	0.295	0.043	-0.264	0.292	0.129	-0.148	0.450	0.090	0.528	0.737	0.564	0.564	0.737	0.056	-0.174	0.120	-0.044	0.072	1.000	0.072	0.056	0.158	0.703	-0.250
X23	-0.645	0.217	0.797	0.764	0.162	-0.632	-0.213	0.485	-0.195	0.130	0.172	0.565	-0.336	0.149	-0.081	-0.336	0.056	-0.457	0.960	-0.391	0.072	0.072	1.000	0.056	0.158	0.475	-0.784
X24	0.324	-0.258	0.135	0.142	0.432	0.310	0.066	0.288	0.288	0.540	-0.403	0.320	0.167	0.317	-0.425	0.167	0.354	0.179	0.179	-0.462	-0.085	0.056	0.056	1.000	0.354	0.354	-0.167
X25	0.310	-0.091	0.397	0.400	0.042	-0.054	0.309	-0.250	0.255	0.764	-0.233	0.113	-0.354	-0.271	-0.425	-0.354	0.354	0.358	0.358	-0.620	-0.085	0.158	0.158	0.354	1.000	-0.167	-0.471
X26	-0.421	-0.091	0.495	0.508	-0.139	-0.320	-0.304	0.736	-0.449	0.382	-0.052	0.510	0.471	-0.271	0.246	0.471	0.354	-0.283	0.505	-0.252	-0.085	0.703	0.475	0.354	-0.167	1.000	-0.471
X27	0.284	-0.258	-0.992	-0.993	-0.275	0.447	0.310	-0.221	0.335	-0.540	-0.147	-0.801	0.167	-0.082	-0.034	0.167	-0.167	0.881	-0.863	0.400	0.600	-0.250	-0.784	-0.167	-0.471	-0.471	1.000

表8 主成分特征值及贡献率和累计贡献率

成分	初始特征值			提取平方和载入			旋转平方和载入		
	合计	方差百分比（%）	累计方差百分比（%）	合计	方差百分比（%）	累计方差百分比（%）	合计	方差百分比（%）	累计方差百分比（%）
1	8.254	30.571	30.571	8.254	30.571	30.571	6.195	22.945	22.945
2	5.739	21.256	51.827	5.739	21.256	51.827	4.720	17.483	40.427
3	4.317	15.988	67.815	4.317	15.988	67.815	4.264	15.791	56.218
4	3.965	14.684	82.500	3.965	14.684	82.500	3.975	14.723	70.941
5	2.993	11.086	93.586	2.993	11.086	93.586	3.925	14.535	85.477
6	1.732	6.414	99.821	1.732	6.414	99.821	3.921	14.523	85.987

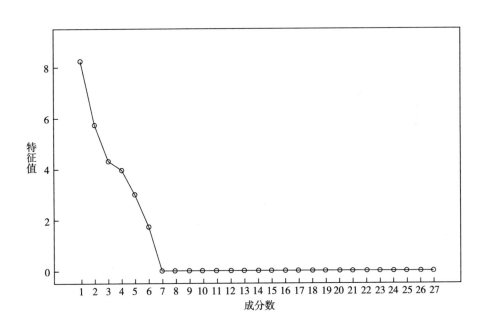

图3 主成分特征值分布碎石图

量的贡献率依次降低，本文根据特征根值大于1的原则，认为主成分分析过程相应提取六个主成分比较合适，分别用 F1～F6 表示，这六个主成分能够充足地提供原始指标变量的信息，对原指标变量的信息描述具有明显作用。在 SPSS 环境下得到主成分得分矩阵，如表 9 所示。

表 9 主成分得分矩阵

	成分					
	F1	F2	F3	F4	F5	F6
X1	-0.206	-0.455	0.494	0.612	0.201	-0.302
X2	0.322	-0.695	-0.427	0.311	0.367	-0.019
X3	0.974	0.004	-0.170	-0.031	-0.047	-0.141
X4	0.950	0.150	-0.155	-0.047	-0.084	-0.205
X5	0.359	0.070	-0.094	0.893	0.123	0.211
X6	-0.320	-0.579	0.307	0.476	0.480	-0.105
X7	-0.368	0.467	0.413	0.017	-0.672	0.155
X8	0.372	-0.302	0.028	-0.608	0.466	0.429
X9	-0.386	0.425	0.285	0.219	-0.694	0.245
X10	0.586	-0.206	0.693	-0.100	-0.032	-0.351
X11	-0.047	0.741	-0.555	-0.080	-0.305	-0.205
X12	0.784	0.532	-0.144	0.239	0.114	-0.106
X13	-0.192	0.784	0.250	-0.261	0.394	-0.250
X14	0.117	0.198	-0.434	0.813	0.078	0.304
X15	0.050	0.813	-0.081	0.435	0.373	0.042
X16	-0.192	0.784	0.250	-0.261	0.394	-0.250
X17	0.338	0.223	0.782	0.321	0.076	0.340
X18	-0.858	0.196	-0.136	-0.125	0.078	0.431
X19	0.896	-0.113	-0.136	-0.218	-0.205	0.274
X20	-0.534	0.617	-0.500	0.127	0.123	-0.229
X21	-0.563	-0.473	0.286	-0.609	0.028	0.074
X22	0.324	0.685	0.596	-0.116	0.236	0.042
X23	0.798	0.027	-0.329	-0.237	-0.221	0.385
X24	0.338	0.223	0.782	0.321	0.076	0.340
X25	0.422	-0.253	0.496	0.111	-0.631	-0.318

	成分					
	F1	F2	F3	F4	F5	F6
X26	0.575	0.314	0.197	−0.500	0.503	0.170
X27	−0.965	−0.063	0.118	0.038	0.138	0.173

计算各个主成分得分：

F1 = −0.206×X1 + 0.322×X2 + 0.974×X3 + 0.950×X4 + 0.359×X5 − 0.320×X6 − 0.368×X7 + 0.372×X8 − 0.386×X9 + 0.586×X10 − 0.047×X11 + 0.784×X12 − 0.192×X13 + 0.117×X14 + 0.050×X15 − 0.192×X16 + 0.338×X17 − 0.858×X18 + 0.896×X19 − 0.534×X20 − 0.563×X21 + 0.324×X22 + 0.798×X23 + 0.338×X24 + 0.422×X25 + 0.575×X26 − 0.965×X27 　　　　　　　　　　　　　　　　　　　　　　　　　　　　　　　　　（1）

F2 = −0.455×X1 − 0.695×X2 + 0.004×X3 + 0.150×X4 + 0.070×X5 − 0.579×X6 + 0.467×X7 − 0.302×X8 + 0.425×X9 − 0.206×X10 + 0.741×X11 + 0.532×X12 + 0.784×X13 + 0.198×X14 + 0.813×X15 + 0.784×X16 + 0.223×X17 + 0.196×X18 − 0.113×X19 + 0.617×X20 − 0.473×X21 + 0.685×X22 + 0.027×X23 + 0.223×X24 − 0.253×X25 + 0.314×X26 − 0.063×X27 　　　　　　　　　　　　　　　　　　　　　　　　　　　　　　　（2）

F3 = 0.494×X1 − 0.427×X2 − 0.170×X3 − 0.155×X4 − 0.094×X5 + 0.307×X6 + 0.413×X7 + 0.028×X8 + 0.282×X9 + 0.693×X10 − 0.555×X11 − 0.144×X12 + 0.250×X13 − 0.434×X14 − 0.081×X15 + 0.250×X16 + 0.782×X17 − 0.136×X18 − 0.136×X19 − 0.500×X20 + 0.286×X21 + 0.596×X22 − 0.329×X23 + 0.782×X24 + 0.496×X25 + 0.197×X26 + 0.118×X27 　　　　　　　　　　　　　　　　　　　　　　　　　　　　　　　　（3）

F4 = 0.612×X1 + 0.311×X2 − 0.031×X3 − 0.047×X4 + 0.893×X5 + 0.476×X6 + 0.017×X7 − 0.608×X8 + 0.219×X9 − 0.100×X10 − 0.080×X11 + 0.239×X12 − 0.261×X13 + 0.813×X14 + 0.435×X15 − 0.261×X16 + 0.321×X17 − 0.125×X18 − 0.128×X19 + 0.127×X20 − 0.609×X21 − 0.116×X22 − 0.237×X23 + 0.321×X24 + 0.111×X25 − 0.500×X26 + 0.038×X27 　　　　　　　　　　　　　　　　　　　　　　　　　　　　　　　（4）

$F5 = 0.201×X1 + 0.367×X2 - 0.047×X3 - 0.084×X4 + 0.123×X5 + 0.480×X6 - 0.672×X7 + 0.466×X8 - 0.694×X9 - 0.032×X10 - 0.305×X11 + 0.114×X12 + 0.394×X13 + 0.078×X14 + 0.373×X15 + 0.394×X16 + 0.076×X17 + 0.078×X18 - 0.205×X19 + 0.123×X20 + 0.028×X21 + 0.236×X22 - 0.221×X23 + 0.076×X24 - 0.631×X25 + 0.503×X26 + 0.138×X27$ 　（5）

$F6 = -0.302×X1 - 0.019×X2 - 0.141×X3 - 0.205×X4 + 0.211×X5 - 0.105×X6 + 0.155×X7 + 0.429×X8 + 0.245×X9 - 0.351×X10 - 0.205×X11 - 106×X12 - 0.250×X13 + 0.304×X14 + 0.042×X15 - 0.250×X16 + 0.340×X17 + 0.431×X18 + 0.274×X19 - 0.229×X20 + 0.074×X21 + 0.042×X22 + 0.385×X23 + 0…340×X24 - 0.318×X25 + 0.170×X26 + 0.173×X27$ 　（6）

再次，为了对辖区内 9 家现金清分社会化外包服务公司的竞争力水平进行综合评价，将主成分 F1~F6 以方差贡献率为权重，加权求得现金清分社会化产业竞争力综合评分函数：

$F = 0.30571×F1 + 0.21256×F2 + 0.15988×F3 + 0.14684×F4 + 0.11086×F5 + 0.06414×F6$ 　（7）

最后，将主成分 F1~F6 代入至综合评价得分函数 F 中，得到辖区内 9 家现金清分社会化服务公司的竞争力综合得分 F 并进行排序（见表 10）。

表 10　2018 年辖区内现金清分社会化服务产业竞争力综合指数[①]

外包服务企业	F1	F2	F3	F4	F5	F6	F
北京振远护卫中心清分营业部	162458.8	2642634	−254820	1422485	1200904	135485.2	921342.9
湖南丰汇银佳科技股份有限公司	141212.3	980344.7	−106228	530675	436857.4	38058.98	363363.7
中信外包服务集团有限公司	−295.432	19554.27	12876.42	32467.99	−1945.14	−4780.07	10370.19
四川金投科技股份有限公司	2978.024	−2599.9	8121.776	9492.154	−8590.95	−3661.23	1862.891
北京民融昌泰科技有限公司	3471.746	1836.643	4223.42	4148.848	−7443.57	−934.532	1851.067
北京建银劳务派遣有限责任公司	−4941.35	5681.711	4632.917	1652.22	−8890.06	2552.443	−141.433

　　① 部分企业竞争力综合评分为负数，并不意味着企业的竞争能力为负，而是由在实证分析过程中对数据进行标准化处理造成的。

外包服务企业	F1	F2	F3	F4	F5	F6	F
北京银河润天科技有限公司	-4609.17	3263.249	5215.295	3073.984	-7737.27	1257.568	-207.321
北京银联商务有限公司	-8755.82	4038.823	11514.89	8568.284	-15087.5	790.8364	-340.959
聚龙股份有限公司	-10280.5	-20822.1	30038.8	35509.16	-17876.2	-15259.3	-512.524

从表 10 中的竞争力综合得分 F 的排序来看，北京振远护卫中心清分营业部和湖南丰汇银佳科技股份有限公司两家公司的综合竞争力名列前茅，中信外包服务集团有限公司属于第二梯队，四川金投科技股份有限公司和北京民融昌泰科技有限公司属于第三梯队，其余的四家企业则竞争力较弱。

（三）产业竞争力实证分析结论

在竞争力综合评分指数 F 中，前三个成分 F1、F2 和 F3 的影响力最大，合计权重为 67.81%。对成分矩阵（见表 9）进行排序分析可知，成分 F1 的主要影响指标为外包合同金额 X3 与 X4、员工文化水平 X12、设备成本 X19 及银行满意度 X23；成分 F2 的主要影响指标为人力成本占比 X11、定期培训 X13、管理人员充足率 X15 和是否提供清分设备 X16；成分 F3 的主要影响指标为从事本行业的年限 X17、人均工资 X10、现场管理效率 X24。由此可见，综合竞争力排名位列第一和第二的北京振远护卫中心清分营业部和湖南丰汇银佳科技股份有限公司在规模实力方面明显优于其他企业，表现在外包合同金额、设备成本、银行满意度等方面；而中信外包服务集团有限公司则在现场管理和人员培训方面的优势较为显著。

四、政策建议

（一）积极发挥人民银行指导和监管职能，预防和制约垄断损害社会福利趋势

针对当前现金清分社会化市场既"各自为政"又存在明显垄断特征的现状，为了避免垄断带来的合谋、监管俘获、多重代理等问题，建议人民银行作为监管机

构，在产业结构的调整、产业资源的整合、产业标准的规范统一、激励有效等方面发挥积极作用。坚持"主动作为但不越位"的原则提高参与度、改善政策传导机制，降低商业银行对单一社会外包服务机构的依赖度，预防个别外包服务机构"撂挑子"影响整体现金流通秩序。继续改进和完善动态综合评价体系，引导和激励社会化过程中各参与方更加重视现金清分质量和效率、人员专业化程度和管理流程科学化等问题，逐步消除多重代理中监管失灵和价值目标错位的情况，最终形成中央银行、商业银行和外包服务机构"目标一致、三方共赢"的局面。

（二）探索集约化现金清分模式，打造保管、清分、配送一体化的区域现金处理中心

构建"一方牵头、多方参与"的现金清分社会化模式，有效减缓、抑制寡头垄断趋势，实现帕累托改进。建议由人民银行统筹划定若干区域，由区域内某一家商业银行牵头，依托现有的现金中心或代理发行库，通过招标的方式选择资质良好的若干现金清分社会化外包服务企业，面向区域内多家商业银行提供多对多的现金处理服务，如图 4 所示。

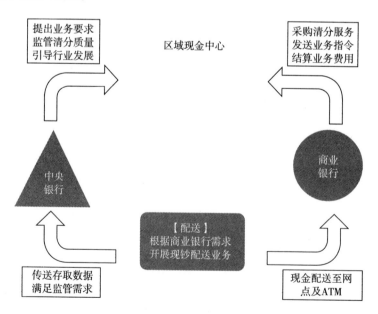

图 4　区域现金中心建设示意图

（三）将综合竞争力评价体系引入当前的考核评估制度，培育良性竞争的产业环境

以提高现金清分质量和效率作为共同目标，培育全产业链中的良性竞争环境，建议由人民银行牵头，主要商业银行代表参与，重点考量规模实力、现场监管效率、人员培训等指标，对外包服务企业进行全面、公正的评价打分，定期测评和公布综合竞争力排名情况。同时对清分质量不达标、管理不规范导致出现重大违规事件，或恶意低价中标后持续增加费用的企业建立行业黑名单，并制定相应的处罚机制。通过信息公开和奖优罚劣等方式促使商业银行及时发现问题、解决问题，督促外包服务企业关注自身的质量声誉。

（四）重视专业人才的长期培养，鼓励通过订单式培养解决当前用工问题

在国家大力发展现代化职业教育的背景下，依托中央银行和教育部门的共同支持平台，鼓励现金清分社会化外包服务机构积极探索与高职院校开展校企合作。采用"订单培养"的模式，建立现金清分社会化产业人才库，既能满足企业对高素质、专业化人才的日常需求，解决当前招工难、流动大的现实问题，也有利于整个现金清分社会化产业的持久健康发展。

参考文献

［1］瞿立荣：《现金清分行业发展的国际借鉴》，《中国商论》2018 年第 25 期。

［2］黄瑞丽：《现金业务外包存在的风险及监管建议——以山西省为例》，《时代金融》2018 年第 23 期。

［3］周海炜、姜骞：《IT 外包组织间关系维度探析及其有效性测度》，《软科学》2012 年第 3 期。

"放管服"背景下非自然人客户受益所有权的认定实践

周珺星　等①

摘要： 2019 年 4 月 28 日，中国人民银行（本文中以下简称人民银行）营业管理部正式宣布北京地区全面取消企业银行账户许可。此项政策的出台有利于优化营商环境。但银行账户管理是一项基础金融管理制度，是防止金融业被不法分子利用从事洗钱、恐怖融资、电信诈骗等违法犯罪活动的第一道防线。当前，违法犯罪活动有从个人账户向企业账户转移的趋势。取消企业银行账户行政许可，不等于取消或放松了对企业账户的开户审核，更要求强化事中、事后管理，此举为账户受益所有人的识别和认定带来了挑战。

受益所有权的认定是金融行动特别工作组（FATF）第四轮互评估和 G20 高度关注的重点，也是公认的难点。人民银行明确要求义务机构应对非自然人客户受益所有人逐层深入并最终明确获取收益或者掌握控制权的自然人。但在具体实践中，受限于股权嵌套复杂、识别手段有限等原因，银行在非自然人客户受益所有权识别过程中遇到诸多困难。本文综合比较了世界主要国际组织和国家（地区）对受益所有权的认定，重点调研欧美银行对受益所有权认定的实践经验，结合北京地区取消企业银行账户许可的现状，对我国如何完善受益所有权的认定给出具体借鉴。

---

① 周珺星，供职于中国人民银行营业管理部反洗钱处。参与执笔人：王艳、盖静、鲁楠。其中，王艳供职于中国人民银行营业管理部反洗钱处；盖静、鲁楠供职于中国人民银行营业管理部支付结算处。

注：本文仅为课题组学术思考，与供职单位无关。

一、世界主要国际组织、国家、地区对受益所有权认定工作开展的相关指导意见及要求

（一）金融行动特别工作组（FATF）

FATF 在 2018 年更新的"40+9"项建议中对受益所有人进行了界定，指的是最终拥有或者控制客户的自然人、代表客户开展交易的自然人、对法人或者法律安排可行使最终有效控制权的自然人。

对受益所有权认定给出的具体建议为，在客户尽职调查中，金融机构应采取合理的措施来核实受益所有人的身份，并确信其了解客户的受益所有人。对于法人和法律安排，金融机构应该了解客户所有权结构和控制权结构。

1. 法人

最终对法人拥有控制权权益的自然人（如有）。因为所有权权益可能非常分散以至于没有自然人（无论是单独行动还是共同行动）通过所有权对法人或者法律安排行使控制权。如果对拥有控制权权益的自然人是否为受益所有人或者对没有任何自然人通过所有权行使控制权产生疑虑，就需要通过其他方式识别法人或者法律安排行使控制权的自然人。如果仍未识别出拥有控制权权益的自然人，那么金融机构应该识别并采取合理的措施去核实担任高级管理层职位的相关自然人。

2. 法律安排

对于信托，需要识别委托人、受托人、信托保护人（如有）、受益人等，以及任何其他对信托行使最终有效控制的自然人（包括通过控制权链、所有权链）。

对于其他类型的法律安排，需要识别具有同等或者类似职位的自然人身份。如果客户或者具有控股权益的所有人是一家上市公司并且需要按照要求披露信息（可以是证券交易所的规章或者法律等），这些要求确保了受益所有权有足够的透明度；或者是上市公司拥有多数股权的子公司，则不需要识别和核实此类公司的股东或者

受益所有人。

（二）美国金融犯罪执法网络（FinCEN）

FinCEN 对法人客户的受益所有权定义主要指：股份有限公司、有限责任公司、普通合伙企业和其他根据外国法律成立的类似实体。但在美国的受益所有权要求中，信托（除向州务卿或类似办公室登记备案后成立的法定信托外）未被纳入到法人客户的定义范畴内。

法人客户的受益所有人由控制权和所有权决定：从控制权角度，要求识别出负责控制、管理和领导法人的个人。一般包含了执行官或高级管理人员或者其他日常履行类似职能的个人。每个法人客户都必须从控制权角度识别出一个受益所有人。从所有权角度，要求识别直接或间接拥有 25% 及以上的股权的个人。若没有任何个人拥有法人客户 25% 及以上的股权，则不需要从所有权角度识别受益所有人。因此，所有法人客户会有 1~5 名受益所有人，即 1 名从控制权角度识别出的受益所有人和 0~4 名从所有权角度识别出的受益所有人。

对于信托的受益所有权的判定，FinCEN 规定，若信托直接或间接拥有法人客户 25% 及以上的股权，只需将信托的受托人作为受益所有人进行识别。

对于一些特定的法人客户，如由金融机构承担运营或担任顾问的集合投资工具、非营利法人或类似实体等，仅需遵守控制权标准的受益所有权要求进行识别。

（三）欧洲联盟反洗钱指令

欧盟反洗钱第 4 号令对受益所有人的定义如下：

受益所有人指的是最终拥有或者控制客户的任何自然人和（或）代表客户开展交易或者活动的自然人，并且应该至少包括：

1. 法人

通过对某法人实体直接或者间接持有足够比例的股份、表决权或者所有者权益（包括通过不记名持股或者通过其他方式控制），最终确定拥有或者控制法人实体的自然人。除非这个法人实体在受监管的市场上市，并且这个市场受制于与欧盟法律一致的披露要求或者受制于能够确保有足够所有权信息透明度的同等国际标准。

如果按照上述方式，在穷尽所有可能的方式之后并且没有怀疑的理由，仍没有识别出任何人，或者对于识别出的受益所有人存疑，则需要识别出担任高级管理层职位的自然人。并且义务机构应该将按照这两点识别受益所有人所采取的措施记录在案。

2. 法律安排

对于信托，需要识别委托人、受托人、信托保护人（如有）、受益人或者从中受益但未确定的个人，以及任何其他通过直接或者间接所有权或者其他方式行使最终控制权的自然人。

对于其他类似信托的法律安排，参照信托识别担任同等或者类似职位的自然人。

（四）新加坡金融管理局（MAS）

MAS 在 2015 年颁布的 626 号修订公告中规定，就银行客户而言，受益所有人指的是最终拥有或控制客户的自然人，或代表其进行交易或建立业务关系的自然人，包括任何对法人或法律安排行使最终有效控制权的自然人。

通过分析上述国家对受益所有人的界定，我们发现这些国家在受益所有人追溯方面主要围绕 FATF 的解释性说明，在本国法律法规层面对相关概念进行了规定。对受益所有人的认定，主要通过所有权以及控制权两个维度进行识别。受益所有人更为关注的是对享有实际收益或者最终控制机构、影响机构营运或决策的自然人，这种认定更多的是通过客户尽职调查来完成。

二、欧美银行对受益所有人识别的计算方法及操作经验

（一）受益所有人识别的计算方法

欧美银行在对受益所有人进行识别时，分别从所有权和控制权两个方面进行认

定。对所有权的识别一般采用权益法进行穿透，即对目标法人进行股权关系的层层穿透，将各层级持股比例逐级相乘，按照各层级实际股权出资占比进行加权求和，最终穿透识别出持股比例超过 25% 的自然人股东。

除了所有权角度，还需要从控制权角度识别有无其他受益所有人，以此来发现可能被隐藏的拥有受益所有权的自然人。若股权层级第二层或者以上，拥有 50% 及以上股权或者表决权的，将被视为对客户拥有控制权，需要将其视为受益所有人进行识别。

（二）受益所有人信息采集

为了满足监管当局对受益所有人识别的要求，欧美银行结合文件核实法和非文件核实法对客户股权和控制权进行追踪，以识别出受益所有人，并对其身份加以核实。为了能够更好地识别受益所有人信息，欧美银行一般要求客户提供更为详尽的材料清单，进行开户审查。

（三）受益所有人信息核实渠道

国际上通用的受益所有人核实渠道一般有以下几种：①政府主管部门信息披露网站，如英国 Companies House、新加坡 ACRA、香港 Company Registry 等；②客户经过审计的财务报告，包括年报、半年报、季报以及重大信息披露等；③证券交易所披露情况；④其他知名第三方披露的信息（律商联讯 Lexis Nexis、汤森路透 Thomson Reuters、彭博 Bloomberg 等）。

上述渠道中，政府主管部门的信息披露网站作为独立证明材料，是义务机构开展受益所有人身份识别的基础。

（四）欧美银行境内法人受益所有人识别的具体实践

1. 通过所有权判定受益所有人

客户 A 是一家注册在天津的外商独资企业，在追溯受益所有人的过程中，通过国家企业信用信息公示系统、香港公司查册中心以及意大利企业注册网站对客户提供的股权结构图进行核实。核实结果显示注册在意大利的 B 公司 100% 控股客户 A，

B公司70%的股权被家族C持有，剩下的30%分别被自然人D和自然人E持有，自然人D持有该公司30%的股份，自然人E持有这30%股份的收益。查阅公司B审计后的年报得知家族C中没有自然人拥有控制权可代表其他家族成员对公司B进行实际控制。在这个案例中，将自然人D和自然人E同时定义为受益所有人，收集并核实其个人相关信息和证件。

2. 通过控制权判定受益所有人

在对中外合资公司A进行客户身份识别的过程中了解到，该公司51%的股份被一家在法兰克福证交所上市的公司持有，剩余的49%被北京市国资委持有。核查该上市公司审计后的年报得知没有个人持股达到25%或以上。通过了解该公司章程中对董事会成员和高级管理层职能的划分以及国家企业信用信息公示系统中显示的人员信息，将具有控制权及负责公司日常经营决策、执行公司重要安排的所有董事会成员判定为该公司的受益所有人。

3. 集合投资计划

如果是集合投资计划直接与银行进行交易，则应将其视为客户主体，识别受益所有人及日常控制该集合投资计划的相关方。如果是相关方作为集合投资计划的代理人与银行进行交易，那么需要将相关方视为客户主体，根据相关方的风险等级情况进行不同程度的尽职调查。如果银行与集合投资计划有代理关系，向潜在当事方提供隔离账户，那么潜在当事方也应被视为客户主体，需要对其进行客户身份识别。如果集合投资计划或者相关方没有被识别出受益所有人，那么银行需要将所有法定代表视为受益所有人。

4. 特殊目的实体

与银行建立业务关系的特殊目的实体（SPV）通常被用在资本市场中作为资产证券化的工具。由于其具有通道和破产隔离特性，并且很大可能设立在避税天堂，所以可以被用来掩盖受益所有权。

银行在向SPV提供服务时，必须对其进行尽职调查。尽职调查的程度需要体现其实体类型所带来的增强风险，同时考虑以下关键因素以确定 SPV 的相关方是否需要被认定为客户主体并开展更深入的客户尽职调查：

（1）对 SPV 拥有控制权或者重大影响；

（2）从 SPV 获得实质性的利益；

（3）为 SPV 所提供的资产将银行置于金融犯罪风险中（例如，将武器作为交易标的 SPV，武器制造商通常会被视为增加风险的资产提供商）。

SPV 的相关方中不需要被认定为客户主体的，应基于对 SPV 的风险评级开展相应的尽职调查，对于所有高风险的 SPV 必须对其相关方开展尽职调查。

5. 慈善机构和政治宗教团体

这其中包括非政府组合（NGO）和非营利组织（NPO）。由于它们本身的性质，这些实体更易受到洗钱及恐怖融资的影响，并且由于现金流转率较高，增加了其洗钱风险。某些慈善机构和非政府组织在多国或地区间开展工作（通常会涉及有较大腐败风险的国家），这种跨越多国或地区的性质，使得审计跟踪难以实现。

对于既是慈善机构又是政府机构的客户，须将其视为慈善机构。慈善机构和政治或宗教团体可以是私人实体、信托或基金会。除了按照客户的法律结构要求识别受益所有人，银行还将提供 25% 以上初始资金的创始捐赠人视为受益所有人。占年度捐赠 25% 以上的显著捐赠者也需要视其为受益所有人。

三、我国法律法规对受益所有权认定的要求

235 号文①和 164 号文②规定，对非自然人客户受益所有人的追溯，义务机构应当按照实质重于形式的原则，了解并确定最终控制非自然人客户及交易过程或者最

---

① 235 号文：中国人民银行关于加强反洗钱客户身份识别有关工作的通知（银发〔2017〕235 号文）。

② 164 号文：中国人民银行关于进一步做好受益所有人身份识别工作有关问题的通知（银发〔2018〕164 号文）。

终享有交易利益的自然人作为受益所有人身份识别工作的目标。即对非自然人客户受益所有人的追溯，义务机构应当识别至掌握控制权或者获取收益的自然人。

我国其他相关法律法规中亦就受益所有人相关概念进行了界定，如《中华人民共和国公司法》第二百一十七条中明确了高级管理人员、控股股东、实际控制人的含义。《非居民金融账户涉税信息尽职调查管理办法》第十三条明确了如何判定公司实际控制人，与235号文中对非自然人受益所有人的判定标准是统一的。《中华人民共和国证券法》中对公司的高级管理人员、股东、实际控制人等情况的披露进行了要求，为公司受益所有权的认定提供了足够的信息。

综上所述，在国内，尚无相关基础法律对受益所有权概念进行统一界定，相关的定义和解释分散在不同的法律法规中，并根据该法律的管制目的而给出指向性定义（但从出发点来看，不同法规在客户受益所有权界定范围方面是类似的，均要求关注对交易或在机构内享有实际收益，或者最终控制机构影响机构营运或决策的自然人，将这些人纳入受益所有人的范畴）。既要考虑法定意义的受益所有权安排，也要考虑潜在的真正对机构构成实际控制权的自然人。

作为金融机构在参与社会经济分配活动，打击洗钱和恐怖融资等非法行为，保障金融安全和社会稳定工作过程中，了解客户身份信息的方方面面尤为重要。《金融机构客户身份识别和客户身份资料及交易记录保存管理办法》对了解客户实际受益人以及公司的实际控制人提出了基本要求。但235号文以及164号文则更加具有指向性和指导意义，充分考虑了国内复杂情况以及国际标准，为金融机构在识别客户受益所有权方面提供了具体依据和指引，同时也为中国反洗钱工作接轨国际标准创造了条件。

四、我国金融机构开展受益所有权认定的现状

235号文和164号文清晰定义了"受益所有人"的内涵和外延，明确了受益所有人在识别标准、识别方式、留存信息、豁免条件、证明材料、风险分类等方面的

要求，在"受益所有人"的分析和辨别过程中增加了验证和审查环节，改变了过去金融机构对非自然人客户受益所有人的识别工作流于形式的状况。

（一）受益所有人认定流程

各金融机构对非自然人客户受益所有人的识别流程，主要采取逐层深入模式开展。先从股权角度出发，通过加权汇总方式看是否有直接持股超过25%的自然人；若无法确认，则从控制权角度出发，通过人事或财务文件，判断是否有对企业有直接控制权的人；若仍无法确认，再从管理权角度出发，将企业高级管理人员确认为实际控制人；若仍存疑，将高管层以外对企业有实际控制和巨大影响能力的自然人判定为该非自然客户的实际控制人。具体流程可见图1。

（二）北京地区取消企业银行账户许可后非自然人客户受益所有权"穿透"识别的调查情况

取消企业账户许可是深化"放管服"改革的重要举措之一，但取消许可并不意味着放松责任，放松对企业账户的开户审查。为更好地了解取消企业基本存款账户许可后银行对非自然人客户受益所有权识别工作的情况，本文调查了北京地区4800家企业的开户情况，重点了解各银行需要企业提交的法定信息和数据资料。

调查结果显示：80%以上的企业在开立账户前需提前预约并提交材料，超95%的企业在开户完成前银行会上门实地考察；80%以上的企业预约后两天内完成实际开户。

82%的企业表示向银行提交了公司章程，80%的企业表示在开户阶段需要向银行提供控股股东或者实际控制人的有效身份证件，但仅有18%的企业表示向银行提供了股权架构图。

从问卷反映情况来看，各银行在一定程度上开展了受益所有人、实际控制人的身份识别，但更多的是进行形式审查，并没有从股权架构角度深入穿透分析非自然人客户的受益所有人，不能达到235号文和164号文件的要求。

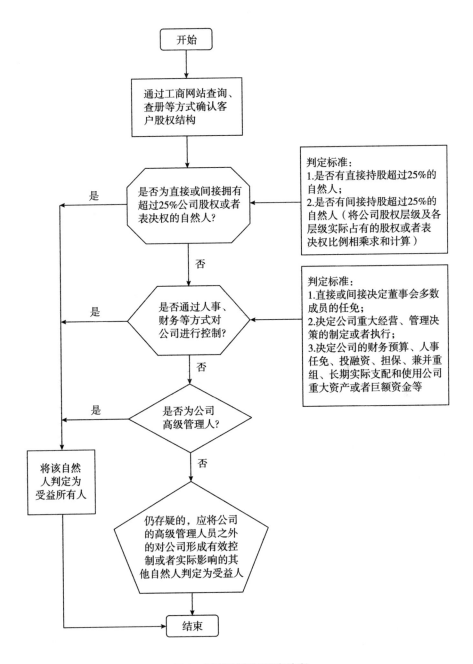

图1 受益所有权认定流程

资料来源：笔者整理。

五、我国金融机构开展受益所有权认定工作存在的问题及相关建议

（一）受益所有权认定过程中存在的困难

1. 存量客户基数大且客户配合度低

各金融机构普遍反映非自然人客户存量基数大，而且客户配合度不高，虽经金融机构反复解释，但大部分客户仍对提供受益所有人信息存在抵触情绪。国家在法律层面尚未建立对不配合尽职调查企业账户实施管控措施的法律依据，如果金融机构贸然对不配合的客户采取支付限制措施，极易招致投诉。

2. 客户提交的受益所有人材料的真实性难以确定

一是非自然人客户虽然提交了公司章程、股东名单、股权结构等材料，但上述材料的真实性难以核实，银行柜面人员只当作形式审查，可能存在隐瞒不报、虚报或假报的情况；二是非自然人客户虽然提供了股东名单和股权架构图，但是银行无法判断股东名单中的股东即为实际出资人，无法有效识别真实的受益所有人。

3. 外部查询系统存在客观局限性

目前，金融机构主要借助两类外部查询系统：一是国家企业信用信息公示系统，但如果企业不在此系统中公示出资比例，则无法通过该系统查询企业完整的股权结构信息；二是企查查、天眼查、启信宝等第三方机构提供的系统，需要进一步加权分析实际控制人和企业股权以及关联关系才能确定实际受益人信息，而且第三方机构对查询结果不做承诺，仅具参考意义，真实性和准确度无法保障。

4. 受益所有人信息无法实现实时更新

客户实际受益人发生变化，一般不会主动来银行变更相关信息，只有在客户发生柜面交易需要验证企业信息或在客户出现可疑交易需要尽职调查时，金融机构才得知企业信息发生变化。非自然人受益所有人信息的及时性和准确性，主要依赖客

户主动举证变更，暂时无法与外部数据建立数据接口，实现信息实时监控及更新。

5. 信托、资管计划等产品以及外资企业受益所有人识别困难

对于券商专项资产管理计划、券商集合类、信托公司集合类等"一对多"产品，受益人数量较多，认定实际受益人难度较大。针对在中国大陆（自贸区）注册的外资企业（无境内个人股东控股超过25%），现阶段境内商业银行暂无有效途径查询注册地在中国大陆地区以外的外资企业的股权信息以及外籍股东信息，较难开展"穿透式"识别。

（二）相关建议

1. 金融机构层面应进一步完善受益所有权识别制度和流程

按照业务、产品的不同风险程度分类制定相应的识别措施。按照客户风险程度、账户状态、活跃度等维度细分客户群体，对客户进行分级管理。通过客户提供文件资料、政府网站信息查询、第三方平台数据搜索、内部信息和数据资源发掘利用等多渠道、多方式、多角度深入挖掘非自然人客户受益所有人信息。

2. 人民银行层面积极推动多部委联合完善信息登记与共享机制

目前，我国把国家企业信用信息公示系统作为核实受益所有权的主要渠道，但该系统数据不完整，对构建企业股权结构完整信息链条作用有限。235号文已要求银行业金融机构将登记保存的受益所有人信息报送至中国人民银行征信中心营运管理的相关数据库。2019年6月26日人民银行、工业和信息化部、国税总局、国家市场监督管理局四部委共同运行企业信息联网核查系统，该系统的上线对于推动部门间信息共享起到了积极的作用。建议在此基础上整合扩充系统数据内容，赋予金融机构相应的查询权限。

3. 国家层面完善受益所有权透明度的法定机制

对受益所有权的界定以及披露要求散见于我国多部法律法规中，建议完善相关法律法规，加强对受益所有权披露的要求。针对受益所有权信息登记、豁免、保存、查询、使用制定相关指引。明确要求法人登记、保存和及时更新受益所有权信

息，完善股东登记制度，规范无记名股票和名义股东的受益所有人信息披露义务。

4. 通过加强国际合作和情报交换获取外资企业海外权属信息

FATF 要求各国提供法人基础信息和受益所有权信息方面的国际合作，为外国主管部门获取由本国相关部门掌握的基础信息及受益所有权信息提供便利渠道。在税务领域，我国已于 2017 年开始按照《非居民金融账户涉税信息尽职调查管理办法》逐步实施金融账户涉税信息自动交换标准。建议借鉴该涉税信息自动交换标准，在国际反洗钱合作框架内，建立和完善与各国反洗钱主管部门间的受益所有权信息交换机制。